Jo Piazza hat Wirtschaft, Journalismus und Religionswissenschaften studiert und schreibt seit vielen Jahren unter anderem für die New York Times, das Wall Street Journal, Glamour und Elle. Für ihre Artikel wurde sie bereits mehrfach ausgezeichnet. Mit ihrem Ehemann und ihrem riesigen Hund lebt sie in San Francisco.

Besuchen Sie uns auf www.penguin-verlag.de
und Facebook.

Jo Piazza

Für immer auf Wolke sieben

Einmal um die Welt auf der Suche nach dem Geheimnis einer glücklichen Ehe von Jo Piazza

Aus dem Amerikanischen von Babette Schröder

PENGUIN VERLAG

Die amerikanische Originalausgabe erschien 2017 unter dem Titel »How to Be Married: What I Learned from Real Women on Five Continents About Surviving My First (Really Hard) Year of Marriage« bei Harmony Books, New York.

FSC
www.fsc.org
MIX
Papier aus verantwortungsvollen Quellen
FSC® C014496

Verlagsgruppe Random House FSC® N001967

PENGUIN VERLAG

1. Auflage 2018

in der Verlagsgruppe Random House GmbH,
Neumarkter Straße 28, 81673 München
Umschlag: Hafen Werbeagentur
Umschlagmotiv: Christopher Silas Neal
Redaktion: Henriette Zeltner
Satz: Greiner & Reichel, Köln
Druck und Bindung: GGP Media GmbH, Pößneck
Printed in Germany
ISBN 978-3-328-10147-5
www.penguin-verlag.de

Dieses Buch ist auch als E-Book erhältlich.

FÜR NICK

Du gibst meinem Leben einen Sinn.

Vorbemerkung der Autorin

Nachdem ich viele Jahre sowohl beruflich als auch zum Vergnügen durch die Welt gereist bin, weiß ich, dass man ein Land oder seine Kultur nach einem einzigen Besuch nicht wirklich ergründen kann, nicht einmal nach vielen Besuchen. Ich bin Reisende und Journalistin, keine Anthropologin, keine Psychologin, auch keine Historikerin. Auf diesen wenigen Seiten kann ich unmöglich im Detail auf all die unzähligen Facetten von Ehe und Partnerschaft eingehen, die ich auf meiner Reise in jedem einzelnen Land vorgefunden habe. Die Erzählung über ein Land oder über eine Ehe wird niemals vollständig sein. Kein Außenstehender kann eine Kultur wirklich ganz verstehen, genauso wenig wie ein Außenstehender versteht, wie und warum die Ehe eines anderen funktioniert. Ich habe mich zu dieser Reise aufgemacht, um konkrete Hilfe und Anregungen zu erhalten. Die wollte ich mit nach Hause nehmen, damit sie mir für meine eigene Partnerschaft von Nutzen sind – und hoffentlich auch für Ihre. Zweifellos ist mir dabei aber auch einiges entgangen.

Mit einem anderen Menschen ein intimes Gespräch über die Ehe zu führen, das ist, als würde man gemeinsam unter die Dusche gehen. Man ist verwundbar, und es erfordert Mut. Da die Ehe ein sehr sensibles Thema sein kann – besonders in Ländern, wo Frauen sehr viel weniger Freiheit genießen als in den Vereinigten Staaten –, habe ich in meinem Text einige Namen geändert und manche Figuren aus verschiedenen Charaktereigenschaften neu zusammengesetzt.

In zahlreichen Ländern habe ich mir Fragen und Antworten von Dolmetschern übersetzen lassen, die ich über Anzeigen gefunden habe. In Situationen, in denen es nicht möglich war, Notizen oder Audioaufnahmen zu machen, habe ich mich auf meine Erinnerung verlassen. Sowohl Übersetzer als auch das Gedächtnis sind nicht unfehlbar, aber in beiden Fällen habe ich mein Bestes gegeben. Der Zeitraum, in dem sich alles ereignet hat, worüber ich in diesem Buch berichte, beginnt kurz vor der Hochzeit mit meinem Mann und endet an unserem ersten Hochzeitstag. Meist folgt der Text der Chronologie meiner Reisen, nur in wenigen Ausnahmen habe ich Änderungen vorgenommen, um den Erzählfluss nicht zu stören und keine Langeweile aufkommen zu lassen.

Mit diesem Buch möchte ich zu einer Diskussion über Partnerschaft beitragen, über Sexualität, Liebe, Ehe, Treue, Monogamie, Polygamie, Geld, Macht, Gleichberechtigung, Kinder, Männer und Frauen sowie darüber, wie all diese Dinge in einer Welt zusammenpassen, die sich schneller verändert, als die meisten von uns es je für möglich gehalten hätten.

Okay, fangen wir an. Reden wir über die Ehe.

1
San Francisco

Nach: Und so lebten sie glücklich bis ans Ende ihrer Tage

»Du könntest gehen. Dich von mir scheiden lassen. Ich mein's ernst«, sagte ich zu Nick, der seit gerade mal drei Monaten mein Ehemann war. Ich sank tiefer ins Sofa, wendete den Blick von ihm ab und starrte stattdessen auf die verschwommenen Spuren eines Rotweinflecks auf dem orangefarbenen Kissen. »Ehrlich. Das hast du vorher nicht gewusst. Such dir eine andere. Eine gesunde Ehefrau.«

»Das ist lächerlich«, konstatierte Nick mit der typischen Selbstsicherheit eines Mannes aus dem Mittleren Westen. Er saß neben mir und legte eine seiner riesengroßen Hände auf meinen Rücken. Er wirkte ruhig und gelassen, während ich kurz davor war, hysterisch zu werden. Ich kniff die Augen zusammen, wollte gemein sein und sehnte mich zugleich danach, getröstet zu werden. Für den Fall, dass er mein Angebot annehmen sollte, rückte ich jedoch sicherheitshalber schon ein Stück von ihm ab und sorgte so für körperlichen Abstand.

»Ich bin nur ehrlich. Dafür hast du mich nicht geheiratet!« Warum sagte ich das? *Halt*, dachte ich. *Hör auf damit*. Aber ich konnte nicht anders. Meine Augen brannten, meine

Stimme zitterte, und mein Herz schlug mir bis zum Hals, während ich mein Gesicht im Sofa vergrub, das wir zusammen gekauft hatten. Wir fanden es gemütlich und waren der Ansicht, es würde gute Laune verbreiten. Zudem schien es uns ausreichend strapazierfähig, um selbst der Zerstörungswut unseres dicken großen Hundes zu trotzen, und – eines Tages – unseren Kindern.

Einige Stunden zuvor hatte mir eine Genetikexpertin namens Violet in verblüffend fröhlichem Ton erklärt, dass ich sehr wahrscheinlich dieselbe Krankheit entwickeln würde, an der mein Vater allmählich zugrunde ging – Muskelschwund. Bis jetzt hatten meine Eltern und mehrere Ärzte stets behauptet, ich könne die Krankheit nicht erben, doch sie hatten sich geirrt. Violet teilte mir darüber hinaus mit, dass mich diese spezielle Form der Muskeldystrophie vermutlich mit Ende dreißig treffen würde (ich war fünfunddreißig). War die Krankheit einmal ausgebrochen, gab es keine Möglichkeit, ihren Verlauf zu stoppen. Die Muskeln, besonders in Beinen, Rücken und Gesicht, bilden sich zurück. Viele Menschen mit dieser Erkrankung enden im Rollstuhl und können nur noch mithilfe einer Maschine atmen.

Bei meinem Vater traten die ersten Symptome kurz vor seinem vierzigsten Geburtstag auf, der Verlauf war langsam, schmerzhaft und qualvoll. Als Violet mir die Nachricht übermittelte, war mein Vater schon an ein Krankenhausbett gefesselt, das im Wohnzimmer meiner Eltern stand; er war unfähig, ohne Hilfe zu gehen, zu stehen, zu atmen. Für meine Mutter verwischten sich die Grenzen zwischen Ehefrau, Pflegerin und Bediensteter – ein Zustand, der sowohl ihre Ehe aushöhlte als auch ihre physische und psychische Gesundheit schwer belastete. Das Leben meiner Mutter, das Leben einer pflichtbewussten, aber unglücklichen Pflegekraft, war nicht das, was ich Nick wünschte. Weder jetzt noch in irgendeiner fernen Zukunft. Ich versuchte einfach, menschlich zu sein, vielleicht dachte ich auch, wenn ich eine andere schreckliche Situation heraufbeschwor, würde das die gegenwärtige schreckliche Situation verdrängen.

Darum sagte ich zu meinem frischgebackenen Ehemann – der es liebte, Rad zu fahren, zu wandern, Ski zu fahren, auf alles Mögliche zu klettern und überhaupt alles zu tun, wofür man zwei gesunder, starker Beine bedurfte –, er solle sich von mir scheiden lassen. Ich war verzweifelt, verletzt, ohnmächtig.

Doch ich muss zeitlich noch etwas weiter zurückgehen. Mit der Arbeit an diesem Buch begann ich ein halbes Jahr, bevor ich von Violet hörte. Ich steckte mitten in den Hochzeitsvorbereitungen, und nachdem ich monatelang immer wieder unaufgefordert Ratschläge für »den großen Tag« erhalten hatte, wurde mir auf einmal klar, dass ich keine Ahnung hatte, wie man eigentlich eine Ehe führt.

Klar, es gibt massenhaft Bücher darüber, wie man eine Ehe rettet, aber meine war ja noch gar nicht kaputt. Außerdem sprach mich keines der Bücher wirklich an. Mit ihren pastellfarbenen Titeln, den Blumen, Sonnenaufgängen und barocken Schriftzügen schienen sie sich irgendwie an erwachsenere, reifere, kultiviertere Leserinnen zu richten, an solche, die Serviettenringe besaßen und ihre Zimmerpflanzen nicht eingehen ließen.

Oder wie meine Freundin Jessica es ausdrückte: »Es gibt zwar jede Menge Bücher darüber, wie man eine perfekte Ehefrau wird, aber die sind alle schrecklich.«

Es verwirrte mich zutiefst, dass die Bekanntgabe meiner Verlobung mehr Likes auf Facebook erhielt als alle meine früheren Posts. Mehr als die Information, dass ich einen tollen Job bekommen oder mein erstes Buch veröffentlicht hatte, oder auch mehr als das Superbild von Liz Lemon beim Pommes-frites-Essen. Alles, was ich jemals getan hatte, verblasste neben der Nachricht, dass ich heiraten würde.

Ich bin nicht die Einzige, deren hart erkämpfte Leistungen von einem Verlobungsring in den Schatten gestellt wurden. Während der Sommerolympiade 2016 in Rio de Janeiro erkämpfte sich die chinesische Wasserspringerin He Zi eine Silbermedaille. Daraufhin machte ihr Lebensgefährte ihr sofort einen Heiratsantrag. In dem BBC-Artikel über Zis Erfolg war zu lesen:

»Am Sonntag gewann die chinesische Wasserspringerin He Zi bei den Olympischen Spielen in Rio die Silbermedaille der Frauen im Einzelwettbewerb vom Dreimeterbrett. Doch im Anschluss erwartete sie ein *noch größerer Gewinn*, als ihr Lebensgefährte Qin Xai vor Fernsehzuschauern aus aller Welt vor Zi niederkniete und um ihre Hand anhielt.« Die Hervorhebung stammt von mir.

Und genau wie der Verlobungsring alle Leistungen und Erfolge einer Frau überschattet – ihre Persönlichkeit, ihren Charakter, ihre Identität –, verschwindet die Ehe an sich hinter jenen »zwölf Stunden, die alles verändern«. Egal, für wie fortschrittlich wir uns in Amerika halten, unsere Gesellschaft ist noch immer vom Heiraten besessen. In der meistverkauften Ausgabe der Woche veröffentlicht die *New York Times* hochwertige Immobilienanzeigen zwischen Dutzenden von Hochzeitsanzeigen. Millionen Fernsehzuschauer schalten die Fernsehsendung *Der Bachelor* und ähnliche Reality-Sendungen ein, in denen zwei panische alkoholisierte Fremde zu einer Verlobung gezwungen werden und mit der Angst gespielt wird, niemals den Richtigen oder die Richtige zu finden. Und obwohl die Serie *Sex and the City*, die lange Zeit für ihre schwindelerregend hohen Einschaltquoten gefeiert wurde, von starken, unabhängigen Frauen handelte, landeten drei der vier Heldinnen bis zum Ende der letzten Staffel vor dem Traualtar.

Fast jede romantische Komödie endet mit der Hochzeit und lässt den interessantesten Teil weg: die Ehe.

Anscheinend haben wir weniger Interesse daran zu erfahren, wie die Ehe funktioniert – an den täglichen Herausforderungen, den Freuden, Tücken, Fallen, Überraschungen und Intimitäten. Keiner würde eine der folgenden Schlagzeilen anklicken: »Beyoncé sauer – Jay sah das Ende von *Game of Thrones* ohne sie«, oder »Kanye wünschte, Kim würde aufhören, beim Abendessen zu simsen«, oder »Justin ist total GENERVT, dass Jen immer vergisst, die Shampooflasche zuzudrehen«. Obwohl all diese Dinge absolut der Wahrheit entsprechen.

Ich habe begonnen, dieses Buch zu schreiben, um herauszufinden, was nach dem »Ja, ich will« kommt. Wie man es richtig macht und wie ich in einer Welt, die den Blick nur auf den »großen Tag« und den Ring richtet, ich selbst bleiben kann.

Ich will ehrlich sein. Meine eigene Hochzeit *war* das märchenhafte Happy End der romantischen Komödie, die mein 34-jähriges Leben bis dahin darstellte. Lange Zeit suchte ich mir stets die »falschen« Männer aus, geriet in höchst amüsante Missverständnisse, küsste alle Frösche und trank Unmengen Pinot Grigio mit schwulen Freunden. Mit Anfang dreißig war ich die letzte Junggesellin unter meinen Collegefreundinnen … eine alte Jungfer, die Katzen und Affären mit den Ehemännern anderer Frauen haben würde. Und dann, als ich am wenigsten damit rechnete, traf ich meinen Prinzen auf einem Boot während einer Recherchereise zu den Galapagosinseln.

Ich war als leitende Redakteurin für die Reisewebseite von Yahoo! zuständig. Nick arbeitete ebenfalls als Journalist, allerdings als seriöser Wirtschaftsjournalist, den man auf die Galapagosinseln geschickt hatte, um über die Tauglichkeit der ecuadorianischen Tourismusstrategie zu berichten. Ich hingegen schrieb darüber, was für tolle Selfies man mit Seelöwenbabys machen kann. Schnell entwickelte sich Nick zu meinem Lieblingsmitreisenden auf diesem Boot. Beide hatten wir eine zerfledderte Ausgabe von Kurt Vonneguts *Galápagos* dabei. Als wir zusammen schnorcheln gingen, nahm er meine Hand und zeigte mir winzige Pinguine, die ganz dicht unter der Wasseroberfläche schwammen. Er hatte rein gar nichts von der Arroganz, von der die Typen in New York nur so trieften. Und obwohl ich mich ungeschminkt, ohne Absichten und ohne ein einziges hübsches Kleidungsstück auf diese Öko-Bootstour begeben hatte, küsste er mich an unserem letzten Abend auf dem Meer. Entweder würde dieser Kuss der Beginn von etwas überaus Wundervollem sein, oder ich würde ihn nie wiedersehen.

Als wir uns auf dem Flughafen in Ecuador voneinander verabschiedeten, erinnerte seine traurige Miene an einen Labrador, der gerade sein Lieblingsspielzeug verschluckt hat.

»Ich möchte dich wiedersehen«, raunte er mir zu, als wir

die Sicherheitskontrolle hinter uns gelassen hatten und uns anschickten, nach Hause zu fliegen – auf entgegengesetzte Seiten des Landes.

Ich dachte einen Augenblick nach und wählte meine Antwort mit Bedacht.

»In ein paar Wochen bin ich zu einer Konferenz in Palm Springs. Ich könnte früher kommen, und wir könnten in den Joshua Tree fahren. Da war ich noch nie.«

»Ja, wir gehen zelten!«, rief er entzückt aus und küsste mich. Dann rannte er los, um seinen Flug noch zu erwischen.

Sobald ich wieder Zugang zu einem Internetanschluss hatte, informierte ich mich per Google und Facebook über ihn, um sicherzugehen, dass er derjenige war, der er behauptete zu sein. Dabei stellte ich fest, dass wir fünf gemeinsame Freunde hatten, genug, um ihn zu überführen, sollte ich in der Wüste spurlos verschwinden.

Nick hatte gesagt, er käme ins Parkhaus, als wir uns am Flughafen von Los Angeles trafen, doch ich beschloss, ihn am Gepäckband zu überraschen. Ich war mir nicht sicher, wie es sein würde, diesen vertrauten Fremden wiederzusehen. Doch als er sich umdrehte, grinste, mich herzlich in die Arme schloss und mich auf den Mund küsste, wusste ich, dass ich hoffnungslos verloren war. Er hatte ein Zelt mitgebracht, einen Grill, zwei Schlafsäcke und ein Erste-Hilfe-Set inklusive einer Rettungsdecke, falls ich eine Unterkühlung erleiden sollte.

»Ich habe auch Jodtabletten dabei, falls wir das Wasser reinigen müssen«, erklärte er sachlich. »Die schmecken zwar ekelhaft, halten einen aber gesund.«

Vor mir stand jemand, der auf alles vorbereitet war, und von diesem Menschen wollte ich mehr haben. Nick Aster war eindeutig ein Mann, der meinen kaputten Müllzerkleinerer mit bloßen Händen reparieren konnte, jemand, der wusste, wie man Zimmerpflanzen am Leben erhält.

Außerdem sah er gut aus, war klug und witzig. Wenn ich ihn fragte, ob er mir bei etwas helfen könnte, antwortete er: »Ganz, wie Sie wünschen …« Was besonders anziehend auf ein Mädchen wirkte, dessen erste sexuelle Fantasie sich um Cary Elwes in *Die Braut des Prinzen* gedreht hatte. Aber er war nicht der Typ Mann, den ich normalerweise datete. Nick ist der absolute uneingeschränkt maximale Outdoor-Typ. Er hatte lange Haare, fuhr überall mit dem Fahrrad hin, und auf einer Wandertour in Colorado wurde er mal fast von einem Berglöwen gefressen. Sonst war ich immer mit Indoor-Männern zusammen gewesen, Bank- und Managertypen, die teuren Wodka tranken und eigentlich eher mit Supermodels als mit mir ausgingen.

Kurz nachdem Nick und ich uns kennengelernt hatten, beklagte ich mich bei meiner Seelenklempnerin Jen, dass Nick eigentlich überhaupt nicht mein Typ sei. Sie verzog das Gesicht, als hätte sie gerade eine schlechte Auster erwischt.

»Mit IHREM Typ klappt es doch aber nicht!«, rief sie und rollte mit den Augen. Sie hatte natürlich recht, also gab ich mich geschlagen, mehr war dazu nicht zu sagen. Oder um F. Scott Fitzgerald falsch zu zitieren: Nick und ich glitten rasch in eine Vertrautheit ab, von der wir uns nie mehr erholen sollten.

Nur drei Monate nachdem wir uns kennengelernt hatten, waren wir bereits verlobt.

»Ich konnte es einfach nicht abwarten, dir einen Heiratsantrag zu machen. Durch dich hat mein Leben erst einen

Sinn bekommen«, erklärte Nick und zog einen schmalen Goldring mit winzigen Diamanten hervor (Fairtrade, nicht aus einem Krisengebiet).

»Ahhhhhh!«, kreischte ich. »Waaaas? IM ERNST?« Dann erinnerte ich mich, dass ich mit Ja antworten sollte.

Als ich mich in Nick verliebte, merkte ich, dass alle Klischees stimmen. *Man spürt, ob es der Richtige ist. Wenn es der Richtige ist, geht es ganz leicht. Liebe passiert, wenn man am wenigsten damit rechnet.* Als Single dachte ich, wer so etwas behauptet, der lügt. Ich kannte die Wahrheit. Nachdem man zwei, drei Jahre mit jemandem zusammen war, brachte man ihn mit ein paar Tricks dazu, einen zu heiraten. Dabei war ich diejenige, die die ganze Zeit über falschlag.

Es dauerte eine Weile, bis ich tatsächlich begriff, dass ich heiraten würde. Als ich drei Monate später, im Juli, den ganzen Krempel aus meinem Singleleben in den gelben Fiat lud, der nicht größer als ein Golfwägelchen war, hatte ich es noch immer nicht so ganz realisiert. Ich verließ New York, das dreizehn Jahre lang meine Heimat gewesen war, den einzigen Ort, an dem ich als Erwachsene gelebt hatte, um nach San Francisco zu ziehen. Egal, wie schwierig das Leben in New York sein konnte, es war auf eine Weise kompliziert und eigenartig, die ich verstand, an die ich mich gewöhnt hatte. Wie der Buddhismus. Oder die Karikaturen im *New Yorker*. Wegzuziehen machte mir Angst.

Nick konnte sich in der Woche nicht freinehmen, darum begleitete damals meine Freundin Glynnis mich und meine riesige Hündin, Lady Piazza, auf der gut 4600 Kilometer langen Reise. Wir würden sieben Tage à zehn Stunden unterwegs sein. Wie Thelma und Louise, nur ohne den Sex mit Brad Pitt, ohne die Morde und ohne den Sturz von den

Klippen, aber mit rotem Lippenstift und fantastischen Frisuren. Es verlieh mir eine unglaubliche Kraft, meinem Fast-Ehemann zu sagen, dass ich ihn nicht brauchte, um einmal quer durchs Land zu fahren, ihm zu sagen: Ich habe alles im Griff. Bis dann!

Ich tätschelte Lady Piazza den Kopf, blickte mich noch einmal in meiner Stadt um und wischte die Schweißperlen weg, die mir den Nacken hinunterliefen. Den Geruch von Manhattan bei fast vierzig Grad Hitze würde ich nicht vermissen, so viel stand fest.

»Du bist ein braves Mädchen, Lady. In San Francisco wird es uns gefallen«, flüsterte ich. Ich saß auf dem Fahrersitz und warf Glynnis einen Blick zu. »Ich ziehe ans andere Ende des Landes«, bemerkte ich verwundert.

»Ja, das stimmt!«, erwiderte sie, fummelte mit der einen Hand am Radio herum und frischte mit der anderen geschickt ihren Lippenstift auf.

»Und ich werde heiraten«, fügte ich hinzu und blickte ein letztes Mal auf das Verkehrschaos von New York City.

Glynnis landete bei einem Song von Taylor Swift und sah mich an. Die Sonne schien auf ihre wilden Locken, die wie ein flammender Heiligenschein um ihren Kopf standen. »Wird dir das alles gerade erst bewusst, Süße?« Ja, ganz genau.

Nachdem ich nun mein filmreifes Happy End hatte, setzte ich die Miene einer glücklichen und zufriedenen Braut in spe auf, doch innerlich hatte ich große Angst. Angst, meine Identität und Unabhängigkeit zu verlieren. Angst, zu versagen. Angst, dass es zwischen Nick und mir nicht funktionieren und ich ihn verlieren würde. Was es umso wichtiger machte, mich selbst in dem Ganzen nicht zu verlieren.

Meine Ängste sind absolut normal für jemanden, der in den 1980er-Jahren geboren wurde, genau in jenem Jahrzehnt, als sich alle scheiden ließen. Die Medien werden nicht müde, uns zu erzählen, dass jede zweite Ehe in Amerika scheitert. Egal, für wie absolut einzigartig ich die Bindung zwischen Nick und mir hielt, mir war klar, dass der Weg, der vor uns lag, kein leichter sein würde.

All das wurde mir allmählich bewusst, während Glynnis und ich gemächlich das Land durchquerten. In Wyoming, auf einer Ferienranch namens Paradise, bekam ich zum ersten Mal Albträume. In diesen Träumen war Nick auf einmal verschwunden. Einfach weg. Ich wusste, ich *war* verliebt gewesen, ich *war* mit jemand Besonderem zusammen gewesen. Doch es hatte nicht gehalten, es war vorbei, und ich wusste nicht, warum. Es gab auch die andere Variante, in der Nick noch da war und wir verheiratet, aber unglücklich waren. Wir hatten uns in meine Eltern verwandelt – bedürftig, voneinander abhängig und stark gestört.

Meine Eltern führten eine lange, aber unglückliche Ehe. In meiner Prägungsphase stritten und schrien sie täglich und drohten, einander zu verlassen. Aus Pflichtgefühl mir gegenüber trennten sie sich jedoch nie. Wegen der Ehe meiner Eltern glaubte ich nicht mehr an *»Und sie lebten glücklich bis ans Ende ihrer Tage«*. Früher nahmen Frauen sich ihre Mütter zum Vorbild, heute ist das nur noch selten der Fall.

Die längste Zeit in der Geschichte waren Frauen aufgrund ökonomischer und gesellschaftlicher Normen gezwungen, sich einen Ehemann zu suchen. Als meine Großmutter Carolyn als vierzehnjähriges Bauernmädchen auf einer Farm in Illinois ihrem Ehemann Merwin begegnete, war die Heirat für sie Schicksal und entsprach zugleich der gesellschaftlichen Norm. Sie träumte sehnsüchtig von einem besseren Leben und folgte ihm aufs College nach Colorado, um dann eine klassische Hausfrau à la *Mad Men* zu werden. Als 1963 Betty Friedans *Der Weiblichkeitswahn oder Die Selbstbefreiung der Frau* erschien, war Carolyn die unzufriedene Frau, die diese dort beschrieb: »Wenn sie die Betten machte, einkaufen ging, Stoff für neue Schonbezüge ausmaß, mit ihren Kindern Erdnussbutterbrote aß oder sie mit dem Auto zu ihren Pfadfindergruppen brachte, wenn sie nachts im Bett lag – immer scheute sie sich, die leise Frage zu stellen: ›Ist das alles?‹« Als mein Großvater starb, tauschte sie ihre wasserstoffblonde Marilyn-Monroe-Frisur gegen einen schicken braunen Bob ein, begann, abstrakte Kunst zu sammeln, und heiratete nie wieder.

Meine Mutter, die während der zweiten Feminismus-Welle heranwuchs, erzählte mir, dass sie mit der Absicht aufs College gegangen war, einen Arzt oder einen Juristen zu heiraten. Sie wollte eine Mrs. werden. Meinen Vater, einen Jurastudenten, lernte sie am Abend ihres ersten Tages auf dem College kennen und heiratete ihn mit einundzwanzig Jahren. Für sie, wie für viele Frauen ihres Alters, war das im Jahre 1976 nichts Ungewöhnliches. Sie sagte: Ich will. Danach hat sie nichts mehr gemacht. Das war ihr »glücklich bis ans Ende ihrer Tage«.

Ich habe mit der Wissenschaftlerin und Autorin Stephanie Coontz gesprochen, die ein Buch über die moderne Ehe geschrieben hat: *In schlechten wie in guten Tagen: Die Ehe – eine Liebesgeschichte*.

»Die Ehe ist keine Institution mehr, durch die man Verbindungen knüpft, die den Interessen der Eltern dienen oder durch die man eine unselbstständige Frau an einen überlegenen Mann bindet. Heutzutage dürfen sowohl Frauen als auch Männer sagen, dass sie jemanden heiraten möchten, der ähnliche Ideale, Fähigkeiten, Ziele und Qualitäten hat. Wir suchen unseresgleichen«, sagte mir Coontz. Natürlich bringt das auch Schattenseiten mit sich.

»Es führt zu neuen Spannungen, wenn beide Ehepartner die Möglichkeit haben, einfach zu gehen«, fügte Coontz hinzu.

Ich kann mich jederzeit aus meiner Ehe verabschieden. Ich kann selbst für meinen Unterhalt sorgen, auf mich aufpassen, mir ein eigenes Haus kaufen, ich kann sogar allein ein Baby bekommen – mithilfe von sehr teuren Ärzten und einer sehr viel günstigeren Bratenspritze.

Ich habe einmal die unvergleichliche Erica Jong, die feministische Autorin von *Angst vorm Fliegen*, gefragt, warum sie immer noch an die Ehe glaubt. Erica war viermal verheiratet, seit jetzt nunmehr 27 Jahren mit demselben Mann, und die beiden sind immer noch ziemlich glücklich miteinander. Drei gescheiterte Ehen haben sie nicht davon abgehalten, den Bund der Ehe ein viertes Mal zu schließen.

»Es ist nicht nur unerlässlich, sondern auch schön, in einer feindlichen Welt einen besten Freund zu haben«, antwortete sie.

Als ich Erica erzählte, dass ich an einem Buch über die Ehe arbeitete, war ich mir unsicher, wie sie reagieren würde, und ich war ein bisschen überrascht, dass ihr die Idee gefiel. »Gut! Wir müssen eine neue Form der Ehe entwickeln, in der beide Partner erfüllt sind, in der die Arbeit des einen nicht wichtiger als die des anderen ist, in der beide die Rolle des Versorgers übernehmen. Dafür gibt es noch kein Vorbild.«

Durch meine Arbeit als Reiseredakteurin war ich ständig unterwegs, wachte regelmäßig in einem anderen fremden Hotel auf und musste die Vorhänge aufziehen, um mir in Erinnerung zu rufen, wo ich mich gerade befand. Seit meinem 18. Lebensjahr bin ich Journalistin, das heißt, peinliche und intime Fragen zu stellen, ist für mich ganz normal. Nun, da ich verlobt war, fragte ich alle möglichen Leute, die einen Ehering trugen, was eine funktionierende Ehe ausmache. Nicht, weil ich den Auftrag dazu hatte, sondern für mich selbst. Ich fragte jamaikanische Friseure, malaysische Streetfood-Verkäufer, maledivische Tauchlehrer und sogar konservative Muslime aus Katar, die mich in einem Geländewagen auf einer abenteuerlichen Fahrt an die saudi-arabische Grenze mitnahmen.

»Die Ehe ist sehr, sehr anstrengend«, grummelte mein Fremdenführer, während er den Land Rover mit gefühlten einhundert Sachen auf einen gigantischen Sandberg zusteuerte. Er war mit einem weißen Thawb bekleidet, einem weiten Gewand, das mich daran erinnerte, wie sehr ich es vermisste, Kaftane zu tragen. Um den Kopf trug er das traditionelle Tuch, eine rot karierte Kufiya. Sein Schnurrbart erinnerte mich an den jungen Tom Selleck.

»Ich habe nur eine Ehefrau. Ich will gar nicht noch eine. Ich liebe meine Frau, und mehr Frauen bedeuten nur mehr Kopfschmerzen. Das kann ich nicht gebrauchen. Ich habe einen Rat für Ihren Ehemann! Ich zwinge mich, meiner Frau zuzuhören, auch wenn mein Kopf eigentlich gerade mit anderen Dingen beschäftigt ist. Sagen Sie ihm das.«

Er hielt kurz inne und richtete sein Fernglas auf einen Sicherheitsposten an der saudi-arabischen Grenze.

»Die Kerle machen uns immer Ärger«, beschwerte er sich

über die Saudis und fügte gegen den Pop-Rock der Vereinigten Emirate, der aus dem Radio plärrte, noch hinzu: »Das ist mein Ernst. Sagen Sie Ihrem Mann, er soll Ihnen zuhören. Sonst wird Ihre Ehe scheitern. Wollen Sie rüberfahren und die Jungs da drüben erschrecken?«

»Nein, danke. Lassen wir die Saudis lieber in Ruhe.«

An jenem Abend rief ich Nick an und erwähnte beiläufig, dass es mir sehr gefiel, wenn er mir zuhörte. »Mein katarischer Fremdenführer hat mir auf dem Weg zur saudi-arabischen Grenze geraten, dir das zu sagen.«

Nick schwieg einen Moment. »Ich höre dir immer zu. Komm heil zurück. Okay? Fahr nicht nach Saudi-Arabien.«

Mit wenigen Ausnahmen klangen die Antworten auf die Frage, wie man eine Ehe führen sollte, erstaunlich ähnlich. Ich notierte sie auf Papierservietten und auf Rückseiten von Bordkarten. Ratschläge wie: »Hören Sie niemals auf, miteinander zu sprechen«, »Man muss darüber sprechen, was einen stört oder reizt, was einen glücklich oder traurig macht und was einem komisch vorkommt«, »Man muss miteinander im Gespräch bleiben, per Telefon, per SMS, sich Emoticons schicken, nur nicht aufhören zu sprechen«, »Schließ die Tür, wenn du pinkeln musst«, »Sich zu beklagen, ist Gift. Fangen Sie gar nicht erst damit an, sonst hören Sie nie wieder damit auf«, »Kauf dir einmal im Monat neue erotische Unterwäsche«, und »Lauf nackt durchs Haus, aber lieg ja nicht in deiner Jogginghose herum … niemals.« Eine ehemalige Prostituierte in Amsterdam hat mir mal erzählt, eine Ehefrau müsse stark sein und »der Kapitän auf dem Schiff« bleiben.

Viele Männer und Frauen gaben zu, in ihrer eigenen Ehe Schwierigkeiten zu haben. Andere führten irritierend mustergültige Beziehungen voller Glück, mit aufregenden Nächten und Einhörnern.

Als meine Erkundigungen erst zehn, dann zwanzig Seiten umfassten, wurde mir klar, dass ich auf einem Schatz aus Weisheiten aus aller Welt saß. Es gibt sehr viele Ratgeber darüber, wie man eine kaputte Ehe repariert. Ich fand aber kein Buch, in dem mir echte Menschen, die in einer echten Ehe lebten, Ratschläge gaben, wie man eine glückliche Ehe vor dem Scheitern bewahrt.

Eheexperten bezeichnen das erste Ehejahr als »das Fundamentjahr«. In dieser Zeit finden die Eheleute heraus, wie sie als Partner miteinander leben können, ohne in der Dunkelheit zu versinken. Es werden Grenzen gesetzt und ausgetestet, und beide Partner bilden Gewohnheiten aus, die sie für den Rest ihrer Ehe beibehalten.

»Im ersten Ehejahr schaffen wir die Basis für die restliche Zeit unserer Ehe. Wir entscheiden darüber, ob wir als Team funktionieren oder ob wir die Existenz des anderen für selbstverständlich halten. In diesem Jahr bereiten wir vor, wie wir mit all dem umgehen, was das Leben für uns bereithält, und sehr vieles davon ist nicht schön«, erklärt Dr. Peter Pearson, Ehetherapeut und Gründer des Couples Institute.

Was wäre, wenn Nick und ich in unserem Fundamentjahr, auf der Suche nach Erkenntnissen über Ehe, Liebe und Partnerschaft, rund um den Globus reisten und dann versuchten, diese auf unsere eigene Ehe zu übertragen?

Durch das gemeinsame Reisen würden sich die Anfangsschwierigkeiten verstärken, anstrengenden Gesprächen konnte man unterwegs nicht aus dem Weg gehen. Untersuchungen dazu behaupten, dass Paare, die zusammen reisen, in ihrer Beziehung zufriedener sind. Reisen führt zu besserem Sex, beschwingt einen und holt einen aus der Komfortzone. Es gibt einen TED Talk von der Psychotherapeutin und Beziehungsexpertin Esther Perel darüber, wie man Begehren und Leidenschaft in einer langjährigen Partnerschaft erhält. Während ich an diesem Buch schrieb, hörte ich ihn mir bestimmt ein Dutzend Mal an, besonders den Teil, in dem sie erklärt, dass sowohl Männer als auch Frauen ein starkes Bedürfnis »nach Abenteuer, nach Neuem, nach Geheimnissen, nach Risiken, nach Gefahr, nach Unbekanntem, nach Unerwartetem, nach Überraschendem haben. Im Grunde danach, unterwegs zu sein, zu reisen.« Nick und ich könnten die ersten zwölf Monate unserer Ehe stundenlang Netflix gucken, oder wir könnten uns auf eine Reise ins Unbekannte begeben, in schwierige Situationen geraten, aus ihnen wieder herauskommen und nebenbei dahinterkommen, wie wir uns unsere Ehe vorstellen.

In den Monaten vor unserer Hochzeit, in denen wir uns den Kopf über Locations und Speisefolgen zerbrachen, brüteten wir ebenso viele Nächte über Landkarten und Flugplänen. Es gab so viele interessante Ehemodelle – Polygamie in Afrika, arrangierte Ehen in Indien, offene Ehen in Frankreich. Und es gab so viele Fragen: Warum sank die Zahl der Ehen in Nordeuropa? Funktionierten Ehen in Frankreich, weil alle Affären hatten? Mitten im mexikanischen Dschungel gab es einen Ehetherapeuten, von dem es hieß, er rette jede Ehe, die es wert sei, gerettet zu werden. Den Typen mussten wir kennenlernen!

Ich plante Rechercheresien und sogar unsere Hochzeitsreise zu Kulturen, die Interessantes über Ehe und Bindung zu erzählen hatten. Nick betreibt eine eigene Website, sodass er mich oft begleiten und von unterwegs arbeiten konnte. Mein Ehemann ist zudem ein Flugmeilen-Sammler, womit er das sonst sicherlich viel zu kostspielige Unterfangen unterstützen konnte.

Bei meinen Recherchen für dieses Buch habe ich Hunderte von Männern und Frauen auf der ganzen Welt interviewt – normale Leute ebenso wie Experten –, um herauszufinden, weshalb eine moderne, manchmal auch nicht so moderne Ehe funktioniert. Vieles, was ich erfuhr, überraschte mich. Eigentlich befindet sich die Ehe derzeit überall in einem Veränderungsprozess, und die meisten Leute in unserem Alter, angefangen vom weltoffenen Paris bis hin zum ländlichen Indien, versuchen genauso herauszufinden, wie man in diesen sich stark verändernden Zeiten ein Ehemann oder eine Ehefrau sein kann.

Ich habe nicht *die* eine Antwort gefunden, aber ich habe viele Lösungsansätze, Anregungen und Ratschläge erhalten. Einige Kernpunkte habe ich immer wieder gehört: Geduld, gute Kommunikation, ein gesundes Sexualleben, Teamarbeit, ein starker Freundeskreis, Dankbarkeit, Gleichberechtigung, eine ähnliche Auffassung von Erziehung, die gleiche Einstellung zu Geld, sich einen Sinn für Abenteuer bewahren, kompromissfähig sein. Langsam begann ich, mir ein Bild davon zu machen, was es hieß, ein guter Partner zu sein.

Das Buch zeichnet auch unser Fundamentjahr nach – das Wunderbare, das Schlechte, das Merkwürdige und das manchmal Überraschende. Indem ich von meinen Reisen erzähle, die ich allein und mit meinem Mann unternommen habe, erzähle ich zugleich davon, wie ich mich mit mir selbst auseinandergesetzt habe. Davon, welche Ängste mich befielen, während ich herauszufinden versuchte, wie man dieses Eheding zum Laufen bringt.

Auch auf die Gefahr hin, dass Sie nach diesem Vorwort dann womöglich nicht weiterlesen, sollte ich Ihnen verraten, was das Wichtigste war, das ich gelernt habe. Die wichtigste Erkenntnis für mich bestand darin, dass es in einer guten Ehe nicht darum geht, schwierige Situationen immer zu einem guten Ende zu bringen. Vielmehr geht es darum, dass in wirklich schwierigen Situationen, die vielleicht nicht zu ändern sind, beide sagen: »Okay. Wir sind immer noch zusammen. Ich will immer noch, dass du bei mir bist, wenn ich morgens aufwache.« Ich hatte nicht damit gerechnet, dass unser erstes Ehejahr von Verlusten, Tod, Dramen und Krankheiten geprägt sein würde. Ich dachte, das Schwierigste, was auf uns zukommen könnte, wäre, in welcher Farbe wir unser Wohnzimmer streichen sollen und ob der Hund bei uns im Bett schlafen darf.

Aber das Leben passierte einfach.

Was ich dabei lernte, war, dass es tatsächlich so etwas wie die »gute Ehefrau« und den »guten Ehemann« gibt. Und dass man sich tatsächlich auf eine individuelle Reise begibt, wenn man herausfinden will, was für eine Ehe man führen möchte. Worauf es ankommt, ist der Wille, diese Reise gemeinsam zu unternehmen.

Als wir in der Nacht, nachdem ich von dem Muskelschwund erfahren hatte, zusammen im Bett lagen, nachdem ich ihm gesagt hatte, er solle sich von mir scheiden lassen, küsste Nick mich auf die Schulter und stupste mit dem großen Zeh von hinten gegen meine Wade, bis ich mich zu ihm herumrollte und ihn ansah. Ich hatte nicht geschlafen, nur zugesehen, wie die Ziffern auf dem Wecker der Morgendämmerung entgegentickten.

»Ich will, dass du weißt, dass das nichts zwischen uns ändert. Unsere Ehe ist noch genau dieselbe wie gestern. Wenn ich dich im Rollstuhl schieben muss, dann besorgen wir dir einen besonders hübschen mit Becherhalter und Platz für einen Käseteller.«

Zum ersten Mal, seit wir verheiratet waren, verstand ich, was es wirklich hieß, Hindernissen mit einem Menschen an meiner Seite entgegenzutreten. Wie es sich anfühlte, sowohl die guten als auch die schlechten Dinge, die das Leben für einen bereithält, miteinander zu teilen. Es war schön, einen Freund in dieser feindlichen Welt zu haben.

Wir würden uns dem stellen. Gemeinsam. Darum geht es eigentlich in dieser Geschichte.

2
Chile

Unterwerfung?

Ich habe mich immer gefragt, was am Verheiratetsein so anders sein soll, als so mit jemandem zusammenzuleben. Ist es die Tatsache, dass es so viel schwieriger ist, sich zu trennen, wenn man verheiratet war? Dass es eine rechtsverbindliche Beziehung ist? Ist die Verbindlichkeit größer? Das Risiko höher? Oder liegt es daran, dass man stets auf jemanden Rücksicht nehmen muss? Dass man sich ständig um dessen Bedürfnisse, Wünsche und Gefühle sorgen soll?

Viele Leute gaben mir ungebeten Ratschläge zum Thema Heiraten, unter anderen meine Gynäkologin Laurie.

»Die Ehe bedeutet eine Menge Arbeit«, sagte sie mit der Hand tief in meinem Becken, die Stimme durch meine Vagina leicht gedämpft. »Aber keiner sagt einem, welche Art von Arbeit. Ich finde das nicht fair. Manchmal denke ich, es wäre leichter, allein zu leben.«

»Wirklich?«, fragte ich, und schob meinen Po weiter an den Rand des Metalltisches. Doch sie war zu sehr mit der Untersuchung meines Gebärmutterhalses beschäftigt, um zu antworten.

Auch Ben Affleck hat mal gesagt, es sei schwierig, eine Ehe zu führen. Erinnern Sie sich? Das war, kurz bevor er mit der Nanny durchbrannte und sich ein Tattoo stechen ließ. So eins, auf das Jugendliche stehen, die an Tankstellen jobben.

Die Verbindung zweier Leben *ist* diversen Belastungen ausgesetzt – finanziellen Schwierigkeiten, Karriereknicks, Pflege der kranken Eltern, Schwangerschaften, Kindererziehung sowie der Überwindung kleinerer und größerer Krisen.

Mich ängstigte die Vorstellung, dass ich lernen sollte, ununterbrochen mit einem anderen Menschen zusammenzuleben. Ich war über längere Phasen hinweg Single gewesen, weil ich das Alleinsein und die Unabhängigkeit genoss. Dem Klischee nach ist es der Mann, der in Beziehungen »mehr Raum« für sich braucht, doch in meinen Beziehungen war ich das gewesen. Ich liebte es, mich allein in meinem riesengroßen Doppelbett auszustrecken. Ich ging wahnsinnig gerne allein zum Asiaten essen oder in eine Nachmittagsvorstellung. Ich tanzte sogar lieber alleine. Auf Hochzeiten reckte ich die Faust in die Luft und verausgabte mich alleine auf der Tanzfläche, während die anderen gemeinsam mit den Köpfen wippten und die Hüften schwangen.

Lange bevor ich Nick auf einem Boot mitten im Pazifischen Ozean kennenlernte, hatte sich bereits in meinem Kopf festgesetzt, dass man für eine lang anhaltende Beziehung als Paar unbedingt gut zusammen tanzen können sollte. Als ich vor dreizehn Jahren nach New York zog, wohnte ich neben einem chilenischen Ehepaar – die beiden waren um die sechzig Jahre alt und würden bald ihren vierzigsten Hochzeitstag begehen. Auf hohen Absätzen und mit ihrem Terrier auf dem Arm raschelte die Frau in langen Folkloreröcken durch den Hausflur. Ihr Ehemann war kleiner und ruhiger und trug einen interessanten Schnurrbart. Nie habe ich einen der beiden ohne den anderen gesehen. Wenn sie miteinander sprachen, steckten sie die Köpfe zusammen, bis diese sich berührten. Sie hatten keine Kinder. Es gab nur die zwei und eine Reihe zierlicher kleiner Hunde, aber sie waren beide freundlich und kümmerten sich um mich – das Mädchen, das neu in der Stadt war und nie Geld hatte. Häufig luden sie mich auf ein Glas zu sich ein, woraus sich dann ein derart üppiges Essen entwickelte, dass ich anschließend vierundzwanzig Stunden satt war. Das war mir damals sehr willkommen. In jener Zeit ernährte ich mich hauptsächlich von Häppchen, die auf Partys serviert wurden, oder ließ mich bei Verabredungen auf einen Drink einladen. Nachdem ich mich von meinem jämmerlichen Collegefreund getrennt hatte und sogleich nach einem genauso unpassenden Typen verzehrte, fragte ich sie nach dem Geheimnis ihrer langen Ehe.

Da warf die Frau den Kopf in den Nacken und ließ tief aus ihrem üppigen Bauch ein herzhaftes Lachen erklingen.

»Wir tanzen jede Woche zusammen«, antwortete sie. »Schon seit vierzig Jahren. Beim Tanzen werden wir eins. Er versteht mich, und ich verstehe ihn. Alles, was ich über ihn weiß, habe ich beim Tanzen gelernt.«

Viele Jahre später, als ich den Auftrag erhielt, für eine Reportage mit dem Titel »Skifahren im SOMMER? Ab über die Grenze in den Süden!« nach Chile zu reisen, spukte mir der Rat meiner Nachbarin noch immer durch den Kopf. Es war Ende August – vier Wochen vor unserem Hochzeitstermin. Neben der Aussicht, die Abhänge hinunterzusausen, erschien mir Chile als Ausgangspunkt für mein Ehe-Buch äußerst verlockend. Das südamerikanische Land hat weltweit eine der niedrigsten Scheidungsraten. Hauptsächlich deshalb, weil es erst 2004, als eines der letzten Länder der westlichen Hemisphäre, die Scheidung überhaupt legalisiert hat. Noch wichtiger war jedoch, dass Nick und ich in Chile lernen konnten, miteinander zu tanzen.

Ein gelungener Tanz erfordert Geduld und Vorausschau – welchen Schritt wird der andere als Nächstes tun? Man muss wortlos miteinander kommunizieren. Diese Fähigkeiten sind auch der Schlüssel zu einer erfolgreichen Ehe. Als ich ein wenig recherchierte, erfuhr ich außerdem, dass Tanzen erwiesenermaßen Glücksgefühle auslöst und das allgemeine Wohlbefinden steigert. Die Schriftstellerin Vicki Baum schrieb einmal: »Es gibt Abkürzungen zum Glück, das Tanzen ist eine von ihnen.« Im Rahmen einer Studie der University of Derby in England erhielten depressive Patienten Salsa-Unterricht. Nachdem sie nur neun Wochen die Hüften geschwungen hatten, ging es ihnen bereits deutlich besser. Die Forscher schrieben diesen Umstand der Endorphin-Ausschüttung zu, die durch die Bewegung ausgelöst wird, zudem steigerte das Erlernen einer neuen Fähigkeit das Selbstbewusstsein der Studienteilnehmer.

Abgesehen davon gibt es diverse wissenschaftliche Untersuchungen darüber, dass Paare, die gut zusammen tanzen, sich einander stärker verbunden fühlen. Ich habe keine Ahnung, ob das alles kompletter Blödsinn ist, aber bei meinen Nachbarn hat es eindeutig funktioniert.

Nach Fußball ist Tanzen die liebste Freizeitbeschäftigung der Chilenen, und die meisten chilenischen Paare führen auf ihrer Hochzeit einen äußerst kunstvollen Tanz vor. Meist handelt es sich dabei um die sogenannte *Cueca*, einen komplizierten Tanz, bei dem die Liebenden umeinander werben, um ihren Seelenverwandten zu erobern.

»Wir müssen diesen Tanz für unsere Hochzeit lernen«, erklärte ich mit Nachdruck, bevor wir uns auf den Weg nach Chile machten.

»Ich dachte, du wolltest zu *Crazy Love* von Van Morrison tanzen«, entgegnete Nick. Wir waren gerade dabei, ein letztes Mal unsere Gästeliste zu verschlanken.

»Wir machen beides!«, erwiderte ich. »Den Leuten ist das doch egal. Wir haben eine voll ausgestattete Bar!«

Nick wackelte mit seinen buschigen Augenbrauen, schnippte mit den Fingern und riss einen Arm über den Kopf nach oben.

»*Olé*!«

Während der Tag unserer Hochzeit näher rückte, entwickelte ich eine Obsession für seltsame Hochzeitsbräuche aus aller Welt. Einen Monat vor dem großen Tag las ich sie Nick auf dem Flug nach Santiago aus meinem Laptop vor.

»In Deutschland kommen die Familien des Brautpaares am Abend vor der Hochzeit zusammen, zerschlagen altes Porzellan auf dem Boden und tanzen auf den Scherben! Und in Schottland bewirft man das Brautpaar mit Abfall und vergammeltem Gemüse – als Symbol dafür, wie hart die Ehe ist. In Korea schenkt der Bräutigam der Mutter der Braut zwei Wildgänse. Und hör dir das an: Die Zoroastrier lassen während der Hochzeitszeremonie viermal ein Ei um den Kopf des Bräutigams kreisen. Dann zerschmettern sie es auf dem Boden, als Zeichen dafür, dass sein Junggesellenleben nun zu Ende ist.«

»Ich bin dabei, Süße«, antwortete Nick und blätterte beiläufig im Bordmagazin. Nick ist der einzige Mensch, den ich kenne, der immer noch das Bordmagazin liest. Er liebt alles, was mit Flugzeugen zu tun hat. Wenn wir in ein Flugzeug steigen, klopft er von außen gegen den Flieger, weil das angeblich Glück bringt, und strahlt dazu wie ein Kind, das zum ersten Mal in seinem Leben Eiscreme isst. »Wir fliegen!«, jubelt er dann.

»Mein Singledasein war sowieso nicht so toll«, fügte er hinzu. Das glaubte ich ihm nicht eine Sekunde. Meine Ex-Freunde hatten mich – in beliebiger Reihenfolge – als die Liebe ihres Lebens, neurotische Zicke, verpasste Chance, das Mädel, das ich derzeit vögele, und als Frau bezeichnet, mit der man gern eine Weile zusammen ist, die man aber nicht heiratet. Nicks Ex-Freundinnen hingegen liebten ihn noch immer und hingen an ihm wie Trauben an einem Weinstock, oder wie chronische Hämorrhoiden. Sie waren nett, sogar reizend, außer dass sie mich ständig daran erinnerten, dass sie Nick schon lange vor mir gekannt hatten, vielleicht sogar besser. Eigentlich hätte ich glücklich sein sollen, jemanden zu heiraten, dem selbst seine Verflossenen noch treu ergeben waren. Jemanden, der großherzig und freundlich war, einen guten Menschen, jemanden, der das Herz am rechten Fleck trug, jemanden, der den Müllhäcksler im Spülbecken mit bloßen Händen reparieren konnte und das auch noch mit Freude tat. Nicht nur, dass Nick den Unterschied zwischen Recyceln und Kompostieren verstand, was ich niemals kapieren würde, und seinen Unterhalt damit verdiente, die Welt zu verbessern. Er war oft auch einfach netter, empathischer, freundlicher und geduldiger als ich. Nie würde er jemanden als Lügner bezeichnen, der einen falschen Blindenhund mit ins Flugzeug nahm, oder einen Taxifahrer anschnauzen, weil er den ganzen Weg zum Flughafen in voller Lautstärke Megadeth hörte.

Und was ich noch nie laut ausgesprochen hatte: Seine Freundlichkeit gab mir oft das Gefühl, dass ich ein besserer Mensch werden sollte. Ich war mit vielen miesen Typen zusammen gewesen, bei denen die moralische Überlegenheit eindeutig auf meiner Seite lag. Ich genoss es, »die Gute« zu sein, die niemanden betrog, die vorausplante und einen Job hatte. Die neue Rollenverteilung brachte mich aus dem Gleichgewicht; wie ein Ei, das versucht, aufrecht zu stehen, würde ich mit Sicherheit umfallen und zerbrechen.

Fürs Erste behielt ich diesen Gedanken für mich und plauderte weiter über exzentrische Hochzeitsrituale. Meine Kindheit in einem turbulenten Zuhause hatte mich gelehrt, über Kummer hinwegzulächeln.

»Toll! Ich sorge dafür, dass wir bei der Trauung Eier dahaben. Aber wir sollten sie nicht auf den Boden schmeißen. Die ganze Sauerei hinterher … Die Flecken auf meinem Kleid.« Und dann fiel mir noch ein: »Wir müssen noch überlegen, wo du Gänse herbekommst.«

Lang und schmal wie eine Bohnenstange erstreckt sich Chile über eine Entfernung, die der Küstenlänge zwischen Alaska und Mexiko entspricht. Um von San Francisco nach Santiago zu kommen, flogen wir einen ganzen Tag lang, mit einem kurzen Boxenstopp in Dallas, wo wir etwas aßen. Irgendwo über Mexiko fingen Nick und ich an, Händchen zu halten. Das machen wir oft, was für mich etwas ganz Neues ist. Auf dem Flug nach Südamerika brachten mich Turbulenzen dazu, seine Hand fester als üblich zu umklammern, sodass ich unter den Fingerspitzen seine Knochen spürte. Er versicherte mir, dass es aufgrund der Flughöhe, des Wetters und der Topografie der Region unwahrscheinlich sei, dass die Turbulenzen länger andauerten. Er prüft immer die Flugroute, um sich über diese Dinge zu informieren und um herauszufinden, auf welcher Seite des Flugzeugs wir den besten Ausblick haben. Vor dem Check-in ändert er immer wieder unsere Sitzplatzreservierung, um sicherzugehen, dass wir eine optimale Aussicht und eine Sitzplatzreihe nur für uns haben.

Egal an welchem Ort in der Stratosphäre wir uns gerade befinden, ich kann immer hinauszeigen und fragen: »Wo sind wir gerade?«, und Nick weiß es. Das macht mich so dermaßen an, dass ich ihn auf jedem Flug mindestens ein Dutzend Mal frage.

»Wenn wir beim Landeanflug auf der linken Seite des Fliegers sitzen, können wir Aconcagua sehen«, erklärte Nick mir auf dem Flug nach Chile. Ich nickte, um ihn zu ermuntern, mir mehr darüber zu erzählen. »Mit gut siebentausend Metern ist das der höchste Gipfel der südlichen Hemisphäre.«

Wir landeten in Chile weniger als einen Monat vor unserem Hochzeitstag, ohne unser persönliches Ehegelübde fertig zu haben und ohne zu wissen, wie man zusammen tanzt.

Und als Erstes mussten wir Ski fahren.

Nach der Landung in Santiago war unser erstes Ziel der Skiort Portillo, der auf knapp dreitausend Metern Höhe in den Anden liegt. Die Straße, die sich die Berge nach Portillo hinaufschlängelt, wartet mit zweiunddreißig Serpentinen und einer gefährlichen Klippe auf. Die Einheimischen nennen sie *El Caracol*, die Schnecke, sowohl wegen der Kurven als auch wegen des langsamen Tempos, in dem man sie mit dem Auto hinaufkriechen muss, um heil oben anzukommen.

Skifahren in Portillo gehört zweifellos zum Besten, was die Welt für Skifahrer zu bieten hat, doch abgesehen vom nationalen Skiteam haben die meisten Amerikaner noch nie von diesem Ort gehört. Inmitten von gewaltigen Felsgipfeln findet man hier ein kleines Stück vom Paradies. Der Ort liegt so hoch, dass einem schon beim Treppensteigen die Puste ausgeht.

Zwei Tage vor unserer Ankunft hatte es kräftig geschneit, und auf den Bergen lagen gut zwei Meter Neuschnee – ein Geschenk der Götter oder von El Niño. Den ganzen Tag glitten wir die steilen Hänge hinunter. Gemeinsam eroberten wir einen der kompliziertesten Skilifte der Welt, den *Va et Vient* (französisch für »kommen und gehen«), eine verrückte Erfindung, die vier bis fünf Personen in einem Sammelsitz den Berg hinaufzieht, um sie dann oben auf schwarze und tiefschwarze Pisten zu schleudern. Manche bezeichnen ihn als »Schleuder ins Paradies«, andere verfluchen ihn.

Als wir den höchsten Punkt des *Va et Vient* erreichten, lehnte ich es ab, beim Aussteigen Nicks Hand zu nehmen. Diesen Teufelslift würde ich alleine bezwingen! Prompt fiel ich mit dem Gesicht nach unten in einen Haufen Pulverschnee, rutschte ein paar Meter kopfüber den Berg hinunter und war überzeugt, die gesamte Strecke bis in die Laguna del Inca hinabzustürzen. Kaum hatte ich den Kopf aus dem Schnee und versuchte, die Herrschaft über meine Skier sowie meine Würde zurückzuerlangen, erzählte mir der Skilehrer eine Geschichte über das kristallblaue Wasser des Sees. Die Einheimischen meinen, in Vollmondnächten merkwürdige Schreie aus dem Wasser zu hören. Der Legende nach stürzte die Inka-Prinzessin Kora-Illé während eines königlichen Festessens in den Bergen die Klippen hinunter.

Ihr Seelenverwandter, der Krieger Illi Yunqui, war zutiefst erschüttert und glaubte, keine Grabstätte im ganzen Erdreich sei mit dem See vergleichbar. In weißes Leinen gehüllt, versenkte man sie daraufhin in den Tiefen des Sees. Und ab diesem Augenblick nahm das Wasser die Farbe von Kora-Illés Augen an, und Illi Yunqui blieb dort, um für alle Ewigkeit um seine Geliebte zu trauern.

»Ich will nicht in diesem See sterben«, sagte ich zu Nick, der auf Skiern heranfuhr, um mir aufzuhelfen. »Das entspricht nicht meiner Vorstellung von Romantik.«

Nick schüttelte den Kopf. »Tja, dann solltest du dir wohl das nächste Mal von mir aus dem Lift helfen lassen.«

Lass dir von ihm helfen, ertönte eine Stimme in meinem Kopf. *Vergiss es, du brauchst keine Hilfe. Du bist eine knallharte, unabhängige Frau*, sagte eine andere. Letztere gehörte der langjährigen Single-Frau, die einst einen potenziellen Räuber in die Flucht geschlagen hatte, indem sie eine Haarbürste wie eine Waffe geschwungen hatte. Ich wusste nicht, wie ich mich verhalten sollte, wenn ich nicht mehr die war, die auf sich selbst aufpassen konnte. Ich lernte gerade erst, einen anderen Menschen in alle Bereiche meines Lebens einzubeziehen, begriff erst allmählich, was es hieß, nicht einfach vier Tage lang jeden Abend thailändisch essen oder einen ganzen Samstag lang Spielfilme mit Hugh Grant gucken zu können.

Vielleicht pochte ich auf meine Unabhängigkeit, um mich der Vorstellung zu widersetzen, dass ich die Hilfe meines Fast-Ehemannes eigentlich bei allem brauchte. Vielleicht war es der verzweifelte Versuch, mir zu versichern, dass ich nicht zwangsläufig abhängig von jemandem wurde, wenn ich heiratete. Vielleicht war ich auch einfach nur ein arrogantes Miststück. Jedenfalls landete ich noch sechs Mal beim Aussteigen aus diesem Lift mit dem Gesicht im Schnee, bevor ich mich bei einem heißen Grog in der Berghütte erholte.

In der Bar des Hotels wurden wir kurzfristig darüber informiert, dass an jenem Abend im Sportbereich des Hotels eine Salsa-Stunde stattfand. Als wir im Basketballraum eintrafen, fühlte ich mich augenblicklich an *Dirty Dancing* erinnert – man musste lediglich Johnny und Penny gegen zwei bemerkenswert attraktive Chilenen austauschen. Die weibliche Trainerin erinnerte an Shakira, allerdings mit einem Vidal-Sassoon-Bob. Ihr weißer Spitzen-BH blitzte unter einem engen pinkfarbenen Tanktop hervor, das kaum das Wackeln ihrer üppigen Brüste verbarg, während sie über den glatten Holzboden glitt. Ihr Partner war ein chilenischer Jason Statham, kahlköpfig, stoisch und heiß.

»*Hola! Bailamos!*«, grüßte Nick die beiden Trainer. Sein Spanisch ist ziemlich gut, und seitdem wir in San Francisco ins Flugzeug gestiegen waren, hatte er leise spanische Worte vor sich hin gesprochen und geübt, was er demnächst sagen würde. »Du wirkst ein bisschen schizophren«, warnte ich, genoss es jedoch, ihn dabei zu beobachten.

Die ganze Zeit über, die wir in Chile verbrachten, erhielt Nick Komplimente für seine Aussprache, was umso eindrucksvoller war, als Nick mit seinem blonden Haar, den blauen Augen und den breiten Schultern wie das Klischee eines Nordamerikaners aussieht. Als er mich den Leuten als *Novia* vorstellte, was auf Spanisch Verlobte bedeutet, fragten uns alle nach unseren Hochzeitsplänen. Wann sollte die Hochzeit stattfinden? Wie viele Leute luden wir ein? Was würde es zu essen geben? Wollten wir einen Hochzeitstanz aufführen? (»Um den zu lernen, sind wir hier«, sagte ich, womit ich diesen völlig Fremden ein anerkennendes Nicken entlockte.)

Während sein Spanisch tatsächlich fantastisch ist, *meint* Nick nur, ein wunderbarer Tänzer zu sein. Einer seiner Freunde erzählte mir, dass Nick auf seinen früheren Reisen nach Mexiko und Südamerika sowie bei Salsa-Nächten in den Bars der Mission Street in San Francisco stets mit allen Latino-Mädchen zu tanzen versucht habe. Meist brachte er die Mädchen dabei vollkommen durcheinander.

»Er veranstaltet eigenartige Dinge mit seinen Hüften«, berichtete mir sein Freund Jeff. »Und mit den Armen. Sie bewegen sich in merkwürdige Richtungen. Einmal hat er versehentlich einem armen Mädchen einen Schlag auf die Nase versetzt. Ich glaube, sie war sogar gebrochen.«

Ich hatte meine eigenen Probleme mit dem Tanzen, weil ich zwei linke Füße besitze und mich nicht entspannen konnte. »Ich muss lernen, nicht zu führen«, flüsterte ich Nick zu, bevor die Tanzstunde begann. Noch nie hatte ich es geschafft, zu tanzen und einem Mann dabei die Führung zu überlassen.

»Du darfst es einfach nicht tun. Es ist verboten«, entgegnete er mit einem aufreizenden Grinsen. Nick ist feministischer als ich. Ich kann mich noch gut daran erinnern, wie er ein paar zerlesene Ausgaben meiner Judy-Blume-Bücher aus einem Karton hervorzog, den ich von zu Hause mitgebracht hatte.

»Die habe ich auch gelesen«, sagte er und blätterte durch eine Ausgabe von *Blubber*.

»Nein, hast du nicht«, widersprach ich automatisch, nahm ihm das Buch weg und legte es zurück in den Karton.

»Ich habe alle Bücher von Judy Blume gelesen«, insistierte er. »Die waren nicht alle nur für Mädchen. Ich habe aber auch die für Mädchen gelesen. *Bist du da, Gott? Ich bin's, Margaret* war ein wenig verwirrend, und ich weiß noch, dass ich ein bisschen traurig war, weil ich mit niemandem darüber sprechen konnte.« Das Bild von meinem Verlobten als kleinem flachsblondem Jungen, der las, wie es ist, als Mädchen zum ersten Mal seine Periode zu bekommen, ließ mich dahinschmelzen wie ein Marshmallow überm Lagerfeuer.

Aber in Chile erklärte er mir, er werde das Kommando übernehmen. Und das gefiel mir nicht. »Hör auf. Du musst mich führen lassen.« Leichter gesagt als getan.

Salsa-Schritte sehen ganz einfach aus, bis man versucht, sie selbst auszuführen. Man macht einen Schritt zurück. Einen Schritt vor. Man tippt mit dem einen Fuß auf. Dann mit dem anderen. Wenn man gut ist, wedelt man dazu auf erotische Art mit den Armen und schwingt die Hüften wie beim Hula-Hoop, nur ohne Reifen.

»*Uno, dos, tres*«, rief unsere Lehrerin und schüttelte die Brüste wie ein Mixer. »*Cuatro, cinco, seis … Todo bien?*« Wir sollten den Daumen heben, wenn wir es verstanden hatten. Ich hob den Daumen, obwohl ich nicht aufgepasst hatte.

Als die heißblütigen Lehrer die Schritte zählten, stolperte ich und murmelte »Gottverdammter Mist« anstatt »Eins, zwei, drei, vier, fünf«. Ich beobachtete die beiden Tanzlehrer, die sich vollkommen synchron bewegten, und musste an Schwäne denken – diese eleganten, wunderschönen Vögel, die sich fürs ganze Leben verpaaren. Wenn sie über das Wasser gleiten, wirken sie ruhig und beherrscht, unter Wasser vollführen sie jedoch, in perfektem Einklang mit ihren Partnern, kreisförmige Bewegungen mit den Füßen. Wissenschaftler glauben, dass diese synchronen Bewegungen potenziellen romantischen Eindringlingen signalisieren, sie sollten sich verziehen. Vielleicht trifft das auch auf Menschen zu. Laut Doktor William Michael Brown, Psychologe und Tanzforscher an der Queen Mary University of London und der University of East London, signalisieren Paare, die gut miteinander tanzen, dass sie einander eng verbunden sind. Ich wollte, dass Nicks und meine Bewegungen unsere Verbundenheit demonstrierten, nur für den Fall, dass Nick mit der Nanny durchbrennen und sich ein Arschgeweih tätowieren lassen wollte.

Nick und ich sahen einander in die Augen und begannen, gemeinsam zu zählen, doch irgendwie trat ich ihm jedes Mal, wenn wir zu *cuatro* kamen, auf den Fuß. War ich mit dem linken oder mit dem rechten Fuß gestartet? Ich wusste es nicht. Von der Höhenlage und der Anstrengung ging mir die Puste aus. »Das ist echt kompliziert«, schmollte ich. Schweiß rann mir den Rücken hinunter. »Noch komplizierter als dieser Sessellift!«

Nick schwang weiter die Hüften. »Das ist nicht kompliziert. Das beherrschen schon Sechsjährige. Latinos machen das jeden Tag. Darum sind sie so gut in Form.«

Bei fünf sollten wir uns drehen.

»*Gire, gire, gire!*«, schrie Shakira.

»Oooooh, ein neues spanisches Wort. Das kannte ich noch gar nicht«, sagte Nick. »Es heißt umdrehen.«

Unsere Drehungen waren zeitlich schlecht aufeinander abgestimmt. Ich trat Nick auf den Fuß. Er drehte mich zu schnell, und ich stolperte. Mir war schwindelig.

»Wir sind schrecklich schlecht«, jammerte ich.

»Ich bin gut«, sagte Nick.

Shakira war nicht zufrieden. Ihre Brüste schoben sich zwischen uns, und sie begann, mit Nick zu tanzen. Ab dem Moment, in dem er nicht mehr mit mir tanzte, wurden seine Bewegungen besser.

Verärgert suchte ich die Toilette auf. Shakira wartete vor der Tür auf mich.

»Darf ich dir ein Geheimnis verraten?«, flüsterte sie, als wären wir zwei Frauen aus einer Tampon-Werbung. Ich nickte. »Lass den Mann führen. Lass ihn denken, dass er das Sagen hat. Wenn du diejenige bist, die es zulässt, bist du trotzdem diejenige, die die Kontrolle hat.« Das hörte ich im Laufe der Woche immer wieder von chilenischen Frauen, egal ob wir über das Tanzen oder den Alltag sprachen. Chilenische Männer mögen überaus machohaft wirken, und das lange Zeit herrschende Patriarchat mag immer noch den Alltag prägen, aber im Grunde haben die Frauen die Hosen an. Unablässig erklärten sie mir, das empfindliche Ego des Mannes brauche das Gefühl, die Kontrolle zu haben. Manchmal müsse die Frau ihren Ehemann glauben lassen, er habe das Heft in der Hand, obwohl sie auf subtile Weise das Verhalten und die Entscheidungen ihres Mannes beeinflusse. Ich reagierte unwillkürlich skeptisch. War ich nicht Feministin? Glaubte ich nicht, dass jede Form der Unterwerfung den Frauen die Macht nahm und sie den Männern überließ?

Für mich hörte sich das so an, als redeten sich die Frauen nur ein, die Kontrolle zu haben, obwohl das in Wahrheit gar nicht stimmte – eine Lüge, durch die sie die Dominanz der Männer ertrugen. Dennoch versicherten mir die Frauen in Südamerika immer wieder, dass es kein Zeichen von Schwäche sei, das Ego eines Mannes zu stärken. Sie waren scharfsinnige Anthropologinnen männlichen Verhaltens und hatten bereits vor langer Zeit gelernt, mit den Zwängen einer traditionell patriarchalischen Gesellschaft umzugehen. Sie entschieden sich für ein bestimmtes Verhalten, um in einem System, das ihnen wenig Chancen bot, ihr Selbstwertgefühl zu erhalten. Und vielleicht ist »Unterwerfung« hier das falsche Wort. Es geht eher darum, zwischen den Zeilen zu lesen und, unabhängig vom Geschlecht, um den Umgang mit Egos. Dafür gibt es kein passendes Wort. Um Kontrolle … und um Vertrauen. Indem sie einfühlsam mit dem Ego der Männer umgingen, konnten die Frauen, denen ich in Chile begegnete, am Ende die Kontrolle über wichtige Entscheidungen in der Familie behalten – über die Finanzen und über ihre persönliche Freiheit. Obwohl Chile in Sachen Gleichberechtigung der Geschlechter noch einen langen Weg vor sich hat, gibt es dort starke weibliche Vorbilder, und es ist eines der wenigen Länder, das eine Frau zum Präsidenten gewählt hat.

Das heißt nicht, dass sich die Zeiten dort nicht auch schon geändert haben. Frauen heiraten heute in der Regel erst mit über dreißig (auch wenn sie bis zu ihrer Hochzeit oft noch zu Hause wohnen). Frauen meines Alters sind kritischer bei der Wahl ihres Ehemannes geworden, und wenn sie heiraten, tun sie es, anders als ihre Mütter, meist aus Liebe und nicht, um abgesichert und beschützt zu sein. Oft arbeiten sie außer Haus und sorgen nicht selten für den Unterhalt ihrer Familien.

In den Vereinigten Staaten reden wir nicht darüber, das Ego des Mannes zu pflegen oder ihm das Gefühl zu geben, er habe in einer Beziehung das Sagen – Unterwerfung ist verpönt. Im Internet erschienen massenhaft wütende Kommentare, als der amerikanische Volleyball-Superstar Gabby

Reece ein Buch über ihre siebzehn Jahre andauernde Ehe mit dem Profi-Surfer Laird Hamilton herausbrachte (den sie als Alphatier beschreibt). Darin erklärte sie, sich in einer Beziehung zu unterwerfen, sei eher ein Zeichen von Stärke als von Schwäche. Wobei sie betonte, sich unterwürfig zu *verhalten*, sei nicht das Gleiche, wie unterwürfig zu *sein*. »Frauen besitzen die Fähigkeit, den Ton anzugeben ... Die größte Stärke besteht darin, ein Heim zu schaffen. Ich glaube nicht, dass es ein Zeichen von Schwäche ist. Ich glaube, es ist ein Zeichen von Stärke«, meinte Reed.

Als das Buch erschien, warf man ihr vor, die Frauenbewegung um fünfzig Jahre zurückzuwerfen. Ich habe diese Vorwürfe in den Medien und auf Twitter verfolgt und wusste nicht, was ich davon halten sollte. Reece ist eine starke Frau. Ehefrau und Mutter zu sein, diejenige, die für das Überleben und das Glück anderer Menschen verantwortlich ist, war ihr nicht von Natur aus gegeben. Kurz vor meiner Hochzeit empfand ich jetzt ähnlich. Für Reece funktionierte ihre Ehe mit einem Alphatier deshalb, weil sie sich in mancherlei Hinsicht unterwarf, sich ein bisschen weicher gab, ein bisschen nachgiebiger war. Das Buch erschien zwei Jahre, bevor ich mit Nick an diesen Punkt kam, doch damals wurde mir zum ersten Mal bewusst, dass wir uns in einer langjährigen Ehe oder Beziehung alle anpassen und Zugeständnisse machen müssen. Damals war ich mit einem netten Mann zusammen, einem wirklich netten. Sie kennen diese Typen, so einer, der fast *zu* nett ist. Weil ich es konnte, weil es so leicht war und weil ich lauter und angriffslustiger war als er, hatte ich in der Beziehung die Hosen an. Wenn wir zum Essen ausgingen, reservierte ich den Tisch, ich plante unsere Reisen. Ich kommandierte ihn herum. Ich war kritisch und ein bisschen gemein. Als er zunahm und Männerbrüste bekam, machte ich mich über ihn lustig, und ich bezahlte Dinge, nur um das Gefühl der Kontrolle zu behalten. Rückblickend weiß ich, dass unsere Beziehung unter anderem deshalb schal wurde, weil ich ihn nichts von den Dingen tun ließ, die Männer meinen, tun zu müssen. Es war ein Zeichen dafür, dass ich keinen Respekt vor ihm hatte. Ich nahm ihm den letzten Rest Männlichkeit, und mit meinem Kontrollzwang hätte ich jeden vertrieben – ob Mann oder Frau. Schließlich fand ich heraus, dass er eine Internet-Affäre mit einer Frau pflegte, die er in einem Chatroom kennengelernt hatte (ihr Deckname war FuzzyBunnyBaby). Sie stärkte sein Ego in einer Weise, wie ich es nicht konnte.

Seit ich Nick begegnet war, hatte ich viel über diese gescheiterte Beziehung nachgedacht.

Bevor Nick und ich uns nach Chile aufmachten, führten wir Lady Piazza im Golden Gate Park spazieren. Nick sorgte sich um sein Business, darum, ob sein Unternehmen erfolgreich sein und wachsen würde.

»Ich will für dich sorgen«, erklärte er, und ich schwöre, dass seine Brust dabei etwas breiter wurde.

Mein gesamter Körper verspannte sich, und meine Antwort war kurz und knapp: »Du brauchst nicht für mich zu sorgen. Mir geht es gut. Ich komme prima zurecht. Habe ich dir schon mal von dem Beinah-Überfall erzählt, bei dem ich den Angreifer mit einer Haarbürste in die Flucht geschlagen habe?« Und dann ratterte ich eine lange Reihe von Gründen runter, warum es mir gut ging und warum ich prima zurechtkam.

Meine Erklärung ließ ihn in sich zusammensinken, und er schien mit den Gedanken woanders zu sein. Er schwieg eine Weile, während der Hund gelassen an einem Rosenbeet herumschnüffelte.

Was Nick dann schließlich sagte, hing mir noch lange nach.

»Es gibt mir ein gutes Gefühl, für dich sorgen zu können«, antwortete er. »Lässt du es mich versuchen?« Es war keine Anweisung. Es war eine Frage, die nur ich beantworten konnte.

»Darf ich diesmal führen, Liebling?«, fragte Nick, als ich wieder in den Fitnessraum zurückkehrte, um unsere Salsa-Stunde zu Ende zu bringen. Daraufhin lockerte ich den eisernen Griff um seine Hand, nickte und ließ mich von meinem Fast-Ehemann in die Richtung führen, die er vorgab, und mich wie ein Derwisch von ihm herumwirbeln. Diesmal starrte ich nicht auf meine Füße, sondern schaute Nick in die Augen, lächelte und hatte eine beschwingte Zeit. Es war wie ein Wunder. Diesmal trat niemand dem anderen auf den Fuß, wie Profis glitten wir zwischen den Basketballkörben über den Hallenboden. Indem ich mein Bedürfnis nach Kontrolle aufgab und Nick das Kommando überließ, konnten wir uns im Einklang miteinander bewegen.

»Wir sind gut«, stellte Nick fest und blickte mit unverhohlener Zärtlichkeit zu mir herunter. »Lass uns das mit einem Cocktail feiern!«

Der traditionelle Drink in Chile ist der *Pisco Sour*, ein Traubenschnaps mit Limettensaft und Eischnee. Seit Hunderten von Jahren streiten Chile und das benachbarte Peru darüber, wer den besten *Pisco Sour* zubereitet und welches Land ihn als Nationalgetränk für sich beanspruchen darf. Er schmeckt spritzig und stark und nach dem ersten umso mehr.

Wir zogen uns in die schummrige, holzgetäfelte Hotelbar zurück und tranken gleich ein paar davon, außerdem noch ein Glas heimischen *Vino Tinto*, zu dem wir Käsefondue aßen. Dabei kamen wir mit einem älteren Herrn namens Keith aus Minnesota ins Gespräch, der seit fast fünfzig Jahren verheiratet war. Keith war genau der Typ Mann, mit dem ich sprechen wollte. Fünfzig Jahre! Wie schaffte man es, fünf Jahrzehnte mit ein und derselben Frau verheiratet zu sein?

»Und, Keith, wie lautet Ihr Ratschlag? Wie führt man eine glückliche Ehe?«, fragte ich und bedeutete der Kellnerin, uns eine weitere Runde zu bringen.

Er dachte nach. »Sagen Sie immer: ›Ja, Liebes‹.« Er kicherte in einer Weise, die mich an seiner Aussage zweifeln ließ. Seine Hängebäckchen waren vom Pisco gerötet.

Das Kerzenlicht auf dem Tisch tanzte über Nicks Gesicht, und er grinste. »Ich bin dabei, mein ›Ja, Liebes‹ zu perfektionieren, stimmt's, Baby? Ich habe es allerdings auf Spanisch geübt: *Si, cariño.*«

»Er macht das schon ganz gut, aber da ist noch Luft nach oben«, sagte ich.

Ratschläge dieser Art zählen bei älteren Herren, die schon lange verheiratet sind, zu den Favoriten. Das Problem ist, dass ich mir nie sicher bin, wie ernst sie es meinen. Überlassen sie tatsächlich ihren Ehefrauen alle Entscheidungen und ordnen sich ihnen in gewisser Weise unter, oder ist es nur eine Art, sie nicht ernst zu nehmen und sie zu beschwichtigen? Vielleicht meinen sie auch, Frauen, die halb so alt sind wie sie, würden das liebenswert finden? Doch das war nicht Keiths einziger Ratschlag. Sein Gesicht glühte von dem chilenischen Bier, das ich für ihn bestellt hatte, als er fortfuhr: »Nachdem mein Sohn mir erzählt hat, er wolle heiraten, habe ich ihm zwei Fragen gestellt: Fährt sie Ski, und ist sie Republikanerin? Das sind die Dinge, auf die es ankommt.«

Nachdem der Grundkurs in Salsa saß, verließen wir Portillo und flogen zu den nordchilenischen Wüstenplateaus, die man Atacama nennt. Unsere Basis befand sich in San Pedro, einem kleinen Örtchen mit viertausend Einwohnern und einer deutlich spürbaren Hippie-Energie. Auf dem Weg dorthin flogen wir zurück über die Anden und passierten im Landeanflug weite silbrige Salzebenen, die auf Spanisch *Salares* heißen, wie Nick mir erklärte.

»Hier versammeln sich die Flamingos«, erzählte Nick, während wir über sie hinwegflogen. Die Salares waren so weiß, dass die Flamingos auf ihnen noch pinkfarbener wirkten und mir das Bild einer Vanilletorte mit gefrorenen Erdbeeren in den Sinn kam. »Wenn du noch etwas weiter schaust, kannst du da hinten ein paar Salzminen sehen. Da, diese blauen Vierecke. Das sind die Minen. Vielleicht entdecken wir zwischen den Steinen dort drüben eine *Viscacha*, eine peruanische Hasenmaus. Das ist ein Nagetier, das aussieht wie ein Hase mit einem langen Schwanz. Ziemlich albern. Wir werden sicher welche sehen.« Nachdem er diese Information an mich weitergegeben hatte, wandte er sich, auf der Suche nach neuen spanischen Vokabeln, wieder den Sicherheitsanweisungen im Bordmagazin zu.

»Wusstest du, dass Rutsche auf Spanisch *Tobagán* heißt?«

Wir landeten in der Bergarbeiterstadt Calama und fuhren durch eine rötlich staubige Mondlandschaft sechzig Meilen Richtung Westen. Die Straße verläuft ewig geradeaus durch eine unendliche Weite, die entfernt an den amerikanischen Südwesten erinnert und gleichzeitig mit nichts auf der Welt zu vergleichen ist. Ein Schild verriet uns den Namen des Landstrichs: »Ebene der Geduld«. Wir passierten ein riesiges Gebiet, in dem die Farbe des Sands allmählich von Braun in Gelb überging, dann von Orange in Rot und am Ende zu einem tiefen Violett wurde, bevor sie in den weiß verschneiten Gipfeln der andinen Vulkane verschwand.

»Ein schöner Ort, um über Geduld nachzudenken«, sagte ich. Geduld, *Patience*, abgeleitet vom lateinischen Wort *pati*, heißt »erdulden, unterstützen, erleiden, durchhalten, dulden«. Brauchte ich Geduld, um mit einem anderen Menschen zu tanzen und um ihm mein Leben anzuvertrauen?

Die Wüste besitzt zu jeder Jahreszeit einen anderen Charakter. In manchen Regionen hat es seit mehr als vier Jahrzehnten nicht mehr geregnet; sie gehören zu den trockensten Gebieten der Erde. Andere sind den Großteil des Jahres über trocken und salzig, bevor sie sich für einen Monat in ein blühendes Paradies verwandeln, in dem mehr als vierhundert Blumen in allen erdenklichen Formen, Größen und Farben den Wüstenboden bedecken.

Von der Terrasse hinter unserem Hotel aus konnten wir den Licancabur-Vulkan sehen, einen schlafenden Riesen, der an der bolivianischen Grenze darauf wartet, in seinem Schlaf gestört zu werden. Unsere Außendusche gewährte uns einen Blick auf die Milchstraße – ein funkelnder Vorhang spannte sich über den gesamten Himmel, während ich meine Haare wusch. Es erinnerte mich an das Oberdeck des Bootes auf den Galapagosinseln, auf dem Nick und ich uns kennengelernt hatten. Noch nie zuvor hatte ich gesehen, dass Sterne funkelten wie in einem Zeichentrickfilm von Walt Disney. In unserer letzten Nacht auf dem Boot waren Nick und ich länger aufgeblieben als der Rest der Passagiere.

Wir lagen auf Liegen nebeneinander, tranken warmes ecuadorianisches Bier und brachten beide den Mut auf, den ersten Schritt zu tun und uns Geschichten aus unserem Leben zu erzählen. Aufgrund eines merkwürdigen Zufalls sprachen wir an jenem Abend bestimmt eine Stunde lang über Chile. In seinen Zwanzigern hatte Nick eine sechsmonatige Rucksacktour von Lima über Peru bis zur Spitze von Chile unternommen. Auf jener Reise war er hier gewesen, in der Atacama-Wüste. Er war abends hier gestrandet und hatte sich im Valle de la Luna mit einer rechthaberischen israelischen Rucksacktouristin verirrt, die er in einem Hostel kennengelernt hatte. Zu jenem Zeitpunkt hatte Nick mich noch nicht einmal geküsst, dennoch war ich bereits eifersüchtig auf ein Mädchen, das mit diesem gut aussehenden fast Fremden in einer Wüstenregion festgesessen hatte. Vielleicht veranlasste mich das dazu, mich schließlich so weit zu ihm hinüberzubeugen, dass er mich zum allerersten Mal küsste.

Am nächsten Tag erhielt ich die Gelegenheit, die bizarre Landschaft des Valle de la Luna mit ihrem rötlichen Sand und den ungewöhnlichen Felsformationen auf einem Wander- und Reitausflug mit Nick selbst zu erkunden. Als wir die gefährlichen roten Dünen hinauf- und hinuntergaloppierten und in den Schluchten die Echos unserer Stimmen widerhallten, sprach ich unseren Fremdenführer Danielo auf die niedrige Scheidungsrate in Chile an, die nach wie vor nur um die drei Prozent beträgt. Der kräftige 37-Jährige aus Santiago war vor fünfzehn Jahren als Tourist in die Atacama-Wüste gekommen und hatte sie nicht wieder verlassen.

Ich erklärte Danielo, dass ich in Chile sei, weil ich für ein Buch über die Ehe recherchierte und weil ich tanzen lernen wollte.

»Das stimmt, wir haben eine der niedrigsten Scheidungsraten der Welt«, sagte er schulterzuckend, als sprächen wir über Baseballstatistiken.

»Aber nur, weil man sich nicht scheiden lassen durfte«, entgegnete ich, obwohl ich wusste, dass die Gründe vielschichtiger waren. In den letzten hundert Jahren hatten Chilenen, die ihre Ehe beenden wollten, Wege gefunden, von ihrem Partner getrennt zu leben, auch wenn sie offiziell noch verheiratet waren. Doch viele Paare blieben auch einfach verheiratet, obwohl sie unglücklich waren. Als Scheidungen endlich legalisiert wurden, rechneten die Gerichte mit einer regelrechten Scheidungswelle, doch diese blieb aus. Paare, die nicht zusammenbleiben wollten, hatten bereits Lösungen für sich gefunden. Nun steigt die Scheidungsrate zwar von Jahr zu Jahr an, aber nicht sehr stark. Eine Scheidung gilt nach wie vor als Stigma, und das wird wahrscheinlich noch eine Generation lang so bleiben. Aber es gibt noch eine interessante Entwicklung. Eingetragene Partnerschaften, die seit 2015 legal und rechtlich einer Ehe fast gleichgestellt sind, jedoch leichter gelöst werden können, sind unter jungen Chilenen unglaublich beliebt – sowohl bei heterosexuellen wie auch bei homosexuellen Paaren.

Danielo machte eine kleine Pause, bevor er uns erzählte, dass er geschieden war.

»Es war schrecklich. Aber ich habe die Playstation bekommen.« Und als Nachsatz fügte er hinzu, »Und die Kinder.«

»Oje!«, sagte ich. »Das tut mir leid.«

Diesmal machte er keine Pause.

»Meine Frau und ich *konnten* gut zusammen tanzen. Das war der gute Teil unserer Ehe, aber das reichte nicht. Sie müssen nicht lernen, miteinander zu tanzen, Sie müssen lernen, miteinander zu reden. Hören Sie niemals auf, miteinander zu reden. Sobald sich irgendwas komisch anfühlt, müssen Sie darüber sprechen. Das ist in meiner Ehe schiefgelaufen. Wir haben aufgehört, miteinander zu reden. Uns auszutauschen. Es ist wichtig, über alles zu reden. Man teilt das Bett miteinander, man sollte auch alles andere miteinander teilen.« Dies war verglichen mit »Ja, Liebes« und »Du musst dem Mann die Führung überlassen« ein ziemlich fortschrittlicher Ratschlag. Und obwohl er nichts damit zu tun hatte, wie man tanzen lernt, und obwohl der Ratschlag von einem geschiedenen Mann stammte, war er der beste, den wir in Chile auf die Frage erhielten, wie man eine gute Ehe führt.

Nick und ich hatten unser Bett bisher gerade mal zwei Wochen am Stück miteinander geteilt. Noch immer blieben wir abends lange wach und stellten einander Fragen, weil wir unbedingt ausgleichen wollten, dass wir nur so kurze Zeit umeinander geworben hatten. Wir sprachen über unsere Hoffnungen und Ziele, unsere Wert- und Moralvorstellungen. Wir plauderten darüber, wie wir unsere Kinder erziehen wollten. Und was passieren würde, wenn wir für unsere kranken Eltern sorgen müssten. Wir sprachen über Religion, über Schuld und über all unsere Ex-Freunde und Ex-Freundinnen. Und über die große Frage: Inwiefern bist du verrückt? Denn jeder ist auf seine Weise ein bisschen verrückt. Aber vielleicht hatten wir noch nicht ausgiebig genug über die alltäglicheren Dinge gesprochen. Beispielsweise hatte ich Nick noch nicht erzählt, wie sehr mich die Vorstellung beunruhigte, in einer großen Stadt zu leben, in der ich außer ihm niemanden kannte. Ich hatte die Vorfreude darauf, dass wir zusammenzogen und heirateten, nicht verderben wollen. Das verursachte mir eindeutig ein ungutes Gefühl. Darüber mussten wir auf jeden Fall sprechen.

Wir ritten weiter durch die Marslandschaft, die Dünen hinauf und hinunter. Der Wind frischte auf und blies mir den Sand ins Gesicht und ins Haar. Der feine Sand würde den Weg in jede Körperfalte und in den letzten Winkel unseres Gepäcks finden und uns dort wahrscheinlich noch das ganze nächste Jahr auf unseren Reisen begleiten. Danielos chilenischer Straßenhund hieß Pirat, er zeigte uns den Weg und stupste mit der Schnauze gegen die Fesseln der Pferde, wenn diese zu langsam wurden.

»Mein Bruder führt eine wundervolle Ehe«, erzählte unser Fremdenführer weiter, ohne dass wir ihn dazu gedrängt hatten. »Seine Frau und er haben eine Tradition. Das sollten Sie auch machen. Sie fahren jedes Jahr zwei Wochen lang getrennt voneinander in den Urlaub. Sie ist mit ihren Freundinnen unterwegs, und er geht mit seinen Kumpels auf einen richtigen Macho-Trip. Dann unternehmen die beiden noch eine zweiwöchige Reise gemeinsam. Nur die beiden allein, ohne die Kinder. Die zwei sind dermaßen verliebt. Sie sagen, in den Wochen, die sie getrennt voneinander verbringen, vermissen sie einander … sie sehnen sich nach einander.«

Der römische Dichter Ovid, der zu Christus' Zeiten lebte und drei verschiedene Frauen hatte, hat etwas Ähnliches geschrieben. »Die Gleichgültigkeit von Männern gegenüber ihren Frauen rührt daher, dass sie ihre Frau jederzeit sehen können. Also, schließe die Tür und lass deinen mürrischen Türsteher knurren: ›Kein Zutritt.‹ Das wird das vor sich hin glimmende Feuer der Liebe aufs Neue entfachen.« Da war was dran. Seit Nick und ich uns kannten, fragte ich mich, ob wir beide so verliebt ineinander waren, weil wir auf entgegengesetzten Seiten des Landes lebten und uns darum zwangsläufig immer wieder längere Zeit nicht sahen.

Ich drehte mich zu Nick um und lächelte ihn an, während er stetig in seinem Sattel auf und ab wippte. Er machte sich nicht viel aus Reiten. Er tat es mir zuliebe.

»Werden Sie noch einmal heiraten?«, fragte ich Danielo, als wir schon zu den Ställen zurücktrabten.

Er schüttelte den Kopf. »Ich weiß nicht, ob ich an die Ehe glaube.« Er machte eine Pause. »Aber ich glaube an die Liebe. Ich liebe die Liebe.«

Als wir an jenem Abend zurück im Ort waren, baten wir jeden, den wir trafen, uns die Cueca beizubringen, doch alle weigerten sich. Die Leute vom Hotel. Die Barkeeper. Keiner wollte es uns zeigen.

Obwohl fast alle in Chile die Cueca kennen, sie gelernt und schon getanzt haben, sehr wahrscheinlich sogar auf der eigenen Hochzeit, bringen sie den Tanz nur ungern einem weißen Gringo-Pärchen bei, das sich nur eine Woche in ihrem Land aufhält. Ein Grund dafür ist, dass der Tanz eine widersprüchliche Geschichte hat. Man nimmt an, dass er indianische und vielleicht auch afrikanische Wurzeln hat, die mindestens zweihundert Jahre zurückreichen. Doch als der chilenische Diktator Augusto Pinochet 1973 die Macht ergriff, versuchte er, die Cueca für seine nationalistische Bewegung zu vereinnahmen, und forderte, sie zum Tanz der chilenischen Unabhängigkeit zu machen. Daraufhin begannen die Frauen, die Cueca allein zu tanzen, um an all die Männer zu erinnern, die unter der Herrschaft des Pinochet-Regimes verschwunden waren. Heutzutage hat sich die Cueca weiterentwickelt. Es gibt noch die traditionelle Cueca, die häufig bei Hochzeiten getanzt wird, aber es gibt auch eine neue *Cueca Brava*, die den traditionellen Tanz mit Streetdance-Elementen verbindet. Sie bleibt ein wesentlicher Bestandteil der chilenischen Kultur und soll ohne Weiteres mit Außenstehenden geteilt werden.

»Wir können uns den Tanz doch selbst beibringen«, sagte Nick während des Abendessens. Er war beim dritten Glas eines chilenischen Cabernets, den er auf dieser Reise für sich entdeckt hatte. »Das gibt es doch alles auf YouTube. Das schaffen wir, Süße.«

Eigentlich sollte sich jeder mal Cueca-Videos im Internet ansehen. Es gibt Hunderte, wenn nicht Tausende Lehrvideos sowie Aufzeichnungen von Wettbewerben, meist von Teenagern, die um hohe Geldpreise konkurrieren. Die Jugend-Cueca-Meisterschaft in Chile ist wie *Let's Dance*, nur für südamerikanische Städte und Ortschaften. Es ist eine todernste Sache, und die Sieger der einzelnen Ortschaften sind hier genauso berühmt wie Fernsehstars aus dem Reality-TV.

Ein Video, »Campeones de Cueca«, hat schon knapp drei Millionen Klicks.

Wir sahen uns ein halbes Dutzend Darbietungen an und lasen eine detaillierte Cueca-Anleitung. Der Tanz beinhaltet Flirten, Umwerben, Unterwerfung und Vereinigung – und das alles in sieben Minuten. Er besteht aus acht Schritten. Beim ersten, den man als »Einladung« bezeichnet, bietet der Mann der Frau seinen Arm an. Als Nächstes führt er sie in die Mitte der Tanzfläche und stellt sich im Abstand von einigen Metern vor ihr auf. Dann klatscht er kraftvoll in die Hände, und der Tanz beginnt. Beide Tänzer bewegen sich nach rechts, dabei sehen sie sich an und halten Blickkontakt.

Sie gehen einmal im Kreis um die Tanzfläche herum, wobei sie ein großes Taschentuch kreisend schwingen. Danach beginnt die Verfolgung. Mit fordernden Schritten tanzt der Mann auf die Frau zu. Sie weicht vor ihm zurück und schafft es immer wieder knapp, ihm zu entwischen. Plötzlich entfernen sich die beiden Tänzer voneinander. Beide scheinen mit ihren Füßen den Boden zu »wischen«, als würden sie in einem metaphorischen Akt die Vergangenheit abstreifen. Beide stampfen auf den Boden, der Mann kraftvoll, die Frau anmutig. Erneut bewegt er sich auf sie zu und bietet ihr seinen Arm an, den sie nimmt. Schließlich beenden sie den Tanz mit ineinander verschränkten Armen.

Nachdem wir uns mehrere Videos angeschaut hatten, war Nick überzeugt. »Bumm! Ich hab's!« Er trank noch einen Schluck Wein und holte dann zwei große Handtücher aus dem Bad, um sie als Taschentücher zu benutzen.

»Geh ins Bad«, sagte Nick. »Dann kann ich dich zu mir bitten.« Er schaltete die Cueca-Musik an, die wir ebenfalls im Internet gefunden hatten.

Zögernd stellte ich mich in den Eingang zum Bad. Galant verbeugte sich Nick in meine Richtung und tänzelte dann in die Mitte des Zimmers, wobei er wild das Handtuch schwang.

Ich prustete vor Lachen. Dann fiel mir ein, dass dies ein Verführungstanz war. Ich schwang mein Handtuch über dem Kopf, während wir einander umkreisten. Nick versuchte, das Handtuch als Lasso zu benutzen und mich damit zu fangen, woraufhin ich erneut vor Lachen schnaubte.

Nick vollführte einen Hüpfer, der aufreizend wirken sollte.

Nach der Hälfte des Tanzes wurde er ernster und blickte mir auf eine Weise in die Augen, die mich davon überzeugte, dass er mich tatsächlich verführen wollte. Nun setzten wir beide die Salsa-Schritte ein, die wir im Sportraum in Portillo gelernt hatten, bewegten uns nah aufeinander zu, um uns dann wieder voneinander zu entfernen. Aus dem Augenwinkel sah ich unsere Bewegungen im Spiegel. Anfangs hatten wir lächerlich ausgesehen, doch jetzt machten wir uns gar nicht so schlecht. Wir würden zwar noch nicht einmal eine Jugendmeisterschaft im Cueca gewinnen, aber wir sahen aus wie ein Paar, das miteinander tanzen konnte.

Als der Tanz schließlich zum Ende kam, berührten wir uns. Ich wirbelte in seine Arme und vollführte einen Giro, ohne ihm dabei auf den Fuß zu treten, und als er mich nach hinten neigte, fiel ich nicht um.

»Glaubst du, wir sind so weit, dass wir auf unserer Hochzeit zusammen tanzen können?«, fragte ich, als wir uns aufs Bett fallen ließen.

Er beugte sich zu mir herüber, um mir ins Ohr zu flüstern, und ich spürte seinen warmen Atem an meinem Hals. »Vertraust du mir genug, um mir die Führung zu überlassen?«, fragte er.

Ich überlegte einen Moment lang.

»Hin und wieder.«

Dennoch wälzte ich mich in dieser Nacht von einer Seite auf die andere und grübelte über die Frage nach, ob in einer Beziehung überhaupt jemand »führen« sollte. Sollten wir in einer Partnerschaft nicht nach Gleichberechtigung streben? Bedeutete Gleichberechtigung in einer Partnerschaft, dass keiner führte? War das nicht eine Anleitung zu Anarchie und Chaos? Oder bedeutete es vielleicht, dass jeder mal die Führung übernahm, je nachdem, wer in einer Sache gut war?

Da ich nicht schlafen konnte, ging ich hinaus auf die Terrasse, um den Vollmond zu bewundern. Ich streckte die Arme in die Luft und dachte an die tragischen Schreie von Illi Yunqui zurück, der bei Vollmond um seine verlorene Liebe trauerte. Als ich die Arme wieder herunternahm, sah ich, wie sich das Mondlicht im Gold meines Verlobungsrings fing.

Es ist kein Geheimnis, dass der Verlobungsring den Männern lange Zeit dazu diente, bereits vor der Hochzeit ihr Revier zu markieren. Einige Historiker glauben, dass heidnische Höhlenbewohner geflochtene Grashalme um Fesseln und Handgelenke ihrer Partnerin banden, um bereits vor der Segnung ihrer Beziehung zu zeigen, dass sie die Kontrolle über ihre Frau besaßen. Die Mythologie behauptet, die ersten Verlobungsringe hätten die Römer in der Antike eingeführt. An den Ringen waren winzige Schlüssel befestigt, die die Ehefrau als Eigentum des Mannes auswiesen. Im Mittelalter betrachtete man den Verlobungsring als eine Art Versicherungspolice, mit der die Braut versprach, sich bis zur Hochzeit ihre Jungfräulichkeit zu bewahren. Als in Afrika massenhaft Diamanten entdeckt wurden, stellte Tiffany & Co. 1886 den klassischen Verlobungsring vor, auf dem in einer Sechs-Krappen-Fassung ein großer Diamant sitzt. De Beers, der weltweit die meisten Diamantminen bewirtschaftete, erfand im Jahre 1947 den großartigen und vielleicht wichtigsten Marketing-Slogan: »A diamond is forever« – »Ein Diamant ist unvergänglich«. Von da an war es das Schicksal der amerikanischen Männer, dass sie zwischen einem und drei Monatsgehältern für ein einziges Schmuckstück ausgeben mussten. Heutzutage erhalten Verlobungsringe sogar noch größere Aufmerksamkeit, wenn die zukünftige Braut ihnen einen Facebook-Post widmet und damit stillschweigend sagt: *Ich bin vergeben.*

Während unseres Tanzes hatte ich meine Unabhängigkeit aufgegeben, aber es gab eine andere Möglichkeit, wie ich mich hier in Chile behaupten, eine Art kosmische Balance wahren konnte. Indem ich Nick einen eigenen Verlobungsring schenkte. Wir mögen die lateinamerikanische Kultur für noch so machohaft halten, doch in Südamerika ist es nicht unüblich, dass ein Mann nach seiner Verlobung ebenfalls einen Verlobungsring trägt. In Brasilien und in Chile tragen sowohl der Bräutigam als auch die Braut in der Zeit vor ihrer Hochzeit einen schlichten Ring aus Metall am rechten Ringfinger, um ihre Verlobung anzuzeigen. Nach der Hochzeit wandert der Ring an die linke Hand.

Diese Tradition dringt zaghaft auch in die Vereinigten Staaten vor. *The Atlantic* hat sogar eine Geschichte mit dem Titel »Der Aufstieg des Man-gagement-Rings« herausgebracht, des Verlobungsrings für den Mann. Darin hieß es, dass fünf Prozent der verlobten amerikanischen Männer jetzt einen Ring trügen. Ich persönlich kenne keinen. Selbstverständlich tun amerikanische Schmuckfirmen alles, um den Markt für männliche Verlobungsringe auf die gleiche Weise zu beleben, wie es De Beer nach dem Zweiten Weltkrieg gelungen ist, indem er einen Verlobungsring mit einem großen Diamanten zum Must-have für Frauen machte. Das Kaufhaus Bamberger's, das später zu Macy's wurde, versuchte im Jahre 1926, einen Verlobungsring für Männer mit absoluten Macho-Namen wie »Der Pilot«, »Der Hirsch«, »Der Meister« zu vermarkten. Was für eine Vorstellung, in einem Geschäft wie dem Bamberger's an die Schmucktheke zu treten und vom Verkäufer gefragt zu werden: »Ist Ihr Verlobter eher Hirsch oder Meister?« Dass sich der Verlobungsring für den Mann in den Vereinigten Staaten nicht durchgesetzt hat, liegt daran, dass amerikanische Männer in Bezug auf Schmuck ohnehin schwierig sind und dass wir in einer Kultur leben, die das Junggesellentum bis zum eigentlichen Hochzeitstag hochhält. Wenn wir von Junggesellenabschiedspartys sprechen, tun wir immer noch so, als würde sich der Mann dort ein letztes Mal austoben, als wäre ein Heiratsantrag noch keine Verpflichtung. Im *Playboy*-Ratgeber für Junggesellenabschiede stehen so hilfreiche Dinge wie »Stripperinnen und Bauchtänzerinnen oder Zwerge und dicke Damen?«, »Wie findet man die richtige Hostess?« und »Lügen – oder nicht. Was Sie der Braut hinterher erzählen sollten«. Nick feierte keinen Junggesellenabschied. Oder keinen richtigen. An dem Wochenende, als ich mit meinen Freundinnen nach Charleston verschwand, um dort gut und viel zu essen, fuhr Nick mit zwei Kumpels raus zum Russian River in Sonoma County, um Bier zu trinken und auf Gummireifen den Fluss hinunterzusausen. Er wusste nicht, dass dort gerade Lazy Bear Weekend war, ein Schwulen-Wochenende, an dem hauptsächlich pummelige Männer mit Bärten teilnehmen. Der Fluss war voll mit großen behaarten Homosexuellen, die Rosé tranken – anstatt mit Hostessen und Zwergstripperinnen. Doch der Großteil der amerikanischen Männer wird nach wie vor mit Partys in die Ehe entlassen, bei denen Unmengen von Alkohol fließen und für die man Sexarbeiterinnen anheuert. An den Tagen, bevor sie den Mittelgang zum Altar hinunterschreiten, benutzen wir Sprüche wie: »der Anfang vom Ende«, »geangelt«, »an die Kette gelegt«. Kein anderes Ereignis im Leben eines Mannes ist mit so negativen Konnotationen belegt, bevor es überhaupt stattgefunden hat. Kein Wunder, dass die meisten Männer das Tragen des Rings bis zur letzten Minute hinauszögern.

Es spielte keine Rolle für mich, dass es bis zu unserer Hochzeit nur noch wenige Wochen waren. Mir gefiel die symbolische Bedeutung, wenn Nick auch einen Verlobungsring tragen würde. Mir kam es so vor, als befänden wir uns dadurch auf Augenhöhe, bevor wir einander das Jawort gaben.

Am nächsten Abend, als Nick und ich durch die Haupteinkaufsstraße von San Pedro schlenderten und aufgekratzten Straßenhunden sowie Rucksacktouristen mit Dreadlocks auswichen, entdeckte ich ein Schaufenster, in dem Kupferringe für Männer ausgestellt waren. Ich war mir nicht sicher, wie Nick auf die Idee reagieren würde.

Während er einen Schal aus Lamawolle für seine Mutter aussuchte, ging ich allein in den Schmuckladen, der sich in einem Reihenhaus aus Lehm befand. Der Ring, auf den ich ein Auge geworfen hatte, war cool. Wirklich cool. Er war silbern, und in die Mitte waren drei ineinander gedrehte Kupferbänder eingelassen. Ich stellte mir alle möglichen Szenarios vor. Ich könnte ihn in Nicks Weinglas werfen oder ihn in einem halbflüssigen Schokoladenkuchen verstecken. Ich könnte warten, bis die Sonne über dem Vulkan aufging und in aufreizender Unterwäsche auf der Terrasse auf ein Knie niedersinken. Kurz fragte ich mich, ob er möglicherweise Nein sagen und meinen Antrag dazu nutzen könnte, kurz vor der Hochzeit noch abzuspringen. Ich habe von einem Stamm an der Grenze zwischen Tibet und Burma gelesen, den Garo. Dort wird vom Bräutigam erwartet, dass er davonläuft, wenn eine Frau ihm einen Antrag macht, er muss regelrecht fliehen. Die Familie der Braut fängt ihn dann ein und schleppt ihn zu ihrer Tochter zurück. Manchmal flieht er noch einmal, und der Ablauf wiederholt sich, bis eine der beiden Parteien aufgibt. Die Chance, dass Nick in die Wüste fliehen und ich ihn nie wiedersehen würde, war sehr gering. Doch mein Vorstoß in unbekannte Gefilde machte mich unruhig, und ich war aufgeregt.

Eine unangenehme Kälte schlich sich in die Wüstenluft, und ich fröstelte in meinem Tanktop und Nicks Boxershorts, die ich noch vom Joggen trug. Nick wollte zu Fuß zum Hotel zurückgehen, weil er meinte, es wäre Quatsch, sich für die kurze Strecke ein Taxi zu nehmen. Er war sich sicher, dass er den Weg durch die dunklen und unsicheren Straßen finden würde. *Lass ihn führen*, dachte ich. *Du musst nicht die ganze Zeit die Kontrolle haben*. Offenbar war es für Nick gerade wichtig, mich sicher nach Hause zu bringen – ausschließlich mithilfe seiner Erinnerung und unserer Körperkraft.

So machten wir uns über eine etwas unheimliche, unbefestigte Straße auf den Rückweg zum Hotel. Auch wenn es nicht dunkel gewesen wäre, hätte man hier nicht viel gesehen. Ein paar Hostels, die um Gäste warben, Wellblechhütten, bröckelnde Lehmmauern. Acht Minuten unseres Weges gelang es mir, über Meteoriten zu plaudern, die wir in der Wüste vielleicht sehen würden. Dann blieb Nick mitten auf dem Weg stehen.

»Wir haben uns verlaufen.« Es machte ihn total fassungslos, dass sein inneres, ansonsten geradezu gespenstisch genaues GPS-System ihn im Stich gelassen hatte.

»Alles okay«, sagte ich fröstelnd. »Wenn wir da vorne rechts gehen, kommen wir zu unserem Hotel.« Ich hoffte, dass ich recht hatte.

Wir blickten uns um. »Vielleicht können wir eine Abkürzung über diese Wiese nehmen«, sagte Nick und steuerte auch schon auf eine Weide mit Kühen zu. Offenbar handelte es sich um das Revier eines wütenden Deutschen Schäferhundes, der hochsprang, uns anknurrte und die Zähne fletschte. Wir rannten ein paar hundert Meter den Weg hinunter. Ich hoffte, wir würden uns nicht noch mehr verlaufen, aber ich hatte Vertrauen zu Nick, er würde uns in Sicherheit bringen … irgendwann. Hier ging es nicht darum, sich unterwürfig zu verhalten. Hier ging es darum, meinem Partner zu vertrauen. Ich hatte Nick vertraut, als er mich beim Tanzen geführt hatte, und nun hatte ich Vertrauen, dass er mich vor einem wütenden Hund in Sicherheit bringen und mich vor dem Erfrierungstod in der Wüste retten würde. Er vertraute darauf, dass ich ihm sagen würde, wenn er sich täuschte und vielleicht ein wenig dickköpfig war. Wir mussten beide noch herausfinden, wann wir dem anderen die Kontrolle überlassen und wann wir sie selbst übernehmen sollten. Wir kannten uns einfach noch nicht lange genug, um über alle Stärken und Schwächen des anderen Bescheid zu wissen.

Auf unserer großen Fahrt Richtung Westen hatte meine Freundin Glynnis die Ehe scharfsinnig mit einer Reise verglichen. »Manchmal sitzt du hinterm Lenkrad, weißt du? Und dann, wenn du müde wirst, musst du Nick das Fahren überlassen. Das ist keine Unterwerfung. Jeder ist mal am Steuer. Ich vermute, dass die besten Ehen die sind, in denen sich beide einander unterwerfen und dafür sorgen, dass der andere sich in seinen schwachen Momenten sicher und aufgehoben fühlt und in seinen besten glänzen kann.«

Noch ganz aufgewühlt nach dem Angriff des Schäferhundes, schlang ich die Arme um meine Schultern. Bei jedem anderen Freund, mit dem ich in der Vergangenheit zusammen gewesen war, hätte ich an diesem Punkt gesagt: »Ich hab ja gesagt, wir hätten ein Taxi nehmen sollen«, und wäre zurück in den Ort gestapft, um alleine mit dem Taxi zu fahren.

Stattdessen ging ich in dem Gestrüpp auf ein Knie. Steine kratzten über meine Haut, Staub wehte mir in die Nase, ich fühlte mich ungeschützt, und mir war kalt.

Nick sah zu mir herab, und auf seinem Gesicht zeichnete sich Verwirrung ab.

»Ich *hasse* es, mich zu verlaufen«, sagte ich. »Wirklich. Es macht mich nervös und wütend, und mir ist gerade unglaublich kalt.« Ich holte tief Luft. »Aber es macht mir nichts aus, mich mit dir zu verlaufen.« Meine Stimme bebte. Nun verstand ich, warum Männer nervös waren, wenn sie einen Heiratsantrag machten. »Mir macht es nichts aus, wenn wir beschissen miteinander tanzen. Ich möchte einfach nur gern diejenige sein, mit der du tanzt. Mir macht es sogar nichts mehr aus, wenn du die Führung übernimmst. Eigentlich finde ich es manchmal sogar ganz schön. Ich liebe dich, und ich werde dich die nächsten Hunderttausend Jahre lieben. Willst du mich heiraten?«

3
Mexiko

Hört niemals auf, miteinander zu reden

Wir waren noch nicht einmal achtundvierzig Stunden verheiratet, als wir auf dem Flughafen von Cancún landeten – übrigens der einzige Flughafen auf der Welt, auf dessen Tower eine riesige Corona-Flasche steht. Unsere Hochzeitsreise hätte eine der schönsten Zeiten in unserem Leben sein sollen. Doch leider ging alles schief.

Kaum waren wir in Mexiko eingetroffen, zeigte ich Symptome einer bösen Fischvergiftung, die Folge eines spätnächtlichen Pizza-Exzesses in Philadelphia am Abend nach unserer Hochzeit. Auf unserem Empfang hatte ich fast nichts gegessen. Wie soll eine Braut das auch machen, bei all dem Tanzen, Für-Fotos-Posieren, Umarmen, Champagnertrinken und dem Versuch, sich die Namen sämtlicher neuer Verwandter aus Wisconsin zu merken? Bevor wir schlafen gingen, musste ich noch irgendwas in den Magen bekommen – egal wie bedenklich es aussah.

Doch nur eine Stunde nach unserer Landung in Mexiko, als wir gerade im Mietwagen saßen, bekam ich Magenkrämpfe.

»Soll ich anhalten?« Nick blickte alarmiert zu mir herüber. Ich zitterte, nickte schwach und kämpfte mit den Tränen.

Nick lenkte unseren kleinen billigen Mietwagen auf den Seitenstreifen der Autobahn, damit seine neue Ehefrau unverdaute Pizza, Kaffee und Erdnüsse aus dem Flugzeug auf die Straße neben dem Auto erbrechen konnte. Dabei klopfte er mir beruhigend, aber zurückhaltend auf den Rücken. Unterdessen ließ ich den Kopf zwischen den Knien hängen und stöhnte, dass ich ganz sicher gleich sterben würde.

»Du schaffst das, Süße. Bald sind wir da, dann kümmere ich mich um dich«, sagte Nick. Genau wie meine alte irische Großmutter hatte Nick eine ganze Flut von unsinnigen Kosenamen für mich: Süße, Liebesbombe, Zuckerschnecke, Erdmännchen. Ich kann an einer Hand abzählen, wie oft er mich Jo genannt hat.

Ich hob meinen Kopf, um Nick meine Zustimmung zu signalisieren. Dabei starrte ich auf Fußspuren inklusive Zehenabdrücken im Schotter vor mir. Wer lief denn hier barfuß? Ein Stück von meinem Gesicht entfernt lag eine zerbrochene Bierflasche, darauf ein benutztes Kondom. Hitze stieg vom Beton auf, und ich übergab mich aufs Neue.

Lange bevor die Menschen zugaben, dass sie vorehelichen Sex hatten, begaben sich Frischvermählte unter anderem deshalb auf Hochzeitsreise, um gegenseitig den Körper des anderen zu erkunden. Meiner verriet mich, direkt vor den Augen meines neuen Ehemannes, auf die denkbar schrecklichste Weise.

Ich hatte angenommen, die Ehe würde mich von der Angst befreien, immer absolut perfekt aussehen zu müssen und zu sein. Doch ich fand es immer noch schrecklich, dass Nick mich mit von Kotze verklebtem Haar sah.

Wir fuhren weiter in das Dorf Tulum, ein kleines mexikanisches Paradies, das berühmt für sein badewannenwarmes, kristallklares Wasser und für seinen puderzuckerähnlichen Sand ist. Cancún war einst eine bei Hippies und Yogis beliebte Gegend, die sich gerade noch den Flug hierher leisten konnten. Inzwischen waren die Strandhütten hippen Hotels gewichen, in denen man eine Margarita für fünfzehn und Avocado-Toast für zwanzig Dollar bekam. Seit ich vor zwölf Jahren zum ersten Mal allein hier gewesen war, hatte es sich sehr verändert, vielleicht zu sehr. Doch es blieb ein besonderer Ort für mich, den ich mit Nick teilen wollte. Bei einem anderen Besuch hatte ich hier mein erstes Buch beendet, hatte fieberhaft Seite um Seite gefüllt, während ich in einem Baumhaus mit Blick aufs Meer saß, das mich gerade mal 25 Dollar pro Nacht kostete. Alte Mythen erzählen, dass das Wasser um Tulum und um die ganze Halbinsel Yucatán herum eine magische Wirkung auf die Seele hat, und es war immer noch einer der romantischsten Orte, die ich kannte, obwohl ich ihn bislang immer allein besucht hatte.

Ich wusste nicht, dass der September der Höhe- oder – besser – der Tiefpunkt der Nebensaison ist. Als wir ankamen, stank der Strand nach verfaulten Fischen, und die Kanalisation des Ortes war wochenlang nicht gereinigt worden. Es roch buchstäblich beschissen.

Ich konnte mir nicht vorstellen, Sex zu haben. In meinem Zustand schien das absolut unmöglich. Dabei hatte ich immer gedacht, in den Flitterwochen sollte man es treiben wie die Karnickel. Aber die erste Nacht unserer Hochzeitsreise schnarchte Nick neben mir, während ich meine Krankheit ausschwitzte, die Moskitos verjagte und eine Horde Sandflöhe attackierte, die meiner Überzeugung nach in meinem rechten Fuß brüteten. Wie ein renitenter Troll krampfte eine Panikattacke meinen Magen zusammen.

Das Einzige, was mich ein wenig aufbaute, war die Erinnerung an unsere Hochzeit. Wie ein Junkie auf Entzug und mit der Akribie einer Heroinsüchtigen auf der Suche nach einer Vene checkte ich wie besessen meine Social-Media-Accounts, um zu sehen, ob unsere Freunde etwas Neues zu unserer Hochzeit gepostet hatten.

Zu aufgedreht, um zu schlafen, ging ich im Kopf die vergangene Woche durch.

Nur wenige Tage, bevor Nick mich zum Traualtar führen sollte, hatte er meinen Vater zum ersten Mal getroffen. John Piazza musterte meinen Verlobten eine Weile, dann sagte er: »Ich gebe dir die Telefonnummer von meinem Friseur.« Nicks Haar war zottelig und reichte fast bis auf seine Schultern. Als mein Vater vor fast vierzig Jahren meine Mutter geheiratet hatte, waren seine Haare noch viel länger als Nicks gewesen, darum hatte er seine helle Freude daran, meinen Fast-Ehemann zu foppen. Er mochte Nick.

Obwohl es ihm sein Zustand unmöglich machte, allein aufzustehen, geschweige denn zu gehen, schaffte es mein Vater, zu unserer Hochzeit zu kommen, und saß während der ganzen Zeremonie in der ersten Reihe. Zu Pachelbels Kanon, den eine Bluegrass-Band spielte, schritt ich alleine den Gang hinunter. Zweimal hätte mich mein bodenlanger Schleier unterwegs fast zum Stolpern gebracht, doch beide Male lachte ich. Auf unserer langen Autofahrt durch das Land hatte Glynnis in South Dakota das WLAN an einem Truck-Stop genutzt, um sich über das Internet als unsere offizielle Trauzeugin einzutragen. Ben, der lustigste meiner Freunde, führte durch die Zeremonie. Zusammen waren sie wie Fred Astaire und Ginger Rogers (oder eher wie Sonny und Cher), die uns stepptanzend in den Ehestand leiteten.

Die Leute liebten die beiden! In der Mitte der Zeremonie übergaben sie an meinen Vater. Als er sich räusperte und angestrengt zu sprechen begann, umklammerte ich Nicks Hand. John Piazza war einst ein starker, viriler Mann gewesen. Der Mittelpunkt jeder Party, ein Mann, neben dem man in einer Bar sitzen wollte, eine lustige Mischung aus sizilianischem und irischem Temperament, aus dem jungen Frank Sinatra, Tony Soprano und Bob Dylan. Ein Mann, der unentwegt auf der Suche nach seiner Identität war, aber auf eine so elegante Weise, dass er stets so wirkte, als fühle er sich rundum wohl in seiner Haut. Jeder wollte mit meinem Vater befreundet sein, Männer ebenso wie Frauen. Er hatte die Fähigkeit, mit nur einem Wort den Raum zu beherrschen.

Er begann mit: »Ich wünschte, ich wäre für diesen Tag besser in Form«, und allen schossen in dem Moment Tränen in die Augen.

Unsere Hochzeit war auf eine perfekte Weise unvollkommen, und es war die tollste Party, die ich jemals erlebt habe. An jenem Tag regnete es. Es heißt, Regen am Tag der Hochzeit bringe Glück. Als ich in der Mittelstufe war, behauptete Alanis Morissette in einem Song zwar, der Spruch sei ironisch gemeint, doch das widersprach meiner Überzeugung. Bei den Hindus sagt man, Regen stehe für eine starke Ehe, da es schwieriger sei, einen nassen Knoten zu lösen als einen trockenen. Mein Freud Ras, der einst praktizierender Bhakti-Hindi-Mönch gewesen war, erklärte mir die Logik hinter diesem Sinnbild: »Wenn es an deinem Hochzeitstag regnet, ist es gut möglich, dass eine ohnehin schon stressige Situation komplett aus dem Ruder läuft. Wenn das Paar diesen Stress zusammen meistert, ist das ein gutes Zeichen für eine gesunde Ehe«, sagte er. »Außerdem lasst ihr euch auf eine ganze Ehe ein, nicht nur auf die Hochzeit. Wen interessiert da das bisschen Regen?«

Ursprünglich wollten wir uns im Innenhof des Archäologischen Museums der University of Pennsylvania trauen lassen, wo ich das College besucht habe. Es ist einer dieser großen imposanten Innenhöfe mit einem wunderschön angelegten Garten und riesigem Brunnen. Wir wollten Weckgläser mit winzigen Kerzen in die Ahornbäume hängen, genau wie ich es in einem halben Dutzend BuzzFeed-Listen gesehen hatte, die darüber Auskunft gaben, wie man die tollste Hochzeit aller Zeiten ausrichtete. Ich war eine faule Braut und schäme mich kein bisschen dafür, dass ich auch noch die letzte Idee aus »Scheunen auf dem Land«, »Französischer Landhausstil«, und »Vielseitig, aber nachhaltig« auf Pinterest geklaut habe.

Es stellte sich heraus, dass die ungeplante Regenvariante sogar noch besser war als die Weckgläser im Innenhof, weil es im Inneren des Museums ein ägyptisches Grabmal und eine dreitausend Jahre alte Sphinx gab. Nick entdeckte die Sphinx als Erster. Es war bei der Generalprobe der Trauungszeremonie am Vorabend der Hochzeit. Begeistert schnappte er nach Luft und verkündete: »Am besten wäre ein Gewitter.« Und es gab ein Gewitter, und zwar ein richtiges, mit tosendem Donner, Blitzen und der Art von Regen, die einen bis auf die Knochen durchnässt und die sorgfältig modellierte Frisur der Braut ruiniert. Und doch war es das Beste, was uns hatte passieren können. Jeder Hipster in Brooklyn heiratet unter freiem Himmel mit einer Band, die wie Mumford & Sons aussieht, mit rustikalen Holzbänken und Weckgläsern in den Bäumen. Wir wurden vor einer dreitausend Jahre alten Katzengöttin getraut.

Wir suchten uns aus unterschiedlichen Kulturen die Traditionen heraus, die uns am besten gefielen. Bei den Quäkern ist es üblich, dass jeder Gast während der Trauung etwas sagen kann, und was gesagt wurde, war wunderschön. Während der Trauung gab es eine offene Bar, und jede Rede und jeder Vortrag wurde von knallenden Sektkorken begleitet. Die Rede meines Freundes Matt mochte ich am liebsten. Matt und ich waren im College von der Serie *Friends* besessen gewesen und hatten uns jede Folge gemeinsam angesehen. Es war wie Hausmannskost in einer merkwürdigen Zeit voller Veränderungen, Unsicherheiten und schlechter Haarschnitte. Wir blieben lange auf und kuschelten uns zusammen ins Bett – ein Jahrzehnt bevor er sein Comingout hatte. In seiner Rede lobte er Nick dafür, dass er mich an die Kette gelegt hatte, und schwelgte in Erinnerungen, dass er immer davon geträumt habe, der Ross zu meiner Rachel aus *Friends* zu sein. Er beendete seine Rede damit, dass er nun glücklich darüber sei, der Will zu meiner Grace zu sein, wie in der Serie über den schwulen Anwalt und seine Freundin.

Weil Nick Fahrräder liebt, hatte ich dafür gesorgt, dass dreißig Stadträder zum Museum geliefert wurden, damit wir mit einigen unserer Gäste die eineinhalb Meilen zum Fluss hinunterfahren konnten, wo auf einem Hausboot der Empfang stattfand. Der Regen hörte für kurze Zeit auf, und alle, einschließlich Nick und mir, sprangen an diesem nebeligen Abend auf die Räder. Ich zog mein Kleid hoch, hoffte, dass meine figurformende Unterwäsche den gleichen Effekt wie Radlerhosen haben würde, und balancierte mit meinen hochhackigen Badgley-Mischka-Pumps auf den Pedalen. Wir schrien und johlten, während wir mit Kuhglocken und Tamburins durch die Straßen von Philadelphia radelten.

Auf den Fotos lächeln alle entspannt in die Kamera und stopfen sich Pork Sliders und Rice Krispies in den Mund. Alle tranken zu viel, auch Nick und ich, aber alles war von Liebe durchdrungen, Fremde wurden zu Freunden, es gab Komplimente und Glückwünsche. Es war überwältigend und wundervoll.

Nick und ich schafften es nicht, zu einer der Afterpartys zu gehen. (Stattdessen aßen wir diese verhängnisvolle Pizza.) Wir schafften es kaum ins Bett, bevor wir in Ohnmacht fielen, unsere Hochzeitskleidung lag als verknautschter Haufen auf dem Boden. Um fünf Uhr morgens hatten wir pochende Kopfschmerzen, tranken Wasser aus dem Hahn des Waschbeckens, nahmen Ibuprofen und vollzogen unsere Ehe.

Jetzt, in meinen Flitterwochen, zeichnete ich mit dem Zeigefinger die Muttermale auf dem Rücken meines Ehemannes nach und brach grundlos in Tränen aus.

Hatte ich womöglich so eine Art Post-Hochzeits-Depression? Gab es das überhaupt?

Man muss nur »traurig« und »Flitterwochen« bei Google eingeben, schon stößt man auf haufenweise Geschichten, die einem erklären, dass die eigene Ehe dem Untergang geweiht sei. Gibt man »unglücklich« und »Flitterwochen« ein, erfährt man, dass auch Kim Kardashian und Kanye West auf ihrer Hochzeitsreise nach Irland unglücklich waren. Das tröstete mich ein bisschen.

Im Jahre 1886 schrieb Pastor John Hardy eine Abhandlung mit dem etwas verdächtigen Titel *Wie man trotz Ehe glücklich wird* (der alternative Titel lautete: *Immer noch glücklich – trotz Ehe*). Darin betonte er, dass ein guter Start in die Ehe unabdingbar für das zukünftige Eheglück sei. »In der

Ehe, wie bei so vielen anderen Dingen, ist mit einem guten Start die Schlacht bereits halb gewonnen«, schrieb Hardy. Er fuhr fort, die Wichtigkeit der Flitterwochen zu betonen. »Die Hochzeitsreise sollte selbstverständlich der glücklichste Monat in unserem Leben sein, doch wie jede andere gute Sache kann man sie durch Fehlplanung ruinieren.«

Mist.

In jener Nacht schrieb ich in meiner Panik eine E-Mail an die derzeitige Autorität für Eheneurosen, Laurie Sanford, klinische Psychologin und Eheberaterin sowie Schwiegermutter von Nicks bestem Freund und die einzige Person, bei der ich mir nicht merkwürdig vorkam, wenn ich ihr erzählte, wie merkwürdig ich mich fühlte.

»Ich bin am Ende …«, schrieb ich, löschte es dann jedoch wieder. Fang nicht mit etwas Negativem an. Frag nur, ob das, was gerade passiert, normal ist. Fast rechnete ich damit, dass Laurie mir zurückschrieb, ich *sei* am Ende. Zum Glück tat sie das nicht.

»Natürlich gibt es so etwas wie einen Post-Hochzeits-Blues, Liebes«, antwortete Sanford mir umgehend. Sie lebt auf Hawaii, sodass sich der Zeitunterschied zu meinen Gunsten auswirkte. »Auf all die Erwartungen, die ganze Mühe und Arbeit, die Aufregung und den Stress folgt die Ernüchterung. Es ist so ähnlich wie bei den Meereswellen. Je höher die Welle ist, umso flacher ist das Wasser, wenn sie vorüber ist. Auf ein solches Gefühlshoch muss ein Zusammenbruch folgen. Auch wenn du weißt, dass du eigentlich glücklich sein solltest. Aber so ist das eben mit Gefühlen. Es ist normal, in den Flitterwochen ein bisschen niedergeschlagen zu sein, sich irgendwie erschöpft zu fühlen. Das ist ein ganz normales emotionales Tief.«

Puh.

Also, obwohl mein ganzer Körper juckte, obwohl ich schwitzte, kotzte und weinte, war alles normal (okay, bis auf die Fischvergiftung). Post-Hochzeits-Depressionen gibt es tatsächlich, und niemand spricht darüber, weil niemand wie ein undankbarer Trottel dastehen will, nachdem man so viel Geld für Holzbänke ausgegeben hat, auf denen niemand saß, weil es gewitterte und in Strömen regnete. Untersuchungen haben sogar ergeben, dass eine von zehn Bräuten eine »Post-Hochzeits-Depression« durchmacht, wie sie jetzt auch unter Experten heißt.

Vielleicht war es einfach zu viel, wenn man auch noch perfekte Flitterwochen hatte. Was sind moderne Hochzeitsreisen schon anderes als cleveres Marketing von Hotels, Anbietern von Kreuzfahrten und Ländern mit schönen Stränden? Es ist noch nicht lange so, dass Flitterwochen als der romantischste und der allerperfekteste Urlaub gelten, den man unbedingt auf Instagram posten muss.

Der Begriff »Honeymoon«, Flitterwochen, tauchte zum ersten Mal im 16. Jahrhundert auf, als der Dichter Richard Huloet die ersten Wochen der Ehe mit der abnehmenden Mondphase verglich.

»Hony mone ist ein Begriff, der den Zustand kurz nach der Eheschließung bezeichnet, wenn die Frischvermählten sich noch nicht streiten, sondern einander über alles lieben. Da die Wahrscheinlichkeit groß ist, dass diese überbordende Liebe mit der Zeit abnimmt, bezeichnen die einfachen Leute sie als Hony mone«, schrieb Huloet.

Ich glaube, er meinte, dass die Liebe nach der Hochzeitsnacht kontinuierlich abnimmt. Während des 17. Jahrhunderts bezog man den Honig-Teil auch auf das Honigbier, das Ehepaare in Europa nach der Hochzeit ungefähr einen Monat lang tranken, während sie sich zum ersten Mal körperlich näherkamen. Man sollte sich möglichst wohlfühlen und entspannt sein, wenn man das erste Mal Geschlechtsverkehr hatte, so ähnlich wie nach dem Abi-Ball. Im 19. Jahrhundert machten sich erstmals gut betuchte Paare zu einer Reise auf, der sogenannten »Braut-Reise«, auf der das Paar Familienmitglieder und Freunde besuchte, die der eigentlichen Hochzeit nicht beiwohnen konnten. Anschließend nahm sich das Paar Zeit für sich, gern an der französischen Riviera oder auf dem Land in der Toskana, um sich zu erholen, auszuruhen und ein Kind zu zeugen. So wurde der »Honey Moon«, wurden die Flitterwochen, zu einer der ersten institutionalisierten Formen des Massentourismus. Um die Jahrhundertwende begannen auch die weniger wohlhabenden Klassen der Gesellschaft, sich eine kleine Auszeit zu nehmen, nachdem sie frisch verheiratet waren.

Ganz kurz bevor Nick und ich heirateten, fand ich in einem Antiquariat ein verstaubtes gebundenes Buch mit dem Titel *Die glückliche Familie*.

Es war ein Ratgeber, in dem der Arzt John Levy und seine Frau Ruth, eine Psychologin, erklärten, wie man im Jahr 1938 eine glückliche Ehe führte und ein glückliches Familienleben hinkriegte. Obwohl es aus einer Zeit stammt, in der die meisten Frauen keine höhere Bildung anstrebten und die meisten Männer nicht wussten, wo sich die Klitoris befand, waren viele Dinge darin erstaunlich fortschrittlich. Ein Kapitel, an das ich immer wieder denken musste, war das über das Schimpansen-Experiment.

Der Schimpanse in besagtem Experiment ist ein zufriedener Primat, der eine gesunde, vielleicht etwas langweilige

Salat-Diät macht. Er mag Salat und isst ihn ständig. Er findet, Salat ist eine gute Sache. Aber eines Tages legt der listige Forscher eine Banane unter einen Karton, wobei der Schimpanse ihn beobachtet. Das ist etwas Neues und Aufregendes für den Schimpansen, und es ist etwas anderes als Salat. Anschließend führt man den Schimpansen weg und tauscht die Banane hinter seinem Rücken gegen Salat aus. Als der Schimpanse zurückkommt und den Karton hochhebt, wird er wütend. Er hatte eine Banane erwartet. Er reißt den Salat in kleine Stücke, wirft ihn auf den Boden und stampft auf ihm herum, um seiner Empörung Ausdruck zu verleihen. Man hatte ihm Bananen versprochen, und er würde sich auf keinen Fall mit Salat zufriedengeben!

Die Autoren von *Die glückliche Familie* sehen darin starke Parallelen zur Ehe. Ehepartner »lehnen die gute Ehe, die sie führen, ab, weil sie nicht der vollkommenen Ehe entspricht, von der uns, bewusst oder unbewusst, vermittelt wird, wir könnten sie haben. Unsere unbewussten Erwartungen sind gefährlicher als der kindliche Idealismus, den wir offenbaren (…) Der erste Schritt in Richtung einer beständigen und befriedigenden Ehe ist die Ernüchterung, die Bereitschaft, sich selbst und den Partner im Alltag zu akzeptieren, das Schlechte ebenso wie das Gute anzunehmen.«

Eine bessere Interpretation lautet: Man sollte immer nur Salat erwarten, dann freut man sich besonders, wenn man in der Ehe, oder in den Flitterwochen, eine Banane bekommt. Es erklärt auch, warum es manche Menschen ängstlich macht oder irritiert, sich die scheinbar glücklichen Ehen anderer in den sozialen Medien anzusehen.

Ich hatte erwartet, dass meine Flitterwochen ausschließlich Bananen für mich bereithielten, und war deprimiert, als es auch ein bisschen welken Salat gab. Johann Wolfgang von Goethe hat das an seinem Lebensabend sehr schön ausgedrückt. »Liebe ist etwas Ideelles, Heiraten etwas Reelles, und nie verwechselt man ungestraft das Ideelle mit dem Reellen.«* Etwas Realeres gibt es nicht, als vor den Augen seines frischgebackenen Ehemannes aus dem Mietwagen zu kotzen.

Selbst einige Stunden Schlaf verbesserten die Lage nicht. Ängstlich, dass seine frischgebackene Ehefrau im mexikanischen Dschungel ihren letzten Atemzug tun würde, gab Nick sein Bestes, mich am nächsten Morgen wieder gesund zu pflegen. Er wischte mir den Schweiß von der Stirn, hielt mir das Haar zurück, wenn ich mich übergab, zwangsernährte mich mit Tortilla-Chips und flößte mir so viel Mineralwasser ein, wie mein Körper bei sich behalten konnte.

»Wenn ich sterbe, kümmerst du dich dann um Lady Piazza?«, fragte ich ihn schwach. Lady Piazza wiegt gute fünfzig Kilo und leidet an einer Angststörung. Man hat sie mit vier Wochen in einer Mülltonne in Brooklyn gefunden, worauf ich zurückführe, dass sie meine Bindungsprobleme teilt. Sie war bei New Yorks bestem Tierpsychiater in Behandlung und zeitweilig verschrieb man ihr Xanax, Zoloft und Valium – und zwar auf einmal.

Nick nickte wenig überzeugt. Lady Piazza haart außerdem, riecht eigenartig, und manchmal beißt sie auch. Nick ist kein Hundemensch. Mit einem Hund zu leben, bedeutete für ihn eine größere Herausforderung, als mit einer Ehefrau zu leben.

* Goethe im Gespräch mit Kanzler Müller, 14. September 1823

»Im Ernst. Ich werde sterben, und dann bist du ein sexy Witwer mit vollem Haar und einer sehr traurigen Geschichte, wie die Liebe deines Lebens in Mexiko verendete, als sie die besten Jahre ihres Lebens noch vor sich hatte. Das Mindeste, was du tun kannst, ist, dich um meinen nicht immer freundlichen, großen Hund zu kümmern.«

»Natürlich mache ich das, Süße.«

Am dritten Tag unserer Flitterwochen verwandelte ich mich wieder in einen vollwertigen Menschen. Dass dies wirklich stimmte, merkte ich daran, dass ich eine enorme Lust auf Margaritas bekam. Doch ein Teil meiner Depression und meiner Ängstlichkeit wirkte noch nach. Ich versuchte jedoch, ihn zu verdrängen, da wir eine Verabredung mit Bobby Klein hatten, der uns in die Kunst der ehelichen Kommunikation einführen wollte.

Der Ratschlag, den wir von unserem schroffen Indianer Jones in der Atacama-Wüste erhalten hatten, geisterte noch durch meinen Kopf immer: Gute Kommunikation ist der Schlüssel für jede funktionierende Beziehung, insbesondere für eine Ehe.

Vor unserer Hochzeit sagte eine sehr wohlhabende Freundin, die auf der Suche nach Heilern, Therapeuten, Schamanen und Gurus um die ganze Welt reist, zu mir, wir müssten innerhalb unseres ersten Ehejahres unbedingt Bobby Klein einen Besuch abstatten, einem Heiler/Therapeuten/Schamanen, der im Dschungel von Yucatán lebt.

»Er kann jedem Paar helfen, besser miteinander zu kommunizieren.« Ihre Rosenquarzkristalle klirrten gegen ihr Schlüsselbein. »Sogar Paaren, die wahrscheinlich besser nicht zusammen sein sollten. Er hat meine Ehe gerettet. Und vergiss nicht, ihn nach Jack Nicholson zu fragen.« Dann schwebte sie hinaus, um ihrem Therapeuten eine SMS zu schicken.

Bobby Klein *ist* der interessanteste Mann der Welt. Anhänger dieses Gurus reisen Tausende von Kilometern und zahlen dreihundert Dollar, nur um eine Stunde mit ihm zu sprechen. In den Sechzigerjahren war Bobby Rockfotograf und machte die ersten PR-Fotos von The Doors, darunter haufenweise Bilder, auf denen Jim Morrison direkt in die Kamera starrt, als wolle er Sex mit einem haben. Danach landete Bobby mit Jack Nicholson in der Gastronomie und eröffnete in West-Hollywood das Bio-Restaurant Black Rabbit Inn. Zu einer Zeit, als die meisten Leute gerade Fertiggerichte entdeckten.

Dann wurde Bobby einer der ersten Akupunkteure in den Vereinigten Staaten und stürzte sich in die Traditionelle Chinesische Medizin sowie fernöstliche Philosophien. Zu diesem Zeitpunkt merkte er, dass er angeborene Heilkräfte besaß, was ihn dazu brachte, einen Doktortitel in Klinischer Psychologie zu machen und eine vierzig Jahre währende Laufbahn als Berater und Energieheiler einzuschlagen.

Er ist teuer, aber das ist eine Scheidung auch. Folgendes verspricht Bobby Paaren, die sich nur eine Stunde von ihm beraten lassen: »Ich helfe Paaren, sich sicher zu fühlen, gebe ihnen Werkzeug an die Hand und führe sie in Prozesse ein, die für Wahrheit und Klarheit in ihrer Beziehung sorgen. Egal, wie lange eine Beziehung besteht, klare Kommunikation ist der Schlüssel für das Gelingen einer funktionierenden, lebendigen und liebevollen Partnerschaft. In den Sitzungen werden beide Partner wieder handlungsfähig, weil sie erkennen, was den Kontakt zueinander verhindert und zu Missverständnissen führt und warum.«

In Tulum kennt jeder Bobby. Man muss noch nicht einmal seinen Nachnamen nennen. In jedem der kleinen Boutique-Hotels oder jeder Bio-Taqueria entlang der Strandpromenade kann man »Wo finde ich Bobby?« rufen. Jeder wusste den Weg zu seinem noblen Yaan-Wellness-Center, das mitten im Dschungel liegt.

Wir wurden von einer hübschen jungen Frau in einem engen weißen Tanktop und einem ebenso engen gestreiften Minirock begrüßt.

»Wir sind mit Bobby verabredet«, sagte ich nervös.

»Haben Sie schon bezahlt?«, fragte sie. Ich schüttelte den Kopf. Nick ahnte nichts von dem astronomisch hohen Honorar und schenkte ihr ein naives schiefes Grinsen. Sie musterte uns und schien zu überlegen, ob es in Ordnung wäre, uns allein in der Lobby zu lassen, dann schritt sie von dannen, um Bobby über unsere Ankunft zu informieren.

In der unglaublich coolen Lobby von Yaan wurden lauter coole Dinge verkauft, wie ein Leinenkaftan für zweihundertfünfzig Dollar, aphrodisierendes Spray aus Brooklyn und handgefertigte Lederbörsen für Männer. Solange wir warteten, setzte ich mich hin und blätterte durch das Spa-Angebot.

»Ach, die bieten hier eine ganz spezielle Form der Darmreinigung an«, sagte ich zu Nick.

»Was ist das nochmal? Reinigen die dir da den Hintern?«, fragte Nick.

Ich nickte. »Ich glaub schon.«

In dem Moment kam die hübsche Frau zurück und musterte uns mit einem mitleidigen Blick – zwei Menschen, die noch niemals die Freuden einer ordentlichen Darmreinigung genossen hatten.

Nick schaute mir über die Schulter und warf einen Blick auf das Spa-Angebot.

»Hoffentlich werden die Leute hier gut bezahlt«, sagte er. »Die Preise sind genauso hoch wie in San Francisco, wenn nicht sogar höher. Ich wette, die bezahlen hier aber fast nichts für die Miete. Deshalb hoffe ich, dass die Angestellten entsprechend mehr bekommen.«

»Du bist ein echter Kommunist.«

Mir war klar, dass Nick mir gern zum x-ten Mal erklärt hätte, dass ich Kommunismus mit Sozialismus verwechselte.

Ich hatte versucht, Nick Bobbys verrückte, wechselhafte Laufbahn zu erklären – wie er Heiler, Kommunikationsexperte und Paarberater im Dschungel geworden war –, doch bis wir in dem gemütlichen, im Hippie-Chic eingerichteten Büro des Gurus saßen, hatte er keine Ahnung, was uns dort erwartete.

In einem weiten orangefarbenen Hemd und Leinenhosen sowie mit seinen »Das ist schön«-Bemerkungen wirkte Bobby eher wie ein gut gekleideter Grateful-Death-Roadie als wie ein Heiler oder Paarberater. Er besitzt einen schwungvollen Gang, und sein Gesicht strahlt eine Frische aus, die ihn deutlich jünger aussehen lässt, als er ist. Von Nick geht der gleiche jugendliche Übermut aus. Oft sind die Leute überrascht, dass er sieben Jahre älter ist als ich, was mich zu der Überzeugung bringt, dass ich unbedingt mit meinem Dermatologen über Botox sprechen sollte. Bobby ermunterte uns, auf seiner großen Couch Platz zu nehmen, unsere Schuhe auszuziehen und es uns bequem zu machen. Dann bat er uns, kurz unsere Geschichte für ihn zusammenzufassen, wie wir uns kennengelernt hatten, wann wir geheiratet hatten etc.

Anschließend starrte er uns über eine Minute lang an und schwieg, was beunruhigend war.

»Dies ist eine entscheidende Zeit«, sagte er schließlich. »Die Zeit direkt nach der Hochzeit. Ich will es keine aufregende Zeit nennen. Ich würde eher sagen, dass es eine entscheidende Zeit für die Ehe ist.«

Wir nickten und waren uns nicht sicher, ob wir antworten sollten. Dann stieß Bobby direkt zum Kern vor.

»Die Leute kommen im Anschluss an ihre Hochzeit zu mir und sagen: ›Jetzt sind wir eins.‹ Das ist Blödsinn. Und das ist ein Problem. Ihr seid nicht eins. Es ist unmöglich, eins zu werden. Es ist allerdings möglich, ein wundervolles gemeinsames Leben zu haben. Das erfordert Vertrauen, Liebe und Wohlwollen.«

Da musste ich daran denken, dass Nick und ich uns zu Hause zurzeit eine elektrische Zahnbürste teilten, und nahm mir vor, eine zweite zu bestellen.

Bobby zitierte frei den libanesischen Poeten Khalil Gibran:

> »Lasst in eurem Beisammensein Raum zwischen euch sein.
> Und lasst die Winde des Himmels zwischen euch tanzen …
> Liebt einander, aber macht eure Liebe nicht zur Fessel.«

Bislang hatten wir, vor allem in Chile, überwiegend Ratschläge erhalten, wie es uns gelingen könnte, unser beider Leben erfolgreich miteinander zu verschmelzen. Ich hatte bereits das Gefühl, dass mein Leben mit dem von Nick verschmolz. War ich nicht ans andere Ende des Landes gezogen, fern von meiner Familie und meinen Freunden, von beruflichen Beziehungen und der Stadt, die ich kannte und liebte? In San Francisco war ich so viel abhängiger von Nick, allein schon, um in den richtigen Bus zu steigen, der mich nicht aus Versehen auf die andere Seite der Golden Gate Bridge brachte. Insgeheim nahm ich mir vor, mir in San Francisco neben dem Leben, das ich mir mit Nick aufbauen wollte, ein eigenes aufzubauen.

»Bestätigt einander in eurer Unabhängigkeit«, schloss Bobby in seinem besten Spiritueller-Berater-Ton. »Ihr müsst jeder euer eigenes Leben führen. Und ihr müsst es schaffen, euch darüber mit eurem Partner auszutauschen.«

Und dann erzählte Bobby uns von den »Fünf Minuten« – oder von dem Besten, was unserer jungen Ehe passieren konnte.

Bobby riet uns, die nächsten fünfundvierzig Tage täglich eine zehnminütige Übung durchzuführen. Dabei sollte jeder von uns fünf Minuten am Stück sprechen, ohne dass der andere ihn währenddessen unterbrach. Und hier sind die Regeln:

1. Der andere darf während dieser fünf Minuten nicht reagieren und nicht sprechen.
2. Was auch immer in diesen fünf Minuten gesagt wird, darf danach nicht Gegenstand eines Streits werden.
3. Man darf über nichts sprechen, das weiter als drei Wochen zurückliegt. Bobby meinte sogar, wir sollten *niemals* über etwas streiten, was länger als drei Wochen zurückliege. Sinn dieser fünf Minuten ist es, Dinge zu klären, bevor sie alt werden und beginnen, das Fundament unserer Ehe zu beschädigen.

»Es ist wichtig, dem anderen zuzuhören, ohne etwas richtigzustellen oder zu kommentieren. Auf diesem Weg lernt ihr, eurem Partner niemals Ratschläge zu erteilen, es sei denn, er bittet euch darum. Das ist nämlich die einfachste Methode, Unmut zu erzeugen. Sagt ausschließlich die Wahrheit; lügt nie. Mit Lügen erreicht ihr nichts.«

Das erinnerte mich an etwas, das die Schriftstellerin Erica Jong mir während des letzten Interviews mit ihr erzählt hatte. Ich hatte sie insbesondere danach gefragt, warum ihre letzte Ehe ihre beste wäre.

»Wir sind immer offen zueinander«, sagte sie. »Wir behalten keinen Groll oder Kränkungen für uns. In der Ehe musst du über die Dinge sprechen, die dich stören. Beide müssen das tun, und das ist nicht leicht!«

Es war so einfach. Viel zu oft erwarten wir von unseren Partnern, dass sie unsere Gedanken lesen und wissen, was in unserem Kopf vorgeht, ohne dass wir es ihnen sagen. Das ist schwachsinnig, oder? Natürlich ist der einzige Weg zu erfahren, was eine andere Person denkt, es aus deren Mund zu hören.

Bobby ließ uns allein, wir sollten die Übung miteinander ausprobieren. Mit einem dumpfen Geräusch schloss er die schwere Holztür hinter sich.

Zunächst mussten wir kichern. Wir verstanden den Sinn der »Fünf Minuten«, dennoch fühlte es sich an wie eine dieser Lockerungsübungen, die man am ersten Tag im Sommerlager macht, oder unter Kollegen bei peinlichen Firmenworkshops.

»Ich fange an«, sagte ich. »Ich komme mir albern vor, weil ich ständig mit dir über alles rede. Ich weiß nicht, was ich machen soll. Ich will es gut machen. Ich will nicht wie meine

Eltern sein. In Bezug auf viele Dinge bin ich total unsicher. Manchmal weiß ich nicht, warum du mich liebst.« Ich holte Luft und schaute zur Tür. Warum sollte ich es nicht sagen? Das, was ich nicht zugeben mochte. Wenn es einen geeigneten Zeitpunkt gab, sich verletzlich zu zeigen, dann doch hier und jetzt, in unseren Flitterwochen, im Zimmer eines zum Guru gewordenen Rock 'n' Roll-Fotografen mitten im Dschungel. Wie Bobby gesagt hat, sind es die Dinge, die wir nicht aussprechen, die in uns gären.

»Manchmal denke ich, dass ich nicht gut genug für dich bin. Manchmal habe ich Angst, dass du mit einer Frau abhaust, von der ich denke, dass du eigentlich mit ihr zusammen sein solltest – so einer, die das einfache Leben in der Wildnis mag, mit nichts weiter als einer Angel und einer Schutzplane. Einer, die weniger oberflächlich ist und die im Alleingang die Trinkwasserprobleme der Welt löst. Einer, die ruhig und gelassen ist und Jam-Bands mag und die niemals einen Taxifahrer anschreien würde.« Meine Worte überraschten mich. Laut ausgesprochen klangen sie albern, fast pubertär. Ich klaute mir einen Satz von Jack Nicholson aus *Besser geht's nicht*. »Aber ich glaube, es ist okay, weil du mich dazu bringst, eine bessere Frau sein zu wollen.«

Ich machte fünf Minuten so weiter; meine Ängste, meine Anspannungen und meine Neurosen flossen geradezu aus meinem Mund. Wäre ich noch katholisch gewesen, würde ich es eine Beichte nennen, denn ich schüttete ihm ohne Pause mein Herz aus.

»Ach, Süße. Wie kannst du nur denken, du wärst kein guter Mensch? Niemand sonst auf der Welt würde Lady Piazza behalten. Sie ist ein wirklich schrecklicher Hund. Aber du liebst sie so sehr! Und das ist nur eines der zehntausend Beispiele, die ich dir nennen könnte. Ich habe genauso viel Angst wie du. Wenn ich dich nicht kennengelernt hätte, wäre ich wahrscheinlich einer dieser gruseligen, alleinstehenden alten Männer mit Bart geworden, die durch San Francisco laufen und Selbstgespräche führen.

Ich fürchte, ich könnte dir gegenüber in irgendeiner Weise versagen, oder vor mir selbst versagen. Ich habe auch Angst, nicht gut genug für dich zu sein. Ich habe Angst, dass du mich für irgendeinen Konzernanwalt verlässt, der eine Menge Geld macht. Du bist der dynamischste und engagierteste Mensch, dem ich je begegnet bin. Du treibst mich an, und du forderst mich. Ich habe Angst, dich nicht zu fordern. Was ist, wenn ich dich nicht glücklich machen kann?«

Nick fuhr fort. Er erzählte, dass es ihn beunruhige, nicht mehr die alleinige Kontrolle über sein Leben zu haben. Er fürchtete sich davor, die nächsten großen Schritte zu machen, ein Haus zu kaufen, Kinder zu haben. Aber was mir nicht aus dem Kopf ging, war, dass er dachte, *er* wäre nicht gut genug für *mich*. Die Sache, über die ich nicht hatte reden wollen. Mein Ehemann empfand genauso. Jetzt, nachdem wir es beide gesagt hatten, fühlte es sich schon viel weniger groß an.

Nick erzählte mir später, dass ihm die Herausforderung gefiel, einfach nur zuzuhören und nicht zu reagieren. Er fand es entspannend und belebend, einfach das zu sagen, was ihm in den Sinn kam. Stimmt. Die Bereitschaft zuzuhören, signalisiert dem anderen, dass man versucht, ihn zu verstehen. Und es gibt einem die Möglichkeit, Lösungen für Dinge zu finden, solange man noch ruhig und gelassen ist, also bevor sie hochkochen und die Gemüter in Rage geraten.

In den Flitterwochen sollte man mit dem Körper des anderen vertrauter werden, wir verbrachten genauso viel Zeit damit, uns mit der Seele des anderen vertraut zu machen.

Wahrscheinlich wird es Sie genauso überraschen wie mich, dass eines der treffendsten Zitate über das Miteinander-Sprechen in der Ehe von Friedrich Nietzsche stammt, dem geistreichen Philosophen und in gewisser Weise womöglich dem Vater des Faschismus. In einer seiner früheren Schriften, *Menschliches, Allzumenschliches*, betont Nietzsche, wie wichtig es sei, dass Ehepartner miteinander im Gespräch blieben: »Man soll sich beim Eingehen einer Ehe die Frage vorlegen: Glaubst du, dich mit dieser Frau bis ins Alter hinein gut zu unterhalten? Alles andere in der Ehe ist transitorisch, aber die meiste Zeit des Verkehrs gehört dem Gespräche an.«

Ehe wir es uns versahen, klopfte der grauhaarige Guru an die Tür. Er legte uns die Hände auf die Schultern, und für einen kurzen Moment dachte ich, er würde vielleicht versuchen, uns auf den Mund zu küssen, doch er gab uns nur noch einen letzten Brocken Weisheit mit, bevor wir gingen, um unsere Rechnung zu bezahlen.

»Lasst euren ganzen Mist hinter euch. Befreit euch von dem, was vorher war. Freut euch aneinander. Redet miteinander. Hört einander zu. Hört euch richtig zu. Tut nicht nur so, als würdet ihr euch zuhören. Nehmt euer gemeinsames Leben an. Es ist schön.«

Bobby hatte gesagt, wir sollten unseren ganzen Mist hinter uns lassen. So brachte ich Nick dazu, mitten in unseren Flitterwochen in Mexiko eine traditionelle Temazcal-Zeremonie der Maya mitzumachen, eine Art Dampfbad, das uns für unsere Ehe reinigen und klären sollte.

»Von welchem Mist willst du dich denn befreien?«, fragte Nick. »Haben wir uns nicht schon alles erzählt? Ist da noch mehr?«

Ich sah ihm fest in die Augen, diesen Blick hatte ich mir von Mariska Hargitay abgeguckt, wenn sie in *Law & Order: Special Victims Unit* mit Opfern sprach. »Da ist immer noch mehr.«

Er war bereit dazu, die Temazcal-Zeremonie mitzumachen, wenn ich einwilligte, am folgenden Tag mit ihm die Ruinen von Chichén Itzá zu besuchen. In der Ehe, lernte ich, ging es darum, Kompromisse zu schließen.

Temazcal heißt frei übersetzt »Medizinhaus«.

Genauso gut könnte man es mit »außerordentlich heiße Hütte« übersetzen. Die mexikanischen Azteken, die Maya und einige nordamerikanische Ureinwohnerstämme haben diese Schwitzhütten über Jahrhunderte hinweg für ganz unterschiedliche Zwecke genutzt, aber sehr häufig, um ein Ehepaar direkt vor oder nach ihrer Trauung einem Reinigungsritual zu unterziehen.

Viele Luxushotels entlang der Riviera Maya bieten eine Touristenversion der Temazcal-Zeremonie an, bei der sie den Besuchern Wucherpreise von bis zu tausend Dollar für eine private Paar-Zeremonie abknöpfen. Wir lachten bei der Vorstellung, einen Großteil unserer monatlichen Miete dafür auszugeben, in einem Zelt zu schwitzen, und hatten Glück. In einer Biosaft-Bar, in der wir haltmachten, bot uns die Bedienung an, für alles in allem hundert Dollar eine Schwitzhütten-Session mitsamt einem Schamanen namens Julio und zwei Gläschen selbstgebranntem Tequila zu arrangieren.

Ich habe keine Ahnung, woher man weiß, dass jemand

wirklich ein Schamane ist, außer man vertraut der Bedienung in einer Biosaft-Bar. Kurz nach Sonnenuntergang trafen wir ihn in dem dichten Dschungel gleich hinter der Saft-Bar. Er war nicht schwer auszumachen, der Mann der Stunde vermischte im Lendenschurz Kräuter in einem Gefäß. Er erinnerte mich an den Typen, von dem meine Freunde in der Highschool Marihuana gekauft hatten. Er hatte eine Freundin bei sich, eine großäugige schöne Argentinierin, die Gisele hieß und zur Begrüßung lächelte und lässig mit den Fingerspitzen winkte. Ihre etwas über zwanzig Jahre junge Haut glitzerte von Schweiß, Sand und Meerwasser.

»Sie ist hier, damit die männliche und die weibliche Energie während der Zeremonie im Gleichgewicht sind«, erklärte Julio.

Hoffentlich zieht sie während der Zeremonie nicht ihr Oberteil aus, dachte ich unwillkürlich.

Ich fragte Julio, wie lange wir in der Schwitzhütte sein würden. Er starrte in das Feuer, das sich in meinem Rücken befand, und murmelte mit starkem mexikanischem Akzent: »Wer weiß das schon? Das wissen nur die Steine.« Stand er unter Drogen?

»Glauben die Steine, dass wir hier rechtzeitig rauskommen, um irgendwo noch ein spätes Abendessen zu kriegen?«

Diesmal tat Julio so, als verstünde er mein Englisch nicht.

Normalerweise beinhaltet die rituelle Temazcal-Zeremonie einen fünfstündigen Aufenthalt in einem sehr heißen Zelt oder in einer Steinhütte, während ein Schamane oder ein anderer praktizierender Gläubiger glühend heiße Vulkansteine mit Heilwasser begießt, um die Temperatur auf etwa achtzig Grad Celsius zu halten. Der Schamane leitet die Gruppe an, traditionelle Gebete zu singen, die in Körper und Geist verborgene Traumata, Ängste und emotionale Belastungen aufdecken sollen. Die alten Maya glaubten, dass der Aufenthalt im Temazcal einer Rückkehr in die Gebärmutter gleicht, an einen Ort, wo man sich von vergangenen Sorgen und Problemen befreien kann.

»Der Vorgang ist anstrengend«, erklärte Julio. »Ihr müsst gemeinsam leiden.« Mir fiel wieder ein, dass das Wort Geduld aus den Worten für Leiden entstanden war. »Danach werdet ihr als Krieger-Paar wiedergeboren, das ein Leben lang verbunden ist. Ihr gehört dann zum gleichen Team ... wie die New York Giants.«

Die Zeremonie begann ganz einfach. Julios Schamanen-Assistent, Miguel, schaufelte Vulkansteine in eine enge, kleine Hütte, die aus Stöcken und Decken errichtet war. Ich verglich sie mit einer Jurte, obwohl ich nicht ganz sicher war, wie eine Jurte aussah. Nick wusste es bestimmt, aber ich wollte ihn nicht danach fragen, weil ich mein Vertrauen in die Zeremonie nicht gefährden wollte.

Als sie aus dem Feuer geholt wurden, funkelten die Steine wie hübsche kleine Sterne.

»*Meteoriten*«, sagte Julio, und sein Lächeln legte die untere Reihe seiner Zähne frei, die schief und tabakbraun waren. In der Tat glühten die Steine wie etwas, das von einem anderen Planeten stammte. Auf allen vieren krochen wir über die Erde durch die winzige Türöffnung der Hütte. Drinnen bildeten wir einen Kreis, während die Luft immer heißer wurde. Julio schlug auf eine längliche, mit Kalbsleder bezogene Trommel und sang dazu halb auf Spanisch, halb auf Mayathan. Nicks tiefer Bariton überraschte mich, als er zu singen begann.

Nicht, dass ich meinen Ehemann noch nie hatte singen

hören. Nick singt ständig. Er denkt sich kleine alberne Lieder über alles Mögliche aus – über das Shampoo und die Spülung bis hin zu der Frage, ob Lady Piazza gebadet werden müsste. Mit einer aus drei Gitarrenakkorden bestehenden Rhapsodie über Käsebällchen bezaubert er die Nachbarskinder. Aber ich hatte ihn noch niemals ernsthaft etwas singen hören und verliebte mich sofort in seine Stimme.

Bevor wir begriffen, was passierte, wurde es heiß … sehr, sehr heiß.

Schweiß rann über meine Wimpern. Und natürlich zog Gisele ihr Oberteil aus. Wir saßen in einer inzwischen etwa 65 Grad heißen Hütte, die nach Käsefüßen roch und in der eine sexy Argentinierin vor den Augen meines frischgebackenen Ehemannes ihr Oberteil auszog. Ich hatte keine Ahnung, wie das hier zur Reinheit unserer Ehe beitragen sollte.

Im Temazcal wurde Zeit vollkommen bedeutungslos. Minuten hätten Stunden und Stunden hätten Tage sein können. Es gab nur den Gesang, die Trommel und die Hitze. Oh, mein Gott, diese Hitze. Manchmal, wenn ich meine Finger mit seinen verschränkte und der Musik lauschte, fühlte ich mich Nick näher als je zuvor. Und manchmal wusste ich kaum noch, dass er da war.

»Lasst eure Ängste gehen, eure Befürchtungen. Gebt sie dem Feuer hin. Verbrennt sie …«, sang Julio erst auf Mayathan, dann in gebrochenem Englisch. Er sah mich an, der Rauch verwischte die Konturen seines Gesichts. »Du traust dem Glück nicht. Schmerz und Angst, die du schon so lange kennst, spenden dir Trost. Nimm die frohe Botschaft an.«

»Ich hab mir in die Hose gemacht«, flüsterte Nick mir zu und unterbrach damit Julios Bann für mich. Es war kein Scherz. Mein Ehemann, der eine sehr kleine Blase hat und der in Vorbereitung darauf, fünf Stunden zu schwitzen, literweise Wasser getrunken hatte, hatte sich in einer Teufelsjurte nach Maya-Art in die Hose gepieselt. Was tat ich uns an? Warum kochten wir hier in einem heißen Zelt mit einem zweifelhaften Schamanen, den uns ein Mädchen aus einer Saft-Bar empfohlen hatte, und mit dessen Freundin, die über Titten wie ein Pornostar verfügte? In Gedanken malte ich mir Fluchtwege aus. Nick rollte sich in Embryostellung zusammen. Vielleicht war er ohnmächtig geworden. Ich grub ein Loch in den Sand und unter dem Zelt hindurch, um meinen Kopf hinauszustecken und dem Geruch von Schweiß und Körperausdünstungen zu entkommen, zumindest für einen einzigen wundervollen Atemzug reiner Luft.

»Lasst alles los!«, dröhnte Julio. »Manchmal muss man schreien. Schreit alles raus. Wenn ihr alles in euch behaltet, explodiert ihr.«

Was wollte ich loswerden? Hier und in diesem Moment die wenigen Kleidungsstücke, die mir am Körper klebten. Ich streifte mein schweißgetränktes Tanktop ab und warf es ins Feuer.

Ich wollte den Ärger auf meine Eltern loslassen, darüber, dass sie mir kein besseres Vorbild für die Ehe geliefert hatten. Ich musste mich von der Unsicherheit befreien, ob ich schön genug, gut genug oder liebenswert genug war. Ich wollte weniger egoistisch sein. Ich wollte stärker auf Nicks Bedürfnisse achten, erst dann auf meine. All diese Sachen schrie ich ins Feuer. Ich schrie lauter als jemals zuvor. Ich schrie, bis mein Rachen eng wurde und zu schmerzen begann. Ich konnte nichts anderes sehen und hören, außer dem Feuer und den Worten, die aus meinem Mund flossen. Ich gab mich vollkommen hin. *Du bist in Sicherheit*, dachte ich. *Du bist glücklich und sicher, und dies hier ist wundervoll. Genieß es einfach.*

Julio spuckte auf die Erde, die Nässe zischte neben seinen Füßen. Er begann, ein Rohr zu schütteln, das aussah wie das Regenmacherrohr, mit dem meine Erzieherin im Kindergarten früher die Kinder dazu gebracht hatte, leise zu sein und sich zum Mittagsschlaf auf ihre Matratzen zu legen. »Und nun berühren sich die Frischvermählten und kommen sich nah«, sagte Julio. »Bei den letzten Steinen drückt ihr eure Liebe und eure Dankbarkeit aus. Es sind die kraftvollsten Steine. Ihr sollt damit eure Verbindung besiegeln.«

Julio öffnete ein letztes Mal die Zeltklappe, um weitere glühend heiße Steine in die Mitte unseres Kreises zu schaufeln.

»Nicht noch mehr«, flüsterte ich, doch er hörte mich nicht.

Wir waren erschöpft. Ich legte mich vor Nick und presste meinen Körper an seinen. Er bemerkte, dass ich zu nah an der Hitze lag, die von den Steinen aufstieg, legte sich vor mich und versuchte, mich dadurch vor den Flammen zu schützen. Ich fühlte, wie die Temperatur vor mir sich um mehrere Grade abkühlte, als würde ich auf einer heißen Straße in den Schatten treten.

»Drückt eure Liebe füreinander aus. Das Gelübde, das ihr euch gegeben habt.« Ich konnte nicht glauben, dass Julio immer noch sprach.

In unseren selbstverfassten Ehegelöbnissen hatte ich Nick versprochen, ihn zu lieben, zu nähren, zu inspirieren. Er hatte mir geschworen, mich zu unterstützen, mich zu lieben, mir den Rücken zu massieren und zu versuchen, mich jeden Tag, bis an unser Lebensende, glücklich zu machen. Wir fassten uns an den Händen und sagten einander diese Dinge noch einmal. Aber wir sagten auch noch andere Sachen. Nick versprach, mir dabei zu helfen, meine Ängste und Unsicherheiten zu lindern, und ich versprach ihm, mich mehr zu öffnen. Er versprach mir, stark zu sein, wenn ich es nicht sein konnte, und ich versprach ihm, geduldig zu sein und ihn zu unterstützen. Diesmal fühlten sich die Versprechen viel realer an als bei unserer Trauung, als wir sie uns vor der Sphinx gegeben hatten. Diesmal sagten wir sie nur füreinander, nicht für eine Horde von Leuten. Ich rollte mich auf den Bauch und grub mein Gesicht in den Sand, um es abzukühlen.

»Ihr werdet leiden«, sagte Julio. »In eurer Ehe werdet ihr gemeinsam leiden. Aber gemeinsam werdet ihr auch zu Kriegern.«

Mein Körper wurde ganz schlapp. Ich fiel in einen Dämmerzustand. Die Zeit verging.

Und dann war es vorbei.

Wir krochen aus dem Temazcal wie zwei schwache Lämmer, die irgendwie der Schlachtbank entkommen waren.

»Nun werden wir uns im heilsamen Wasser des Meeres reinigen.«

Barfuß führte Julio uns über die pockennarbige Straße auf das Gelände eines nahe gelegenen Hotels, wobei er die Schilder ignorierte, die das Betreten des Grundstücks verboten. Wir schlängelten uns durch ein Labyrinth aus Palmen und Liegestühlen, bis wir das Meer erreichten.

Im Meer trug Nick mich über die Wellen, ich legte den Kopf in den Nacken, um in den Himmel zu blicken. »Wie fühlst du dich?«, fragte er vom Ins-Feuer-Brüllen heiser.

»Leichter?«, sagte ich, mehr als Frage denn als Aussage. »Mir ist nicht mehr schlecht. Die meiste Zeit in der Hütte hatte ich das Gefühl, ich müsste mich übergeben. Aber jetzt fühle ich mich gut. Überraschend gut.«

»Ich mich auch.«

»Das war anstrengend.«

Nick nickte. »Bist du deinen Mist losgeworden?«

»Ich fühle mich gut.« Ich wusste nicht, was ich sonst sagen sollte. Ich lehnte meine Nase an Nicks nasse Schulter und atmete seinen unverwechselbaren moschusartigen Geruch ein, eine Mischung aus Schweiß, der heute Abend intensiver als üblich war, und etwas unbestimmt Süßem.

»Sollen wir die ›Fünf Minuten‹ machen?«, fragte Nick halb scherzhaft.

»Hier?«

»Warum nicht? Hier ist es so gut wie überall sonst.«

»Okay, ich fange an. Ich danke dir für deine Nachsicht und dafür, dass du all diese verrückten Rituale und Zeremonien mit mir ausprobierst. Danke, dass du mich so annimmst, wie ich bin, auch die Teile von mir, die Risse haben, nicht perfekt sind und manchmal seltsam. Du machst mich glücklicher, als ich es mir jemals habe vorstellen können.« In den verbleibenden vier Minuten und dreißig Sekunden sagte ich meinem Ehemann einfach immer wieder, wie froh ich war, dass er zu meinem Leben gehörte.

Dann war Nick dran, und er begann mit: »Weißt du, ich glaube, du bist stärker und mutiger, als du denkst.« Ich streckte ihm die Zunge raus.

»Du willst ja nur Flitterwochen-Sex haben.«

Nick lachte, während wir Wasser traten. »Wir sind seit einer Woche verheiratet.«

»Was für eine Art, den einwöchigen Hochzeitstag zu begehen, Mr. Aster!«

»Ich wage zu sagen, dass es mir gefallen hat, Mrs. Aster.«

»Willst du noch eine Woche?«

»Ja. Und dann sehen wir, ob wir dcn Vertrag für eine weitere verlängern wollen.«

»Hast du das Gefühl, dass wir nun im selben Team sind?«, fragte ich Nick, als wir in der sternklaren Nacht am Strand entlang zurück zu unserer Palapa gingen. »So wie die New York Giants?«

Er überlegte so lange, dass ich mir nicht sicher war, ob er mich überhaupt gehört hatte. Ich stupste ihn vorsichtig an, und er nickte bedächtig. »Wir machen Fortschritte.«

4
Maine

Sind wir ein Team?

»Lass deine Frau nicht fallen.«

Das hört man einfach nicht oft genug. Einer meiner betrunkenen Verwandten sagte es zu Nick und meinte, wenn er mich über die Schwelle tragen würde, aber Onkel Jack war nach all den Tequilas, die er intus hatte, nicht wirklich in der Position, jemandem einen Rat zu geben.

Trotzdem ist das ein guter Rat.

Einen Monat nach unserer Hochzeit hörten wir ihn wieder, und zwar als wir uns beim Nordamerikanischen Wettbewerb im Ehefrauen-Tragen anmeldeten. Der Wettbewerb im Ehefrauen-Tragen ist wie eines dieser anstrengenden Schlamm-Rennen, aber kürzer und improvisierter. Dabei müssen Männer ihre Frauen durch einen verrückten Hindernisparcours, über Baumstämme und andere Hindernisse sowie durch eine Grube mit eiskaltem Wasser tragen. Als wir uns telefonisch anmeldeten, erkundigten wir uns, was wir tun müssten, um zu gewinnen. Die unmissverständliche Antwort in starkem Maine-Akzent lautete: »Lass deine Frau nicht fallen, und denkt daran, dass ihr ein Team seid.«

Nick wusste, dass ich es auf Facebook posten würde, sollte er mich fallen lassen, und dass alle seine Freunde, seine

Mutter und deren Freunde es sehen würden. Ich weiß, dass er deshalb fest entschlossen war, mich nicht fallen zu lassen. Der zweite Teil der Anweisung war der schwierigere. Als Team zu arbeiten, fiel Nick und mir nicht leicht, zwei Menschen, die die meiste Zeit ihres Lebens vollkommen unabhängig gewesen waren. Doch es war an der Zeit, diese Sache mit dem Team anzugehen. Wir waren dabei, wichtige Entscheidungen zu treffen, die nach den Flitterwochen unweigerlich auf ein Paar zukommen. Wir meldeten uns nicht nur für einen Wettbewerb im Ehefrauen-Tragen an, sondern waren dabei, eine Wohnung zu kaufen, eine Premiere für uns beide.

Jeder angesehene Eheexperte und jeder, der schon mal eine Immobilie gekauft hat, kann bestätigen, dass ein solcher Kauf die größte Belastung ist, der sich ein Paar aussetzen kann. Abgesehen von einem Baby. Ich bin mir sicher, wenn der Staat es einem genauso schwer machen würde zu heiraten wie die Banken, eine Hypothek aufzunehmen, würden mehr Leute sagen: »Lass uns einfach in Sünde zusammenleben, dann muss ich nicht einhundertzweiundsiebzig Formulare unterschreiben.«

Nur einen Monat nach der Hochzeit kauften wir eine Wohnung. Das kommt Ihnen schnell vor? Nun ja, das war es.

Wir waren aber auch schnell aus Nicks kleiner Mietwohnung herausgewachsen, in der wir einander immer sahen, egal, wo wir uns aufhielten, mit Ausnahme von der Toilette (wenn wir die Tür schlossen). Als ich einzog, war sie sauber und gepflegt, aber es roch irgendwie nach Mann. Die Wände waren in einem altmodischen Pfirsichton gestrichen. Als ich Nick darauf ansprach, zuckte er nur die Schultern. »Die waren schon so, als ich eingezogen bin.« Ich hatte vermutet, dass Nicks letzte Freundin, eine nette Frau, die gern Gemüse einkochte, ein wenig weiblichen Einfluss auf die Gestaltung genommen hatte. Doch sie hatte lediglich ein paar alte Weckgläser zurückgelassen, die nach Kohl rochen. Meine Sachen waren irgendwie in der Wohnung verteilt, ohne dass sie einen eigenen Platz gefunden hätten – Bücherstapel unter der Couch, Unterwäsche und Strümpfe in der Schreibtischschublade. Lady Piazza war unter das Bett verbannt worden. Das führte dazu, dass es im Schlafzimmer, das nicht größer als das Doppelbett war, roch wie im Zoo.

In San Francisco eine größere Wohnung zu mieten, hätte uns ein Vermögen gekostet; seltsamerweise war es günstiger, wenn wir versuchten, etwas zu kaufen. Außerdem wollten die Eigentümer von Nicks Wohnung uns ohnehin loswerden, damit sie die Miete um dreihundert Prozent erhöhen konnten. Ich besaß noch ein bisschen Geld von dem Honorar für ein Buch, das ich im Vorjahr geschrieben hatte, und da ich in finanziell unsicheren Verhältnissen aufgewachsen bin, war mir der Kauf eines Eigenheims wichtig, weil er Sicherheit bedeutete. Nick brauchte nichts weiter als mich, um sich sicher zu fühlen. Wäre er sich selbst überlassen, würde mein Ehemann in einem Bus mit einem Kühlschrank, gefüllt mit Käse, Bier und Bananen, leben. Er würde angeln, sein Abendessen jagen, sein Wasser reinigen und damit bis ans Ende seiner Tage glücklich leben. Bevor wir uns kennenlernten, machten Nick und sein Freund Charlie Ausflüge, die sie poetisch »Burrito-Camping« nannten. Es bedeutete, dass sie sich mit zwei Schutzplanen, einer Angel und einem großen Stück Käse in die Wildnis aufmachten. Wenn es regnete, rollten sie sich einfach in die Planen ein … wie Burritos.

»Die Plane hat mich sechs Dollar gekostet, und ich besitze sie schon seit zwanzig Jahren. Das ist die beste Investition, die ich je gemacht habe«, argumentierte Nick, als ich vorschlug, die Plane zu entsorgen, um für andere Dinge Platz zu schaffen, wie zum Beispiel für Handtücher.

In Bobby Kleins Beratungszimmer hatte Nick mir erklärt, dass ihn die Aussicht, so etwas Bedeutendes wie eine Immobilie zu erwerben, nervös mache. Ich war es, die etwas kaufen wollte, und mir war klar, dass er sich mir zuliebe darauf einließ.

Normalerweise dient der Immobilienmarkt in San Francisco als Spielwiese für Millionäre, die über ausreichend Geld, Zeit und Assistenten verfügen. Als Journalisten hatten Nick und ich nichts von alledem. Doch nur einen Monat nach unserer Hochzeit stolperten wir über eine geschmackvolle Zwei-Zimmer-Eigentumswohnung in einem Altbau im edwardianischen Stil. Laut Immobilien-Blogs im Internet lag sie in einer Gegend, die sich im Aufwind befand. Das Haus stammte aus dem Jahr 1902, hatte zwei Erdbeben überstanden und besaß einen reizenden, wenn auch etwas vernachlässigten Garten sowie Erkerfenster, aus denen man aus dem richtigen Winkel einen kleinen Ausschnitt der Bucht sehen konnte. Von unserem Schlafzimmer aus blickten wir auf die Transamerica-Pyramide und Kolibris, die auf den Zaunpfählen tanzten. Irgendeine günstige Sternenkonstellation sorgte dafür, dass der Preis im Rahmen unseres bescheidenen Budgets lag.

Nur wenige Dinge führen einem so deutlich vor Augen, wie wichtig Teamwork und Kompromisse in einer Ehe sind, wie der erste gemeinsame Immobilienkauf. Ein typisches Beispiel: Als der Verkäufer unser erstes Angebot ablehnte, wies ich unsere Maklerin eigenmächtig an, unser Angebot um zehntausend Dollar zu erhöhen, ohne auch nur einen Gedanken daran zu verschwenden, erst meinen frischgebackenen Ehemann zu fragen. Nicht dass wir wirklich zehntausend Dollar übrig hatten, aber es schien mir keine wirklich große Sache zu sein. Wenn man es mit derart astronomischen Beträgen zu tun hat, fühlt sich alles nicht so ganz real an.

»Machen Sie!«, rief ich ins Telefon wie Jim Cramer auf CNBC.

Ich führe diese spontane Reaktion auf die Tatsache zurück, dass ich als Single all diese Dinge allein verhandelt hatte – den Preis für mein Auto, meine Mietverträge oder mein Gehalt. Doch kaum hatte ich es ausgesprochen, wusste ich, dass ich einen Fehler begangen hatte.

Nick stand auf und ging die zwei Schritte von unserem Sofa zum Spülbecken, um den Abwasch zu erledigen. Wenn er sauer ist, macht er immer sauber, was ich an einem Ehemann für eine reizende Eigenschaft halte.

Ich folgte ihm. »Was hast du?«

»Nichts.« Das war gelogen.

Er griff sich den Besen und begann, die Hundehaare vom Wohnzimmerfußboden aufzufegen. Während er ein Büschel von Lady Piazzas Haaren von der Größe eines Chihuahuas aufhob, sagte er ganz ruhig: »Ich hätte es gut gefunden, wenn du das mit mir besprochen hättest. Ich hätte es gut gefunden, wenn du wenigstens irgendetwas zu mir gesagt hättest, bevor du zehntausend Dollar mehr für die Wohnung ausgibst.« Da hatte er recht. Und ich fühlte mich schrecklich, weil es mir noch nicht einmal in den Sinn gekommen war, mich mit ihm abzustimmen. Zur Teamarbeit gehören so viele Dinge, an die man überhaupt nicht denkt, bis man Teil eines Zweier-Teams ist, das sowohl durch eine freiwillige Entscheidung als auch durch ein rechsverbindliches Versprechen zustande gekommen ist.

Es gibt da noch andere Sachen. In einem Team sollte man beispielsweise nicht alle Hochzeitsgeschenke auspacken, während sich die junge Braut auf einer Geschäftsreise befindet.

Das musste Nick auf die harte Tour lernen. »Ich dachte wirklich, dass dir das total egal wäre«, sagte er, als ich ihm erklärte, es wäre nett gewesen, wenn er auf mich gewartet hätte.

Ein guter Teamplayer lässt den Hund auch dann nicht im Bett schlafen, wenn der Ehemann nicht da ist, weil der das hasst und davon überzeugt ist, dass Hunde nicht ins Bett gehören.

Ein guter Teamplayer zu sein, heißt auch, die köstliche Schokolade, die man sich gemeinsam in den Flitterwochen gekauft hat, nicht auf einmal und alleine aufzuessen, obwohl man seine Periode hat und Schokolade das Einzige ist, was einen davon abhält, Sachen durch die Gegend zu schmeißen.

Es geht auch um große Dinge. Darum, sich durch die allerkompliziertesten Hypothekenanträge zu wühlen, drei neue gemeinsame Girokonten zu beantragen, um den Fortgang der Hypothekenanträge zu gewährleisten, jahrealte Unterlagen und Papiere zur eigenen Finanzsituation auszugraben und diese Unterlagen dann einem Hypothekenmakler, der offensichtlich noch im Jahr 1998 lebt, per Fax zu senden. Teamwork heißt, dem Ehemann zu sagen, dass es seine Aufgabe ist, ein Faxgerät zu finden.

Immer und immer wieder wurde uns gesagt, zu den wichtigsten Aufgaben eines frisch verheirateten Paares gehöre es, dass es lernt, als Team zu funktionieren. »Es ist nicht einfach nur wichtig, es ist unumgänglich«, erklärte mir Dr. Peter Pearson, der Gründer des Couple Institutes im kalifornischen Palo Alto, nachdem Nick und ich wieder sicher und wohlbehalten in San Francisco gelandet waren. Peter und seine Frau, Dr. Ellyn Bader, sind Pioniere auf dem Gebiet der Paartherapie; sie gründeten das Institut vor mehr als siebenundzwanzig Jahren und haben seitdem Tausende von Paaren aus aller Welt beraten. Sie sind die Da-muss-man-hin-Eheberater für alles, was im Silicon Valley Rang und Namen hat. Wenn ein Facebooker mit einem Googler verheiratet ist und nicht weiß, wie die beiden – jeweils für sich gut funktionierenden – Systeme auch gut zusammenarbeiten können, gehen die beiden zu ihnen.

Sie haben auch als Psychologen für das Footballteam der San Francisco 49ers gearbeitet, von daher wissen sie ein paar Dinge über die Dynamik in Teams.

Peter Pearsons Akronym »TEAM« steht für »Together Each Accomplishes More«, zusammen erreicht jeder mehr.

»Allein ist man nicht so erfolgreich«, sagte er. »Sie und Ihr Partner müssen verabreden, sich gegenseitig zu coachen, einander zu sagen, was für Sie jeweils gut funktioniert und was nicht. Wenn Sie das machen, funktioniert Ihre Partnerschaft, und die verborgenen Fähigkeiten Ihres Teams kommen zum Vorschein.« Er riet uns, etwas zu finden, das wir beide vorher noch nie gemacht hatten, und es uns dann gemeinsam zu erobern. Vorzugsweise etwas, das uns beiden Spaß macht. Er hatte nicht von einem Projekt gesprochen, das unsere gesamten Ersparnisse verschlang, die größte Anschaffung unseres Lebensswar und Hunderttausende Dollar Schulden bedeutete.

Kurz nachdem wir den ganzen Papierkram vorgelegt hatten, anhand dessen man prüfen wollte, ob wir würdig seien, Immobilienbesitzer zu werden, hörten wir von dem Wettbewerb im Ehefrauen-Tragen.

Das Rennen stammt ursprünglich nicht aus Maine, sondern hat seinen Ursprung in Finnland. Wahrscheinlich kommt man auf so verrückte Ideen, wenn man die meiste Zeit des Jahres in Kälte und Dunkelheit verbringt. Das nordische Land erhob das Ehefrauen-Tragen (sie nennen es dort *Eukonkanto*) im Jahre 1991 sogar offiziell zur Sportart. Der Sieger des Rennens erhält das Gewicht seiner Frau in Bier. Kein Witz. Die Idee geht auf eine Legende über den Räuber Ronkainen aus dem 19. Jahrhundert zurück, der einer großen Bande widerwärtiger Verbrecher vorstand. Um herauszufinden, wer ein guter Räuber war, wer Erfahrung im Plündern und Zerstören hatte, ließ Ronkainen die Männer, die sich ihm anschließen wollten, mit einer Frau auf dem Rücken einen Hindernislauf absolvieren. Eine Frau wiegt ungefähr so viel wie ein Sack voll Gold, Juwelen und Porzellan; zudem konnte Ronkainen so herausfinden, ob seine Spießgesellen ihm helfen konnten, tatsächlich eine Frau zu rauben.

Bis nach Finnland würden wir es nicht schaffen (großer Gott, ein Ticket hätte 2.000 Dollar gekostet!). Doch aufgrund eines seltsamen Glücksfalls fand die Nordamerikanische Qualifikation im Ehefrauen-Tragen genau an dem Wochenende und genau in dem Staat (Maine) statt wie die Hochzeit meiner Freundin Leah. Wie konnten wir da Nein sagen?

Die Hochzeit würde am Nachmittag gefeiert, und das Ehefrauen-Tragen sollte um die Mittagszeit zu Ende sein.

»Das wird knapp«, sagte ich zu Nick.

»Na und? Wir bringen ihnen dein Gewicht in Bier mit!«

Es stellte sich heraus, dass *Eukonkanto* viele unterschiedliche Arten zulässt, seine Ehefrau über die Ziellinie zu tragen. Am weitesten verbreitet ist allerdings die »estnische Technik«, bei die Frau kopfüber auf dem Rücken des Mannes hängt; ihre Oberschenkel ruhen auf seinen Schultern, ihre Beine sind vor seinem Oberkörper verschränkt. Es sieht lächerlich aus, führt jedoch dazu, dass das Gewicht der Frau gut ausbalanciert ist und der Mann die Hände frei hat, um über Baumstämme zu klettern und sich abzufangen, sollte er stolpern.

Selbstverständlich gibt es Regeln. Die Frau muss mindestens 49 Kilogramm wiegen. Wiegt sie weniger, muss sie sich einen schweren Rucksack aufsetzen, um das erforderliche Gewicht zu erreichen. Weder der Mann noch die Frau dürfen irgendeine »Ausrüstung« bei sich haben, keine Gurte, Sättel oder Seile. Wenn ein Teilnehmer seine Frau fallen lässt, muss er sie unbedingt wieder aufheben und sie über die Ziellinie tragen, es sei denn, er ist ernsthaft verletzt.

Auf der finnischen Webseite des Wettbewerbs findet man wundervolle Tipps, wie man Meister im Ehefrauen-Tragen wird. Sie könnten von der Autorin von *Shades of Grey* stammen.

Das Ehefrauen-Tragen ist eine Lebenseinstellung. Die Frauen und Männer, die es praktizieren, scheuen sich nicht vor Herausforderungen oder Bürden. Meist mit einem Funkeln in den Augen halten sie unermüdlich an ihrem Weg fest und schreiten beharrlich voran … Während des Wettbewerbs im Ehefrauen-Tragen ist die Erregung, die in der Luft liegt, förmlich zu spüren. Den Kern des Rennens bilden ein Mann, eine Frau und ihre Beziehung. Ehefrauen-Tragen und Erotik haben vieles gemeinsam. Das intuitive Verständnis der Signale, die der Partner sendet, und Miteinander-Einswerden sind in beiden Fällen unerlässlich – manchmal auch das Peitschen.

Ja, das Peitschen. Eine Ehefrau, die getragen wird, ist dazu angehalten, ihren Ehemann mit Schlägen auf den Hintern anzutreiben, wie ein Jockey seinen preisgekrönten Gaul.

Unseren ersten Probelauf absolvierten wir erst ein paar Tage vor dem eigentlichen Rennen. Nick kauerte am Boden, während ich meine Beine über seine Schultern schmiss, sodass ich kopfüber auf seinem Rücken hing. Ich klammerte mich an seine Hüften, als hinge mein Leben davon ab. Wir schwankten erst nach links, dann nach rechts, bevor wir umfielen.

»Du musst mit mir zusammenarbeiten«, sagte Nick. »Zentrier dich, verlager dein Gewicht.«

»Unser limbisches System – ein sehr alter Teil des Gehirns, der über unsere Gefühle, Sehnsüchte, Instinkte, Stimmungen und unseren Antrieb bestimmt – strebt nach sofortiger Belohnung und meidet Schmerzen und Angst. Das heißt, dass unsere Körper überwiegend mit unseren eigenen Bedürfnissen beschäftigt sind, und damit alles leichter wird, wollen wir, dass sich unser Partner unseren Wünschen beugt und anpasst«, erklärte mir Peter Pearson die Herausforderung, die es für alle Menschen bedeutet, im Tandem zu arbeiten. Als Single wird man träge. Wir hatten uns zu sehr an unsere Eigenarten gewöhnt. Es hat sicherlich Vorteile, mit der Wahl des Lebenspartners zu warten, bis man erwachsen ist, doch Nick und ich waren ein typisches Beispiel für zwei in ihren Gewohnheiten erstarrte Individuen. Unser limbisches System hatte sich ganz auf unser Überleben eingestellt, ohne auch nur zu ahnen, dass ein anderes Teammitglied überhaupt existierte.

»Weil die meisten Leute heutzutage später heiraten, sind sie sich darüber im Klaren, wer sie sind. In gewisser Weise sind sie weiterentwickelt, und ihre Vorstellungen darüber, wie Dinge sein sollten und wie das Leben funktioniert, können von denen ihres Partners abweichen. Wenn sie heiraten, vergessen die meisten Menschen, weil sie so lange Zeit autonom gelebt haben, dass sie auf vielen Ebenen Kompromisse schließen müssen«, sagte mir Lori Gottlieb, eine weltweit bekannte Paartherapeutin und *New York Times*-Bestseller-Autorin des Buchs *Nimm ihn! Einen Richtigeren findest du nicht*. Sie fügte hinzu, dass besonders Frauen oft nicht bereit seien, ihre Freiräume aufzugeben, weil sie so viel dafür getan haben, sich selbst und ihre Autonomie zu behaupten. In der Ehe Kompromisse schließen zu müssen, erscheint einem dieser Bedeutung wegen oft als ein größerer Verlust, als es eigentlich ist. Experten zufolge gab es keine Soforthilfe, die es uns erleichterte, Kompromisse zu schließen. Das Einzige, was unsere Gehirne auf Teamwork programmieren würde, war Übung.

Nachdem sie das Ehefrauen-Tragen über Jahre perfektioniert hatten, realisierten die Finnen, dass es vielen Menschen schwerfällt, im Team zusammenzuarbeiten. Darum rieten sie potenziellen Teilnehmern des Wettkampfes, für eine erfolgreiche Teilnahme sei es unerlässlich, einen für beide Seiten angenehmen Rhythmus zu finden.

> Wenn sich die Ehefrau auf dem Rücken des Mannes nicht im Takt bewegt, verliert das Paar an Geschwindigkeit. Wenn der Rhythmus gut ist, werden Ehefrau und Träger eins, indem sie die Bewegungen des jeweils anderen aufnehmen. Es ist ratsam zu üben, um den optimalen Rhythmus zu finden, bevor der Wettbewerb beginnt.

Das gilt sowohl für die Ehe als auch für das Rennen, bei dem der Ehemann seine Frau kopfüber auf den Schultern trägt.

Lori Gottlieb erzählte mir, sie beobachte viele Paare, die Teamarbeit in ihrer Ehe hartnäckig so umsetzten, wie sie es von der Arbeit kannten. »Sie teilen alles fünfzig-fünfzig auf. Die Hälfte der Zeit kümmert sich der eine um die Wäsche, die andere der andere. Sie teilen sich die Rechnungen fünfzig-fünfzig und die Versorgung des Kindes«, sagte Gottlieb. »Eine Beziehung kann man aber nicht wie eine Tabellenkalkulation behandeln. Sie muss organisch sein. Jedes Paar muss seinen eigenen Rhythmus finden; beide Partner müssen davon auf eine Weise profitieren, die ihnen das Gefühl gibt, einen guten Deal gemacht zu haben.«

Bei dem Wettbewerb war es schwer zu sagen, wer den schlechteren Teil des Deals erwischt hatte. War es Nick, der 58 Kilo Ehefrauengewicht auf seinen Schultern trug, oder ich, die kopfüber an ihm hing, wobei mein Kopf knapp unter seinen Pobacken baumelte?

Nick und ich probten das Rennen ein zweites Mal. Diesmal schaffte er es, die Beine durchzudrücken, und ich konnte mich auf seinen Schultern ausbalancieren. Dann begann Nick, ohne Vorwarnung eine Runde um den Park zu rennen.

»Ich springe über eine Bank«, schrie er.

»Was? Nein. Das tust du nicht. Nicht über die Bank springen.«

Doch er sprang bereits. Er kletterte auf die Sitzfläche und dann hoch zur Rückenlehne, während ich hilflos an ihm baumelte.

»Heb den Kopf.«

»*Lass mich runter*!«

»Lass es uns über den Baumstamm da versuchen.«

»Ich meine es ernst. *Lass mich runter*!«

»Nur über einen Baumstamm.«

Nach zwei weiteren Baumstämmen hasste ich meinen Ehemann.

Als sich Nick schließlich entschied aufzuhören, war ich gerade noch in der Lage, mich unbeholfen von seinem Körper zu lösen, indem ich einen Handstand machte und danach auf den Boden sackte. Ich schaffte es, mich auf eine Parkbank zu schleppen, rieb mein geprelltes Schienbein und erinnerte mich an einen Spruch, den einer meiner fiesen Sportlehrer an der Highschool uns immer vor einem großen Spiel gesagt hatte: »Zusammenkommen ist ein Beginn. Zusammenbleiben ein Fortschritt. Zusammenarbeiten ein Erfolg.«

Wir waren kein Erfolg.

Der Urheber dieses Zitats war nicht mein perverser Sportlehrer, sondern Henry Ford (der hier von der Automobilproduktion gesprochen hatte). Doch dieses Zitat ließ sich genauso gut aufs Highschool-Lacrosse übertragen wie aufs Ehefrauen-Tragen und das stabile Fundament für eine Ehe.

»Könnte Ihre Frau bitte auf die Waage steigen?«, bat der Koordinator des Wettbewerbs Nick, als wir unser Teilnehmerpaket fürs Ehefrauen-Tragen in der rustikalen Skihütte in Sunday River abholten.

»Das ist nicht nötig«, sagte ich, überzeugt davon, dass meine Stimme wie ein reizender Singsang klang. »Ich wiege 58 Kilo.«

»Sie müssen sich auf die Waage stellen, wenn Sie am Wettbewerb teilnehmen wollen«, antwortete der humorlose Organisator.

63,5 Kilogramm.

»Noch mehr Bier für dich!« Nick und ich klatschten uns ab.

Erst nachdem wir in Sunday River eingetroffen waren, bekamen wir mit, wie ernst die anderen Teilnehmer den Wettbewerb im Ehefrauen-Tragen nahmen. Die übrigen Paare waren schon vor Stunden, noch im Morgengrauen, eingetroffen und übten bereits in der kühlen Morgenluft, während wir faul an unseren Milchkaffees nippten.

»Das ist supersteil«, sagte Nick und starrte den Skihang hinauf.

Die anderen Männer nahmen die Hürden wie Gazellen oder Namibier, während sie ihre zierlichen Ehefrauen umsichtig auf ihren Schultern balancierten.

»Die sehen alle *sehr* sportlich aus«, stellte Nick fest und starrte die anderen so lange an, bis sie wegsahen. »Wir sind *nicht* sehr sportlich.«

»Lass uns einen Probelauf machen«, schlug ich vor und

massierte seine Schultern. »Alles okay. Wir schaffen das schon. Wir sind ein Team.«

Wir versuchten, über eine Hürde zu kommen. Nick verlor das Gleichgewicht, und ich fiel auf den Kopf.

»*Verdammt*!« Ich rieb mir die Stirn, starrte wütend zu meinem Ehemann hoch und dachte, dass die Ehe wie ein langes schwieriges Rennen ist … oder wie ein hürdenreicher Parcours. Man trägt seine Ehefrau einen Berg hinauf, durch eine Jauchegrube, und manchmal lässt man sie, wenn auch nicht mit Absicht, auf die Nase fallen. Man kann nicht erwarten, einfach glatt hindurchzugleiten. Man muss Hürden nehmen, Schmerzen ertragen, durchlebt unglaubliche Höhen und furchtbare Tiefen, und alles muss man gemeinsam meistern. Ich erzählte Nick von meinen pathetischen Gedanken, doch er war abgelenkt.

»Hast du die Bizepse von dem Typen da gesehen?«, fragte Nick und deutete auf einen Konkurrenten mit Oberarmen von der Größe pausbäckiger Babys.

Ganz offensichtlich waren wir das am schlechtesten vorbereitete Paar in ganz Sunday River. Die Anwärter versammelten sich am Fuß der Skipiste, musterten einander von Kopf bis Fuß und stellten sich unangebrachte Fragen.

»Wie viel wiegt deine Frau?«

»Was hast du gestern Abend gegessen?«

»Bist du gelenkig?«

Ganz unterschiedliche Paare traten gegeneinander an. Da war das Alpha-Paar. Sie machten synchron Hampelmann und stießen dabei tiefe, bedrohliche Grunzlaute aus. Oder das betrunkene Paar, das unaufhörlich Bierdosen zerquetschte und auf den Boden warf, wobei es die Hüften aneinanderstieß. Man hätte meinen können, dass sie schlechter vorbereitet waren als wir, aber sie waren vollkommen unempfindlich gegen Schmerzen. Es gab auch Paare, die aufeinander abgestimmte Kostüme trugen. Nick und ich trugen eine bunte Mischung aus Yogakleidung und Pyjamas, die wir von der vergangenen Nacht anbehalten hatten.

Es nahm ein überraschend schnelles Großelternpaar teil und ein Pärchen mit einer schwangeren Frau, das sich wie zwei Geparden bewegte. Der Mann trug ein T-Shirt mit dem Aufdruck »Ich trage zwei«. Die Frau eins mit dem Schriftzug »Ich trage eins«. Sie war zweieinhalb Monate vor der Niederkunft.

»Der Arzt meinte, es sei okay, solange er mich nicht fallen lässt«, sagte sie.

Die Russels waren ungefähr in unserem Alter und hatten ihre vier Kinder dabei, die reizend aussahen in ihren Team-Russel-Shirts. Ich mochte die Russels. Am liebsten hätte ich ein Foto von ihnen auf unsere Weihnachtskarten gedruckt und sie an unsere Familien und Freunde geschickt. »Wir hätten es fast nicht geschafft«, berichtete Mama Russel, bevor das Rennen begann. »Aber wir wollten das hier auf jeden Fall zusammen machen. Es gibt kaum etwas, das ein Paar derart zusammenschweißt. Auch nach vier Kindern darf man niemals aufhören, sich in gemeinsame Abenteuer zu stürzen. Das ist der Schlüssel zu einer glücklichen Ehe«, sagte sie mir. Mama Russell klang weiser, als ihr wohl selbst bewusst war. Wissenschaftler behaupten schon lange, dass es zum Wohlergehen, zum Glück und zum Funktionieren einer Partnerschaft beiträgt, wenn ein Paar gemeinsam etwas Neues ausprobiert. Solche Erfahrungen aktivieren das Belohnungssystem im Gehirn und sorgen dafür, dass Dopamin und Noradrenalin ausgeschüttet werden. Die gleichen

Substanzen schüttet das Gehirn zu Beginn einer Liebesbeziehung aus oder wenn man Kokain konsumiert. Immer wieder etwas Neues zu wagen, erinnert Paare an die Gefühle, wegen deren sie sich ursprünglich einmal verliebt haben.

Forscher der Stony Brook University in New York überprüften diese Theorie an 53 Paaren mittleren Alters. Den Paaren der einen Gruppe wurde aufgetragen, sich einmal pro Woche zu einem angenehmen, aber ganz normalen abendlichen Rendezvous zu verabreden. Den Paaren der zweiten Gruppe gab man die Aufgabe, an jenem Abend etwas ganz Neues zu unternehmen, etwas »Aufregendes«. Die Paare der »Aufregend«-Gruppe zeigten einen deutlich stärkeren Anstieg der Zufriedenheit in ihrer Ehe als die Paare, die einfach nur einen »schönen« Abend miteinander verbrachten. Der Wettbewerb im Ehefrauen-Tragen war eindeutig kein »schönes« Rendezvous, sondern eine neue, aufregende Erfahrung. Noch über ein Jahr später würden wir Freunden bei Essenseinladungen Fotos von uns zeigen, auf denen wir die »estnische Technik« anwenden.

Als wir zum Start gingen, fragte ich Nick: »Süßer, können wir eines Tages unsere Kinder mit hierhernehmen?«

»Ja, Süße … wenn wir das heutige Rennen überleben.«

Wir waren ursprünglich angetreten, um zu gewinnen. Nun würden wir froh sein, wenn wir einfach nur heil die Ziellinie erreichten.

Als wir uns für unseren Lauf der Startlinie näherten, sahen wir, dass wir gegen das Alpha-Paar antraten – die Vorjahressieger. Der Alpha-Ehemann machte sich warm, indem er von einer Seite des Parcours zur anderen stürzte, wobei sich seine immensen Oberschenkelmuskeln unter der engen

Sporthose spannten. Die Alpha-Ehefrau sprang derweil in die Luft wie ein flinkes kleines Häschen.

»Das wird überhaupt nicht erniedrigend. Kein bisschen«, sagte Nick. Mein Ehemann ist gern in Dingen sehr, sehr gut, und wenn er in Dingen nicht sehr, sehr gut ist, ist er gekränkt und verstimmt. Zudem hasst er es, vor Fremden Schwäche zu zeigen. Dieses Rennen konnte für ihn zum absoluten Albtraum geraten. Und ich würde die ganze Zeit über auf seinem Rücken hängen.

»Ungleiche Startbedingungen ergeben immer eine bessere Geschichte«, sagte ich mit einem kleinen Lächeln. »Das wird ein echter Spaß!« Wen würde es am Ende des Tages interessieren, ob wir gewonnen oder verloren hatten? Worauf es ankam, war, dass wir das Rennen gemeinsam durchstanden. Nicht wahr?

»Sattelt auf!«, schrie der Ansager. Ich stellte mich vor Nick und küsste ihn flüchtig auf die Lippen.

»Wir schaffen das!«

Nick hievte mich auf die Schultern und los ging's.

Das Alpha-Pärchen raste den Hügel hinauf, und binnen Sekunden sah man sie nur noch als kleinen Punkt in der Ferne.

Wir bewegten uns langsam und stetig voran. Da ich nichts sehen konnte, musste ich darauf vertrauen, dass Nick mir sagte, wenn wir über einen Baumstamm klettern mussten, da ich ansonsten Gefahr lief, mit dem Kopf gegen ein Hindernis zu krachen. Er hatte aus unseren leidenschaftlichen Trainingsstunden in San Francisco gelernt und warnte mich diesmal rechtzeitig vor.

»Baumstamm in Sicht«, rief er.

»Loch im Boden! Pass auf deinen Kopf auf.«

Alles, was ich sah, waren seine Füße, die langsamer und langsamer liefen. Die Menge jubelte und feuerte uns an, wobei ich befürchtete, dass Nick das Ganze dadurch noch beschämender finden würde.

»Schlag ihn auf den Rücken«, grölten sie. *»Hau ihm auf den Arsch!«*

Ich gab mein Bestes, um mein Gewicht gleichmäßig auf seine Vorder- und Rückseite zu verteilen, und war eifrig darum bemüht, mich so leicht wie möglich zu machen. Ein Gefühl der Ohnmacht überkam mich. Was konnte ich denn noch tun, um ihm das Ganze hier zu erleichtern?

Ich konnte ihn begeistert anfeuern, oder, wie Peter Pearson vorgeschlagen hatte, sein Coach sein.

»Du bist der Beste! Lass mich nicht fallen. Ich liebe dich. Lass mich nicht fallen. Ich liebe dich. Du bist der beste Ehemann aller Zeiten. Lass mich nicht fallen. Ich liebe dich. Lass mich nicht fallen«, johlte ich, vom Adrenalin ganz high. *»Ich liebe dich über alles, Baby.«*

Und er ließ mich nicht fallen. Nach zwei Minuten und zwanzig Sekunden passierten wir die Ziellinie. Als das langsamste Team, bei dem die Frau nicht heruntergefallen war. Ja, mehrere Ehefrauen wurden fallen gelassen. Nick war außer Atem, voller Matsch, und er fror.

»Das war die erste große Hürde, die wir als Paar überwunden haben. Ich kann es nicht fassen, dass wir das geschafft haben. Wir wollten dieses verrückte Ding durchziehen, und dann haben wir es einfach getan«, brabbelte Nick, wahrscheinlich unter Schock, nachdem wir uns aufgewärmt und unsere matschverschmierte Kleidung gegen saubere getauscht hatten. Er schloss mich in die Arme. »Weißt du, Süße, durch das hier habe ich gelernt, humorvoll mit den eigenen Erwartungen umzugehen. Ich bin einfach nur froh, dass ich dich nicht habe fallen lassen. Obwohl ich glaube, dass ich mir den Rücken verrenkt habe.«

Auf Facebook postete ich Fotos von uns, wie wir uns durch die matschige Grube kämpften, und schrieb dazu: »Wir haben vielleicht nicht die Nordamerikanischen Meisterschaften im Ehefrauen-Tragen gewonnen, aber zumindest hat Nick mich nicht fallen lassen.« Mein Freund Matt hob mit gutem Recht hervor: »Nick Aster lässt dich nicht nur nicht fallen. Er trägt dich.«

Und das tat er.

Kurz nachdem wir von dem Rennen und der Hochzeit nach Hause zurückkehrten, erfuhren wir, dass die Hypothek genehmigt worden war, was nun noch mehr Papierkram und Termine nach sich zog. Aber es bewies, dass wir das alles gut zusammen meisterten und darauf vertrauten, dass jeder von uns, im Interesse unseres Teams, sein Bestes gab.

Ich kümmerte mich um den Vorgang und skypte gleichzeitig mit Nick, während ich unterwegs auf einer Geschäftsreise war. Er kämpfte mit der Bank um einen niedrigeren Zinssatz, während ich den bestmöglichen Preis mit einer Umzugsfirma aushandelte, die gut und gerne im Besitz der Mafia sein konnte. Wir teilten und gewannen, und unser neuer Entschluss, im Team zu arbeiten, verhinderte, dass wir uns während des Prozesses gegenseitig umbringen wollten.

»So schlimm war das alles gar nicht«, sagte Nick, nachdem es vorbei war und wir vergessen hatten, wie oft wir die Stadt nach einem Faxgerät durchforstet hatten.

»Es war schrecklich«, widersprach ich, als ich einen letzten Blick auf seine Junggesellenwohnung warf. »Das war das letzte Mal, dass wir eine Immobilie gekauft haben.«

»Ja, du hast recht. Lieber würde ich mit dir auf dem Rücken eine Skipiste dreißig Mal hoch- und runterrennen, als nochmal eine Hypothek zu beantragen. Sieht aus, als müssten wir für immer in unserem neuen Zuhause bleiben. Ich hoffe sehr, dass es dir dort wirklich gefällt.«

5
Dänemark

Wie aus einem Haus ein Zuhause wird

Wir haben eine Wohnung gekauft. Wir besitzen eine Wohnung. Wir sind Wohnungsbesitzer.

Wow! Was kommt als Nächstes?

Nach all den Mühen, dem Papierkram, den Terminen, dem Ärger, dem Gefaxe hatten wir es geschafft. Wir hatten unseren eigenen, ganz persönlichen kleinen Teil des amerikanischen Traums verwirklicht.

Dieses enorme Zeichen des Erwachsenseins fühlte sich fast bedeutsamer für unsere Ehe an als die Hochzeit.

Ich weiß nicht, was ich erwartet hatte – eine Party, Ballons, dass uns in unserem Zuhause jemand mit einem Banner empfing, auf dem stand: »Jetzt seid ihr wirklich erwachsen«? Dass man uns Stoffservietten mit gravierten Serviettenringen und Tupperware überreichte?

An dem Tag, als wir den Kaufvertrag unterschrieben, trafen wir nach der Arbeit unsere Immobilienmaklerin, die uns die Hände schüttelte und einen Plastikbeutel mit zwei Dutzend unbezeichneten Schlüsseln übergab. Niemand gratulierte uns. Kein Banner, keine Parade, nur zwei Menschen, die in das letzte Licht des Tages blinzelten und verträumt lächelten, obwohl ab sofort gewaltige Schulden auf ihnen lasteten.

»Viel Glück«, sagte die Maklerin und fuhr davon. Ihr Job bei uns war beendet, ihre Provision bezahlt. Sie hatte sich jeden meiner Kontoauszüge seit meiner Zeit im College angesehen, mir geholfen, meine gesamten Ersparnisse aufzulösen, und auf dem Grundbuchamt meine Hand gehalten, doch unsere kurze Vertrautheit war nun vorbei. Wir brauchten eine Stunde, bis wir den passenden Schlüssel für die Haustür fanden.

Bald darauf, an einem Samstagmorgen, nachdem wir die Hälfte unserer Habseligkeiten ausgepackt hatten, saßen wir im Esszimmer ohne Tisch und aßen von zwei Tellern, die wir abwuschen und wieder benutzten, bis wir das übrige Geschirr gefunden hätten. Ich versicherte Nick, dass ich das Chaos in der neuen Wohnung in den Griff bekommen würde. »Ich kümmere mich um die Wohnung. Ich finde heraus, wie wir daraus ein gemütliches Heim machen.«

»Okay, Süße. Nur brenn sie nicht ab«, sagte mein Ehemann mit einer Mischung aus Skepsis und Neugier. Dann eilte er in die Küche, wo ich den Toaster angelassen hatte, und öffnete ein Fenster, damit der Rauch abziehen konnte.

Als wir heirateten, bestand das Problem nicht darin, dass ich nicht wusste, wie man für jemand anderen sorgt. Das Problem war, dass ich kaum wusste, wie ich für mich selbst sorgen sollte.

Eine ganze Zeit lang übernahm New York City die Pflichten als meine Ehefrau. In der Stadt, die niemals schläft, gibt es immer jemanden, der alles für einen erledigt. Als ich frisch nach New York kam und mit zwei Mitbewohnerinnen in einer Ein-Zimmer-Wohnung lebte, die ich mir kaum leisten konnte, aß ich ausschließlich bei Geschäftsterminen, indem ich mich an Häppchen und Champagner gütlich tat sowie in mundgerechte Stücke geschnittene Brownies in Papierservietten gewickelt in meiner Handtasche verschwinden ließ.

Als ich besser bezahlte Jobs mit mehr Verantwortung erhielt, arbeitete ich bis spät am Abend und bestellte mir auf dem Heimweg im Taxi billige Fertiggerichte von Seamless. Sie wurden warm, köstlich und verzehrfertig an meine Haustür geliefert, bevor ich nach oben ging. Jeden Montagmorgen brachte ich eine Tasche mit schmutziger Wäsche weg, die ich dann am Dienstag sauber und zusammengelegt wieder abholte. In der Wohnung herrschte Chaos – dies diente mir als Test für meine Liebhaber. Mochte mich ein Typ genug, um durch ein Meer aus schmutziger Unterwäsche zu waten, um nach einem Date zu meinem Sofa oder zu meinem ungemachten Bett zu gelangen? Einmal im Monat kam eine wundervolle Frau namens Wencess, die meine Wohnung sauber machte. Sie schrubbte das Bad, wischte die Fußböden, wechselte die Bettwäsche und hinterließ mir rührende Nachrichten, die mich daran erinnerten, Jesus zu danken. Tatsächlich dankte ich Jesus oft für Wencess. Mein Abfall verschwand in einem Müllschlucker am Ende des Flurs, und sogar die Fenster putzte zweimal im Jahr jemand für mich.

»Und wie willst du das anstellen?« Nick küsste mich auf die Wange und knabberte an der schwarzen Kruste seines verkohlten Toasts.

»Das weiß ich noch nicht«, sagte ich und schlurfte davon, um mich mit meinem Laptop aufs Sofa zu setzen und herauszufinden, wie man ein Hähnchen brät.

Nora Ephron, eine meiner persönlichen Heldinnen, hat geschrieben: »Immer wenn ich heirate (Ephron war dreimal verheiratet), fange ich an, mir Gourmetzeitschriften zu kaufen. Ich empfinde das als meine ganz persönliche Brautkrankheit.« Genauso ging es mir mit Pinterest. Bis zu den Monaten vor meiner Hochzeit hatte ich mir die Seite nie angesehen. Jetzt betrachte ich sie als meine persönliche Brautkrankheit, ein Ort, an dem ich schamlos alle grundlegenden Fragen zum Haushalt stellen kann.

Wie bekomme ich den Bezug über die Bettdecke, ohne hineinzukrabbeln?
Die Burrito-Methode. Lege die Bettdecke auf den umgedrehten Bettbezug, befestige die Ecken mit Sicherheitsnadeln. Roll das Ganze auf wie einen Burrito. Dann wende den Bezug um, und roll ihn zurück. (Das hat mein Leben verändert.)

Was ist ein Zitronen-Zester, und was mache ich damit?
Ein Zester ist so eine Art Käsereibe. Man benutzt die Zitronenschale, um damit Nachspeisen und Cocktails zu dekorieren.

Wie verhindere ich, dass sich die Lichterkette verheddert, wenn ich sie nach Weihnachten wegpacke?
Wickle sie um einen Kleiderbügel, und hänge sie bis zum nächsten Jahr in den Kleiderschrank.

Wie brate ich das weltbeste Hähnchen?
Mit Paniermehl, Butter, Parmesankäse und Ranch-Dressing.

Was mache ich, wenn meine Handtücher anfangen, komisch zu riechen?
Backpulver und Essig in die Waschmaschine.

Wie binde ich meinem Ehemann die Krawatte?
Kreuzen, hinten rüber, durch.

Was mache ich mit übrig gebliebenem Wein, außer ihn auszutrinken?
Rippchen darin schmoren.

Wie bekomme ich Hundehaare von den Polstermöbeln?
Benutze einen Fensterabzieher.

Doch das reichte nicht.

»Wir sollten nach Dänemark«, sagte ich später in der Woche zu Nick. Während ich für eine Geschichte über die Entwicklung moderner skandinavischer Kochkunst recherchierte, hatte ich erfahren, dass die Dänen besonders geschickt darin sind, ein gemütliches und glückliches Heim zu schaffen.

Vielleicht liegt das daran, dass das Land den Großteil des Jahres in Kälte und Dunkelheit versinkt und ein gemütliches Heim unabdingbar ist, um trotzdem nicht verrückt zu werden. Vielleicht wissen die Dänen aber auch etwas, das wir nicht wissen. Jedenfalls ist es ein Ort, an dem das Konzept für ein gemütliches Heim so tief in Kultur und Alltagsleben verwurzelt ist, dass es dafür einen eigenen Begriff gibt – *Hygge*. Ein Wort, das für die amerikanische Zunge unaussprechbar ist und meist ein enthusiastisches Räuspern nach sich zieht. Es stammt von dem germanischen Wort *hyggia* ab, was »wohlfühlen« bedeutet.

»Wir müssen nicht ganz nach Dänemark gehen. Ich kann alles hyggelig machen«, sagte Nick. »Erinnerst du dich an unsere zweite Verabredung?«

Und ob. Nachdem ich schon am Flughafen von Los Angeles tief beeindruckt von Nicks pfadfindermäßigen Vorbereitungen war, reisten wir zum Joshua Tree Nationalpark, wo ich zum ersten Mal zeltete. In der zweiten Nacht zog ein heftiger Sturm auf, und für den Park wurde eine Sturmflutwarnung ausgesprochen. Wir packten Hals über Kopf unsere Sachen zusammen und versuchten, für eine Nacht in einem Hotel unterzukommen. Da er mir unbedingt beweisen wollte, wie geschickt er im Zelten war, egal ob drin oder draußen, suchte Nick, lediglich mit einem Bademantel bekleidet, in dem piekfeinen Garten des Palm Spring Resorts nach Zweigen. Er zündete den Gaskamin und Kerzen an, schenkte uns zwei Gläser Wein ein und grillte über den künstlichen Flammen Marshmallows am Stock für mich. Es waren die köstlichsten gegrillten Marshmallows mit Schokolade und Keksen meines Lebens. Ich aß drei hintereinander. »Vielleicht muss ich mich übergeben«, sagte ich an jenem Abend. »Aber das ist mir egal. Ich möchte noch drei.«

»Ich lebe hyggelig, schönes Mädchen«, sagte Nick, als er sich Monate nach unserer Hochzeit daran erinnerte. »Ich weiß, was ich tue.«

Als Nick die Einladung erhielt, auf einigen Konferenzen in Skandinavien Vorträge zu halten, kamen wir dann doch noch nach Dänemark. Meine Freunde kratzten sich etwas ratlos am Kopf, als ich ihnen erzählte, dass ich das dänische

Konzept des Einrichtens und Glücklichseins erforschen wollte.

»Ihr fahrt nach Amsterdam?«, fragten sie. »Nein«, erwiderte ich. »Das sind zwei völlig verschiedene Völker – Dänen und Holländer. Die Dänen kommen aus Dänemark. Sie sind Skandinavier, wie die Wikinger.«

Obwohl ich schon so lange als Reisejournalistin arbeite, wusste ich ehrlich gesagt kaum mehr über Dänemark als meine Freunde. Ich wusste nur, dass Hamlet in jenem Land seinen Verstand verloren hatte und dass sich in der Hauptstadt Kopenhagen das beste Restaurant der Welt befand. Dänemark ist das kleinste der vier skandinavischen Länder und zugleich das südlichste. Es ist eine Inselgruppe, die wie eine Hummerkralle oben aus Deutschland herausragt.

Allerdings gibt es zwischen den Niederlanden und Dänemark tatsächlich einige bemerkenswerte Gemeinsamkeiten. In beiden Ländern ist die Gleichheit der Geschlechter selbstverständlich, das soziale Netz ist sehr stark, und in beiden Ländern kommen Familie, Freizeit und persönliches Glück vor bezahlter Arbeit.

Dänemark war das erste Land, das die gleichgeschlechtliche Ehe legalisierte, und auch das erste, das eine Geschlechtsumwandlung ohne Sterilisation zuließ. 2011 wählten die Dänen Helle Thorning-Schmidt zur Ministerpräsidentin, und eine der bekanntesten Fernsehserien des Landes, *Borgen*, ist dafür bekannt, dass sie vom Leben einer starken, unabhängigen Politikerin erzählt. Die Dänen mögen Homosexuelle, Frauen, klassisches Design und gutes Essen – das alles nahm mich schon für sie ein, bevor wir San Francisco überhaupt verlassen hatten.

»Die Dänen sind ein sehr kluges Volk«, sagte Nick, als wir

endlich in Kopenhagen landeten. »Genau wie die Deutschen sind die Dänen überaus gut organisiert, aber sie haben einen besseren Sinn für Humor.«

In Studien, die solche Dinge untersuchen, wird Dänemark häufig als das glücklichste Land der Welt bezeichnet. Im Glücksreport der Vereinten Nationen standen die Dänen 2013, 2014 und 2016 an erster Stelle.

Da ich so wenig über die Dänen wusste und wegen ihres berühmten Glücks, rechnete ich damit, von strahlenden, glücklichen Menschen, die alle verträumt vor sich hin lächelten, auf Straßen aus Gold empfangen zu werden. Doch nachdem wir auf Kopenhagens blitzblankem Flughafen gelandet waren, hätte ich nicht vermutet, dass dies die glücklichsten Menschen der Welt waren.

Zunächst einmal tragen sie viel Schwarz, eine Farbe, mit der ich den Wunsch verbinde, schlank zu erscheinen, aber nicht Freude oder Glück. Unter der Woche herrscht in der Stadt dieselbe hektische Betriebsamkeit wie in jeder amerikanischen Stadt. Die Dänen sind eifrige und aggressive Radfahrer. Während der Hauptverkehrszeit und um Mitternacht herum, wenn die Bars schließen, herrscht auf Kopenhagens Radwegen mehr Verkehr als auf den Straßen.

Doch es gibt einen Unterschied zwischen Kopenhagen und einer geschäftigen amerikanischen Stadt: Eine normale Arbeitswoche besteht für die Dänen im Schnitt aus siebenunddreißig Stunden, und die meisten dänischen Angestellten haben fünf Wochen Urlaub im Jahr. Während die Amerikaner unverhältnismäßig viel Zeit im Büro verbringen, verbringen die Dänen mehr Zeit zu Hause mit ihrer Familie und ihren Freunden. Vielleicht rührt daher ihr Streben, es dort gemütlich zu haben. Im Gegensatz zu vielen Menschen in den Staaten verbringen sie ganz einfach mehr Zeit zu Hause als in ihren Büros. Es war eindeutig eine völlig andere Art von Leben, als Nick und ich es führten. Wir starrten definitiv mehr Stunden auf die nackten, weißen Wände unserer jeweiligen Arbeitsplätze, als wir in unserer neuen Wohnung verbrachten.

Unser dänisches Abenteuer fing großartig an. Mitreisende hatten uns gewarnt, dass Kopenhagen eine der teuersten Städte der Welt sei, doch Nick und ich stellten überrascht und erfreut fest, dass der aktuelle Wechselkurs sich irgendwie zu unseren Gunsten auswirkte. In der ersten Bar, die wir aufsuchten, stellte Nick dazu einige Berechnungen an. Es war eine charmante Spelunke mit Namen Escobar, in der an der Wand ein ansprechendes Graffiti prangte: »Lass all deinen Schmerz Champagner sein.« Hier schlürften Stammgäste im Alter meiner Großmutter in schwarzen Twinsets riesige Gläser Bier. Wir erfanden unser eigenes System, um eine dänische Krone in Dollar umzurechnen. Wir teilten die Summe erst durch zehn und das Ergebnis dann durch zwei.

»Das Bier hier kostet zum Beispiel drei Dollar«, sagte Nick und knallte zwei volle Gläser vor uns auf den Tisch. Da wir aus San Francisco kamen, wo ein normales Bier jetzt zehn Dollar kostet, war das ein echtes Schnäppchen. »Das ist eine aufregende Stadt, nicht, Süße?«, sagte Nick. »Sehen hier nicht alle irgendwie aus, als würden sie etwas Interessantes machen?« Wir stießen mit unseren Gläsern an und betrachteten die Dänen, die sich von ihrer 37-Stunden-Woche erholten, um Tische mit Kerzenbeleuchtung saßen oder mit großen Dosen Carlsberg hinausschlenderten, um ihr Bier auf der Straße zu trinken.

Beim Abendessen zahlten wir für einen Elchburger und eine Eismeerforelle zehn Dollar und für das Taxi nach Hause fünf. Wir waren ein glückliches (und reiches!) Paar im glücklichsten Land der Erde.

Am nächsten Morgen war mein Kopf noch benebelt vom dänischen Bier, als mich der Signalton einer eingehenden E-Mail von unserer Bank weckte.

»Mist! Was hast du noch mal gesagt, wie hoch der Wechselkurs ist, Liebling?«, fragte ich Nick. Er drehte sich im Bett um und drückte sich das Kopfkissen aufs Gesicht. Noch einmal sah ich mir die Belege vom Vorabend an.

»Ich glaube, es ist genau andersherum. Wir müssen zuerst durch zehn teilen und dann mal drei rechnen.« Das leckere Bier hatte fast sechzehn Dollar gekostet, und das Essen vierzig. Kein Wunder, dass die Dänen so glücklich waren. Sie verdienten sich eine goldene Nase mit verwirrten Touristen.

Nachdem wir nun klüger und auch ärmer waren, entschieden wir uns, an jenem Nachmittag einen Spaziergang durch die Stadt zu unternehmen (der war wenigstens gratis). So kamen wir in den Genuss, das Kopenhagener Rathaus zu bewundern.

Ehe ich es mich versah, wurde ich zur Hochzeitsfotografin.

Hochzeiten sind in Dänemark eine eher schlichte Angelegenheit, die im Rathaus stattfindet. Dänen heiraten in der Regel, wenn sie etwas älter sind – 35 die Männer, 32 die Frauen. Das Land hat die vierthöchste Scheidungsrate, 42,7 Prozent, was ungefähr der in den Vereinigten Staaten entspricht, aber die Scheidungen gehen ebenso unspektakulär über die Bühne wie die Hochzeiten. Scheidungen sind billig (unter hundert Dollar) und relativ schmerzlos. Man kann sie sogar online über das Internet einreichen. Dänen erklärten mir, dass dies mit dem hohen Beschäftigungsanteil der Frauen und dem guten sozialen Netz zu tun habe. Dadurch entstehe bei dänischen Scheidungen selten ein hässlicher Kampf ums Geld, wodurch der Prozess insgesamt von weniger Auseinandersetzungen geprägt sei. Da Scheidungen normalerweise nicht hässlich verlaufen, sind sie nicht stigmatisiert. Viele Dänen, die schon mal geschieden wurden, heiraten wieder und sind mit ihren Ex-Ehefrauen oder Ex-Ehemännern befreundet. Einige von ihnen feiern sogar ihren »Scheidungstag« zusammen bei einem guten Essen mit Elch und Eismeerforelle und mit ihren neuen Partnern.

Und anstatt Tausende von Dollars für einen Hochzeitsfotografen auszugeben, drücken die Dänen ihre iPhones einfach ausländischen Touristen in die Hand. So wie mir.

Ich schoss ein Foto von einem attraktiven schwulen Paar, beide in den gleichen blauen Blazern, der eine in einer perfekt gebügelten Jeans, der andere in Freizeithosen, und ungefähr dreißig breit lächelnden Familienmitgliedern im Hintergrund. »Das war nett«, sagte ich zu Nick, als wir uns langsam entfernten. Doch dann wurde ich von einem zweiten Paar gebeten, es zu fotografieren, und dann noch von zwei weiteren. Ich war das beliebteste Mädchen im Rathaus. Innerhalb von einer halben Stunde sahen wir mehr als zwanzig Hochzeitsgesellschaften (wobei ich bei der Hälfte von ihnen jetzt dazugehörte), die sich um Sitzbänke oder in den Ecken des Gebäudes versammelten und lachend Sekt aus Plastikbechern tranken. Einige der Bräute waren in die klassischen Prinzessinnenkleider gehüllt, während andere einfach Jeans und ein weißes T-Shirt trugen.

Gäste werden dort mit »Rådhuspandekager« auf Papptellern bewirtet, den berühmten Rathauspfannkuchen, die im Restaurant des Rathauses gebacken werden. Das Geheimrezept für die in Butter gebratenen Pfannkuchen, die mit Vanilleeis und Aprikosenmarmelade serviert werden, ist im Tresor des Rathauses eingeschlossen, und nicht selten sieht man Blumenmädchen mit Sahnebärten durchs Rathaus wandern, bevor sie der Braut ihren Strauß überreichen. (Pfannkuchen bei einem Hochzeitsempfang. Einige meiner Verwandten waren schon entsetzt, dass es bei uns Makkaroni mit Käse gab.) Nachdem sie offiziell verheiratet sind und alle Papiere unterschrieben haben, feiern die Dänen ein kleines Fest in einem Café oder machen ein Picknick am Ufer eines der vielen Kanäle in der Stadt. Es ist nett und geht kultiviert zu. An jenem Tag war es für Kopenhagener Verhältnisse relativ warm (um die fünfzehn Grad Celsius!), und es schien, als wäre die ganze Stadt unterwegs, um sich auf den zementierten Ufern der Kanäle zu tummeln und Weinflaschen, Käse sowie große, runde Brotlaibe auf Picknickdecken auszupacken.

»Lass uns noch mal heiraten«, sagte Nick, der von der heiteren Atmosphäre und dem Geruch der streng geheimen Pfannkuchen fasziniert war. »Im Ernst, ich heirate dich auf der Stelle noch mal.«

Den Rest des Tages hatten wir geplant, etwas *Hygge* zu bekommen. So beschrieben es mir die Dänen, als sei *Hygge* etwas, das man wie Eier oder Deo im Supermarkt erstehen könnte. Doch als wir durch Kopenhagen liefen, um es zu finden, wollte ich genauer verstehen, was das war. *Hygge* kann man nicht übersetzen. Angeblich soll es das Konzept von Gemütlichkeit, Zufriedenheit, Bequemlichkeit und

Freundschaft in einem Wort ausdrücken. Es bedeutet, dass man es sich gut gehen lässt, ein glückliches Leben auf gut designten Stühlen führt. Im Kern bedeutete *Hygge*, sein Leben angenehm zu gestalten, bewusst über Bequemlichkeit und Glück nachzudenken – angefangen beim Essen bis hin zur Einrichtung des Hauses und der Art zu arbeiten.

»Es bedeutet, dass man sich an kleinen, angenehmen Dingen erfreuen kann. Ein Essen mit guten Freunden ist *Hyyge*. Große Familienessen sind *Hygge*. Es gehört einfach zu jedem Aspekt des dänischen Lebens. Es bedeutet auch, gut zu sich selbst zu sein und zu denen, die einem nahestehen, und das ermöglicht einem, ein besserer Partner zu sein«, erklärt Helen Russell, die Autorin von *Hygg Hygg Hurra! Glücklich wie die Dänen*. Helen war früher Herausgeberin einer Zeitschrift gewesen (genau wie ich), die sich in einem unglaublich anstrengenden Beruf aufgerieben hatte, den sie liebte (genau wie ich), und dann weggegangen war, um Rat und Glück in einem anderen Teil der Welt zu suchen (die Ähnlichkeiten waren geradezu unheimlich). Sie war eine Britin, die vor ein paar Jahren nach Dänemark gezogen war, als ihr Mann seinen Traumjob bei LEGO fand. Sie hatte sich vorgenommen, ihrem dänischen Experiment ein Jahr Zeit zu geben, doch jetzt lebten sie schon drei Jahre dort. Bevor sie umgezogen waren, rackerte Helen sich in London ab, was seinen Preis hatte. Zwei Jahre lang war es ihr nicht gelungen, schwanger zu werden, obwohl sie eine Fruchtbarkeitsbehandlung nach der anderen über sich ergehen ließ. Nach nur sechs Monaten »dänischem Leben«, in denen sie sich in der glücklichsten Kultur auf dem Planeten entspannten und einiges *Hygge* bekamen, stellte Helen fest, dass sie schwanger war.

»Es kann wirklich alles Mögliche sein. Es hat damit zu

tun, das Glück in kleinen Dingen zu entdecken.« In ihrem Buch schreibt Helen darüber, dass sie *Hygge* entdeckte, als sie ihr Zuhause mit wunderschönen dänischen Stühlen und köstlich duftenden Kerzen einrichtete. Doch es gab noch eine persönlichere Seite. »Für mich bedeutet *Hygge*, dass ich netter zu mir selbst bin und dann auch netter zu den Menschen in meiner Umgebung sein kann. Man stellt fest, dass man weniger kratzbürstig dem eigenen Partner gegenüber ist«, schrieb Helen und fügte hinzu, dass ihr beim *Hygge*-Bekommen zu Beginn ihres dänischen Experiments geholfen habe, so viel wie möglich von dem dänischen Gebäck zu essen, das Harry-Potter-mäßig *Snegles* heißt.

Vielleicht war das eine Möglichkeit für Nick und mich, an unser *Hygge* zu kommen – durch dänisches Essen. Da ich entschlossen war, eine Meisterin in Heimgestaltung zu werden, hatte ich mich dazu gezwungen, täglich zwei Mahlzeiten zuzubereiten (Frühstück und Abendessen), damit wir nicht mehr so oft auswärts aßen. Es war nur eine der Möglichkeiten, durch die ich versuchte, Geld zu sparen, während wir uns bemühten, die Hypothek abzuzahlen. Es war außerdem viel gesünder, und um ehrlich zu sein, waren wir beide seit unserer Hochzeit fett geworden. Als wir heirateten, konnte ich zwei Gerichte zubereiten – Nudeln und Eier. Meine neue Strategie war, auf Pinterest Mahlzeiten zu finden, die ansprechend aussahen und diese dann nachzukochen, indem ich mir auf YouTube Kochanleitungen ansah. Wenn die Hausfrauen aus den Fünfzigerjahren gewusst hätten, welche Utensilien mir heute zur Verfügung standen.

Es gab einige Erfolge (eine besonders leckere Jerusalemer Artischockensuppe, erstaunlich lockere Scones) und reichlich Misserfolge (einmal schmolz ich eine Plastikschüssel im Backofen). Ich war nicht gerade eine begeisterte Köchin. Noch immer erschien mir diese Tätigkeit langweilig. Ich wollte einen besseren Weg finden, um sowohl bei der Zubereitung als auch beim Verzehren der Mahlzeiten Glück zu empfinden.

Es ist unmöglich, angemessen zu beschreiben, wie köstlich die dänische Küche ist. Klar, die Stadt beheimatet das beste Restaurant der Welt, aber darüber kann ich gar nichts sagen, weil wir dort keine Reservierung bekamen. Das störte uns nicht. Überall, wo Nick und ich aßen, von den einfachsten Cafés bis hin zu fantastischen Restaurants mit Michelin-Sternen, gab es Essen, das uns um den Verstand brachte. Sogar das *Smushi* (eine Mischung aus Dänemarks Smörrebröd, also belegten Broten, und rohem Fisch) war spektakulär.

Wenn man zusammen ausgeht und abends verabredet ist, kann man das als eine Form von *Hygge* betrachten, das meint zumindest der dänische Psychotherapeut und Familienberater Iben Sandahl.

»Wenn man eine Beziehung aufbaut, entdeckt man überall *Hygge*-Momente; Essen bei Kerzenschein, Spazierengehen im Park, Kino-Abende und eine Menge zielgerichteter Aufmerksamkeit. *Hygge* weiterhin zu pflegen, ist eine wunderbare Möglichkeit, die Ehe zu pflegen«, erzählte uns Sandahl. »Wir alle kennen das Gefühl von anstrengenden Tagen, an denen uns wenig Zeit und Energie bleibt, daran zu denken, dass wir einander lieben. *Hygge* kann helfen, wieder zu diesem Gefühl zurückzufinden. Wenn man mit seinem Partner mehr *Hygge* haben will, bedeutet das, dass man die Dramen des Alltags einen Moment wegschieben muss.«

Sandahl hat sogar einen »*Hygge*-Eid« erfunden, der folgende Dinge umfasst:

1. Schaltet Telefone und iPads aus.
2. Lasst Dramatisches vor der Tür.
3. Habt Spaß miteinander und teilt aufbauende Geschichten.
4. Bemüht euch ganz bewusst, Essen und Trinken zu genießen.
5. Wenn ihr drinnen seid, zündet Kerzen an.
6. Gebt nicht an.
7. Erzählt lustige und erbauliche Geschichten. Erzählt diese Geschichten immer wieder.
8. Bemüht euch ganz bewusst darum, Dankbarkeit und Liebe zu empfinden.

Das Ziel all dessen ist es, dass man ein Gefühl von gemeinsamem *Hygge* empfindet, also sich gut und entspannt miteinander fühlt. Das war auch unser Ziel an jenem Abend in Kopenhagen.

»Gibt es etwas, was einer von Ihnen nicht isst?«, fragte uns der Kellner im Feinschmecker-Pizzarestaurant Baest, nachdem wir ihn um eine Speiseempfehlung gebeten hatten.

»Nein«, antwortete ich.

»Das macht mich glücklich«, sagte er.

Die Verbindung von Essen und Glücklichsein ist in Dänemark unübersehbar. Es ist ein Land, das großen Wert auf gutes Essen legt und auf gute Restaurants. Danach brachte der Kellner uns eine Schüssel mit der weichsten, schmierigsten, raffiniertest schmeckenden Burrata, die ich je gegessen habe.

»Das ist unglaublich«, schwärmte ich, den Mund voll Käse. »Woher kommt das?«

»Von oben«, sagte der Kellner. »Wir haben da oben eine Molkerei. Den Käse machen wir jeden Tag frisch.«

»Kann man bei Ihnen einen Kurs im Käseherstellen belegen?«, fragte ich, während ich mit dem Finger das restliche Olivenöl und den Käse von meinem Teller wischte. Nick hob eine Braue. Wir würden nicht mehr lange in Kopenhagen sein, ganz gewiss nicht lange genug, sodass ich lernen konnte, wie man Käse herstellte.

Unser Kellner kratzte sich den blonden Schopf und blinzelte. »Nein. Aber Sie können bestimmt mit nach oben kommen, und wir zeigen Ihnen, wie wir den Käse herstellen. Hätten Sie Lust?«

Ob ich Lust dazu hatte? Ob ich wissen wollte, wie man den glücklich machendsten Käse der Welt herstellt? In diesem Moment bedeutete *Hygge*, zu lernen, wie man diese spezielle Burrata herstellte.

»Komm«, sagte ich und griff nach Nicks Hand. »Wenn wir wieder zu Hause sind, mache ich uns einen ganzen Eimer Burrata. *Hygge!*«

Wir machten uns auf den Weg in die Küche im zweiten Stock, die einen köstlichen Geruch verströmte. Baest stellte hier oben nicht nur herrlichen Käse her. Man produzierte auch eigene Wurstwaren, die aus Fleisch von den glücklichsten Schweinen in ganz Dänemark gemacht wurden. »Die Schweine bleiben, solange sie wollen, bei ihrer Mutter und wandern ihr ganzes Leben lang auf den Feldern umher«, sagte mir der Chefkoch von Baest, Kris Schram, nachdem ich in seine Molkerei geplatzt war. »Man tötet sie auf den Feldern, sodass sie nie ihre Umgebung verlassen. Das Schwein kennt keine Angst. Es lebt auf einem wunderschönen Feld nahe dem Strand. Da würde ich auch gerne leben.

Dasselbe gilt für die Milch, die wir für unseren Käse bekommen. Unsere Zutaten stammen von glücklichen Tieren.« Na klar, sogar die Tiere sind in Dänemark glücklicher.

»Glauben Sie, dass man den Unterschied schmeckt?«, fragte ich und fühlte mich wie in einer Folge von *Portlandia*. »Wenn man glückliche Tiere isst?«

Er nickte. »Ja. In den Restaurants hier in Kopenhagen legt man sehr viel Wert darauf, woher unsere Zutaten stammen. Wir nehmen uns Zeit, um gute Lebensmittelproduzenten zu finden, nette Lieferanten. Man schmeckt den Unterschied zwischen unseren Schweinen und denen aus Massentierhaltung. Wenn man sich bewusst macht, woher unser Essen kommt, schmeckt es auch besser.« Sein Vortrag war so ehrlich, dass ich nicht anders konnte, als ihm zu glauben.

Nicht nur ihr Fleisch züchten die Dänen mit großer Sorgfalt. Ihre positive Einstellung zum Essen bezieht sich auch auf das Gemüse. Viele Restaurants in Kopenhagen bemühen sich, Gemüse aus biologischem Anbau anzubieten, das aus der Region stammt. Das Gemüse wird nicht nur der Jahreszeit entsprechend verwendet, sondern mikrosaisonal, was bedeutet, dass die Köche auf ihren Speisekarten das anbieten, was gerade in einer bestimmten Woche in der Erde wächst.

Kris ist ein weiterer Amerikaner, den es an den glücklichsten Ort der Welt verschlagen hat. Er stammt aus dem Hudson Valley in New York und hat als Koch im Sonoma Wine Country gearbeitet, etwa eine Autostunde von unserem Haus in der Bay Area entfernt. Dann lernte er eine Dänin kennen. Die beiden zogen nach Kopenhagen und heirateten.

»Ich wäre nicht verheiratet und nicht so glücklich mit ihr, wenn ich versuchen würde, das hier in den Staaten zu machen«, erzählte mir Kris, während große Mengen frischer Mozzarella gequetscht und zu saftigen Bällchen gerollt wurden.

»Was?«, fragte ich ihn, da ich nicht sicher war, ob ich ihn richtig verstanden hatte. »Warum hätten Sie keine Ehefrau, wenn Sie in den Staaten leben würden?«

»In den Staaten kann man nur als Koch arbeiten, solange man jung ist, es sei denn, man hat seinen eigenen Laden. Hier arbeiten wir zwar hart, aber man arbeitet weniger, man hat also mehr Zeit für die Familie. Wir haben fünf Wochen Urlaub im Jahr. Gerade ist einer meiner Köche in Elternzeit gegangen. In Dänemark kann man Koch sein und trotzdem ein richtiges Leben führen, eine Familie haben.«

Was kommt zuerst – das Essen, das glücklich macht, oder die glückliche Familie, die das Essen zubereitet? Die Konzepte in Dänemark sind so miteinander verwoben, dass man sie ebenso wenig voneinander trennen kann wie frei laufende Hühner von fröhlich gelegten Eiern. Was ich allmählich begriff, während ich in einem feudalen Pizzarestaurant in einem angesagten Viertel von Kopenhagen lernte, wie man Mozzarella herstellte, war, dass ich mehr tun musste, um für Nick und mich ein gemütliches Zuhause zu gestalten, als Rezepte auf Pinterest zu suchen. Vielmehr ging es darum, verantwortungsvoll mit unserem Essen umzugehen. Woher es kommt, wie es zubereitet wird, etwas, das Nick wichtiger war als mir. Mein ganzes Erwachsenenleben lang kaufte ich im nächstgelegenen und billigsten Laden ein. Als ich in San Francisco ankam, beklagte ich mich über die hohen Preise bei Bi-Rite, dem Bioladen gleich um die Ecke.

Doch inzwischen schien es mir sinnvoll, unsere Zeit dafür zu nutzen, nach besseren, gesünderen und »glücklicheren« Lebensmitteln zu suchen. Ich hatte nicht vor, zehn Dollar für ein Körbchen hübscher Erdbeeren auszugeben – ich bin nicht irre und auch kein Promi –, aber ich wollte es ruhiger angehen lassen, durchatmen und darauf achten, was wir einkauften und kochten.

Zurück an unserem Tisch, wo ich noch mehr Mozzarella verdrückte und an einer knusprigen Pizza mit Pancetta und Spargel knabberte, wirkte Nick etwas gereizt.

»Was schreibst du da auf?«, fragte er, als ich wie wild in mein Notizbuch kritzelte, während ich angestrengt der Musik aus Lautsprechern lauschte, die perfekt hinter postmodernen Lichtinstallationen versteckt waren.

»Die Playlist«, sagte ich. »Das ist die beste Playlist, die ich je gehört habe. So gut zusammengestellt. Sie hat eine Dramaturgie mit Höhen und Tiefen. Sie ist nicht prätentiös. Hör nur. Sie spielen ›Hungry Eyes‹ aus *Dirty Dancing*. Und davor Stevie Wonder und The Temptations und Elton Johns »Tiny Dancer«. Wir müssen Listen fürs Essen zusammenstellen. Diese Musik macht glücklich. Sie ist *Hygge*. Wir werden von der Playlist *hyggelig*!«

»Dann lass uns jetzt den Rest von unserem Essen genießen.« Nick verzog die Lippen zu einem Lächeln.

Ich bin daran gewöhnt, diverse andere Dinge zu tun, während ich esse – auf mein Smartphone zu blicken, E-Mails zu beantworten, neue Nachrichten zu lesen. Ich sah mich im Restaurant um. Niemand außer mir hatte sein Smartphone auf dem Tisch liegen. Das konnte doch nicht normal sein? Bringt nicht jeder sein Telefon mit zum Essen?

Falsch. Lautete so nicht die erste Regel von Sandahls *Hyg-*

ge-Eid? Schalte dein Telefon aus. Unser Telefon wie ein Körperteil zu behandeln, ist nicht allein ein amerikanisches Phänomen. Die Franzosen und Engländer sind genauso schlimm. Ganz zu schweigen von den Russen. Auch in den feinsten unter den feinen Restaurants sind sie nicht von Facebook loszueisen, aber niemand kann bestreiten, dass die ständige Beschäftigung mit unseren elektronischen Geräten in der Freizeit zulasten guter Gespräche geht.

»Gehört es zu *Hygge*, dass man während des Essens das Telefon vom Tisch nimmt?«, fragte ich eine meiner dänischen Freundinnen. »Wenn man mit seinem Mann oder mit Freunden isst?«

Sie sah mich befremdet an. »Kann sein. Aber ist es nicht einfach eine bessere Art zu leben? Warum musst du beim Essen dein Smartphone checken?«

»Wollen die Leute ihr Essen denn nicht auf Instagram posten?« Obwohl ich ein Neuling in der Küche war, machte es mir Freude, alles auf Instagram hochzuladen, was ich im Restaurant bestellte.

»Nein.« Meine dänische Freundin schüttelte den Kopf und sah mich an, als sei ich erst kürzlich von einem weit entfernten, weniger zivilisierten Planeten zurückgekehrt. »Wir möchten einfach das Essen mit der Person genießen, mit der wir essen.«

Es gibt viele Untersuchungen darüber, dass Interaktionen im wirklichen Leben darunter leiden, wenn ein Partner ständig mit seinem Telefon beschäftigt ist. »Man hat sowohl unter Laborbedingungen als auch in natürlichen Situationen untersucht, wie es das Gespräch zwischen zwei Menschen beeinflusst, wenn ein Smartphone zwischen ihnen auf dem Tisch liegt oder zumindest am Rand des Sichtfeldes.

Dabei stellte sich heraus, dass sich sowohl die Themen der Unterhaltung als auch der Grad der Nähe, den die beiden Gesprächspartner zueinander empfinden, durch das Smartphone verändern. Es wird mehr über Themen gesprochen, bei denen es nicht weiter stört, wenn man unterbrochen wird. Sie fühlen sich nicht so stark zueinander hingezogen. Sogar ein stummes Smartphone stört unsere Verbindung«, schrieb die Autorin und Wissenschaftlerin Sherry Turkle in der Sonntagsbeilage der *New York Times*. In einer Befragung, die das Pew Research Center 2015 durchführte, gaben 89 Prozent der Smartphone-Besitzer zu, ihr Telefon benutzt zu haben, als sie das letzte Mal mit ihrer Familie und ihren Freunden zusammen waren. 82 Prozent dieser Gruppe gaben an, sie seien nicht glücklich darüber gewesen.

Die Baylor University's Business School hat dem Phänomen sogar einen Namen gegeben: »Phubbing«, was so viel bedeutet wie, sein Telefon jemand anderem vorzuziehen. »Wir fanden heraus, dass es zu Konflikten führt, wenn jemand merkt, wie sein Partner ihn ›phubbt‹, und dass die Zufriedenheit in solchen Beziehungen geringer ist. Diese geringe Zufriedenheit in der Beziehung führte in der Folge zu einer geringeren Zufriedenheit mit dem Leben generell und schließlich zu verstärkten Depressionen«, sagte James A. Roberts, ein Mitglied der Forschungsgruppe.

Nick und ich beschäftigen uns beide zu viel mit unseren Smartphones, aber er ist sich dessen viel stärker bewusst als ich. Während ich mich auf Instagram oder auf Panda-Videos stürze, checkt er schnell seine E-Mails und legt das Telefon dann wieder weg.

Jetzt packte ich mein Telefon und mein Notebook weg und genoss den Rest unseres Pizzaessens.

Dänen legen mehr Wert auf gutes Design als fast alle anderen Kulturen der Welt. Da sie später heiraten, bringen die Paare häufig ihre eigenen Stühle, Topfpflanzen und Bilderrahmen aus hellem Holz mit in die Ehe. Nick und ich waren ziemlich alt, als wir heirateten, jedenfalls vergleichsweise, doch ich hatte das ganze Land bereist und Nick in einer kleinen Wohnung gelebt, bevor wir zusammenzogen. So brachte keiner von uns Möbel für Erwachsene oder eine Einrichtung für ein Haus mit in die Ehe. Das ist einer der Gründe, warum unsere Wohnung noch ziemlich leer ist. Wir hatten uns geschworen, das IKEA-Zeug unserer Zwanzigerjahre zu entsorgen, aber noch keinen Ersatz gefunden.

Ein gemütliches Heim ist einer der wichtigsten Punkte von *Hygge*.

»In Dänemark halten wir uns viel drinnen auf – vermutlich hauptsächlich wegen unseres wechselhaften Wetters. Deshalb ist es uns wichtig, uns gemütlich einzurichten. Wir wollen uns zu Hause wohlfühlen und uns entspannen können«, erklärte mir Iben Sandahl. »Ich behaupte, dass viele von uns versuchen, den ›unsichtbaren‹, heimeligen Geist zu schaffen, der *Hygge* ausmacht, weil wir den Ort brauchen, um uns zu entspannen. Wenn man ein gemütliches Heim betritt, ist da diese gute Energie, die einen glücklich macht. Wenn man glücklich ist, wenn man von der Arbeit nach Hause kommt, wirkt sich das positiv auf den Partner aus.«

Darum fand unsere nächste *Hygge*-Mission in Kopenhagens Østerbro-Viertel statt. Wir begaben uns auf die Suche nach schönen Dingen für unser Heim, die allerdings in meinen einen Koffer passen mussten – Duftkerzen, Zierkissen und weiche Decken. Ich entdeckte einen wunderschönen

Vogelkäfig aus hellem Holz, der zur Lagerung des Toilettenpapiers im Badezimmer gedacht war, und eine Knoblauchpresse, die schicker war als alle meine Schuhe.

Mein erster Kauf bestand allerdings aus zwei geometrisch interessant geformten Serviettenringen aus hellem Holz. In Nicks Kindheit bestand seine Mutter Patsy darauf, dass die Familie beim Essen Stoffservietten benutzte, die ordentlich in Serviettenringe gefaltet waren, und Nick scheint immer noch ihrer Meinung zu sein. Schon bevor wir Kinder hatten, wollte ich einführen, dass wir regelmäßig zusammen zu Abend essen. In meiner Kindheit taten wir das nicht. Mein Vater war selten früh genug zum Essen zu Hause, und ich balancierte häufig mit meiner Mutter zusammen den Teller auf den Knien vor dem Fernseher. Nick erinnert sich an viele Essen mit seiner Familie; ich mich hingegen an Folgen von *Eine schrecklich nette Familie* und den *Simpsons*. Ich war ein Ass in der Quizsendung *Jeopardy*. Die Dänen essen abends regelmäßig zusammen. Das ist auch der Grund, weshalb die meisten Firmen ihre Angestellten um vier oder spätestens um fünf Uhr nach Hause lassen, damit sie rechtzeitig zu Hause sind, um mit ihren Familien zu essen. »Die Schreibtische sind lange vor sechs Uhr verlassen«, sagte mir ein Angestellter in Kopenhagen. »Wenn Sie länger blieben, würde Ihr Chef sich Sorgen machen, dass zu Hause etwas nicht stimmt. Allerdings würde er es nicht sehen, weil er selbst nie so lange im Büro bleibt.«

Nick inspizierte ein Paar gläserne Kerzenleuchter.

»Wir hatten immer Kerzen beim Essen, als ich klein war … richtig große. Ich durfte sie anzünden!«, sagte er. Ich stellte mir einen kleinen blonden Jungen vor, der sich mit einem Streichholz vorsichtig über einen Tisch aus dunklem

Holz beugt. Und dann dachte ich an mich selbst, das vernachlässigte kleine Mädchen, das einen Teller auf seinem Schoß auf der Couch balancierte, die aus einem Gebrauchtmöbelladen stammte.

»Möchtest du, dass wir Kerzen auf unseren Esstisch stellen?«, fragte ich. Habe ich wirklich einen Mann geheiratet, der jeden Abend bei Kerzenschein essen will? Ich wusste nicht, was ich davon halten sollte.

»Ach, ich weiß nicht. Das muss nicht sein.« Doch seine Augen sagten, dass er Kerzen wollte.

Wir fanden Kissenbezüge, die aus recyceltem Jeansstoff und Lumpen hergestellt waren, Kissen aus tibetischer Yakwolle und handgenähte Kissen mit raffinierten skandinavischen Mustern. Ich entdeckte sogar ein Kissen mit einer gehäkelten Katze, die ein feines Kleid trug. Da ich die hohen Preise im Kopf hatte, war ich so vorsichtig, nur die Kiste mit den reduzierten Artikeln zu durchstöbern, die dennoch eine viel bessere Qualität hatten und schicker aussahen als die von *Target*.

Eine Ladeninhaberin lachte mich an, als ich in ihr Geschäft stolperte, die Arme voll mit heruntergesetzten skandinavischen Zierkissen und einer Decke aus Alpaka, die perfekt den Rotweinflecken auf der Couch verdecken würde.

»Sind das Geschenke?«

»Nein«, antwortete ich. »Die sind für unsere Wohnung. Ich kaufe gerade *Hygge*.«

Ich würde das Geräusch, das sie von sich gab, als Schnaufen bezeichnen, wenn dänische Frauen nicht zu wohlerzogen wären, um in der Öffentlichkeit zu schnaufen.

»*Hygge* kann man nicht kaufen«, sagte sie. »*Hygge* ist ein Gefühl. Sie müssen Ihr eigenes *Hygge* finden. Zum Beispiel, indem Sie mit Menschen, die Sie gern haben, Zeit in Ihrem Zuhause verbringen.«

»Auf schönen Stühlen?«, fragte ich.

Sie seufzte. »Sie sollten wunderschöne Stühle haben.«

Seit wir unsere Wohnung gekauft hatten, verbrachten Nick und ich weniger als die Hälfte unserer Nächte dort. Selbst wenn wir nicht beruflich unterwegs waren, organisierten wir fast manisch Wochenendtrips zu Freunden oder unseren Familien oder Campingausflüge mit Lady Piazza in die Wildnis. Trotz meiner Bemühungen, ein Heim zu gestalten, blieb unser Kühlschrank oft wochenlang leer. Warum Lebensmittel kaufen, wenn wir beide in ein paar Tagen schon wieder wegfuhren? Oft war ich zehn Stunden am Tag im Büro. Wenn ich eine Stunde für den Weg zur Arbeit hinzurechne, eine Stunde für Sport und dann noch zwei für die Vorbereitung des nächsten Tages sowie acht Stunden Schlaf, blieben zwei Stunden für Essen mit der Familie, Gespräche und allgemein für die Entspannung bei uns übrig. Und ganz selten, wenn überhaupt, blieben diese zwei Stunden Nick und mir vorbehalten.

Es konnte nicht gut für eine Ehe sein, mit dem Gefühl zu leben, in einem Hotel zu wohnen, wie zwei Geschäftsreisende, die nur vorübergehend einen Raum miteinander teilten.

An unserem letzten Tag in Kopenhagen mieteten Nick und ich nur für uns ein mit Solarenergie betriebenes Boot, um allein durch die Kanäle zu fahren. Ich besorgte ein paar biodynamisch gezüchtete Rosen, Snegles und Smörrebröd mit Käse und Wurst aus artgerechter Tierhaltung. Wir fuhren hinaus, um einen Blick auf die berühmte »Kleine Meerjungfrau« zu werfen. Angesichts der Touristenhorden, die verzweifelt versuchten, ein Selfie mit ihr zu ergattern, waren wir überrascht, wie klein und wenig reizvoll sie war. Mein Smartphone ließ ich in der Wohnung zurück, die wir gemietet hatten – vergiss Instagram.

»Das ist fröhliches hy-geeeh«, rief Nick, wobei seine Worte von der warmen Brise verweht wurden.

»Am meisten hyg-geeeh-hyggelig von allem«, grinste ich. »Wir haben es kapiert.«

Aber hatten wir das wirklich? Um uns in unserem Haus wohlzufühlen, mussten wir erstmal dafür sorgen, dass wir dort mehr Zeit miteinander verbrachten.

6
Frankreich

Sei die Geliebte deines Ehemannes

»Amerikanische Männer haben Angst vor amerikanischen Frauen. Kann man ihnen das verübeln?«

Das sagte Poupie Cadolle, die Chefin des ältesten und nobelsten Unternehmens für Wäsche und Dessous in Frankreich, rundheraus, als ich mich mit ihr in Paris traf.

»Amerikanische Frauen sind einfach zu wenig darum bemüht, ihre Ehemänner glücklich zu machen.«

»Nein. Ach, das glauben Sie doch nicht im Ernst, oder?«

Sie nickte, sagte aber nichts mehr. Poupie glaubte es.

Ich wusste nicht, was ich antworten sollte. Ich bemühte mich doch darum, Nick glücklich zu machen. Oder etwa nicht?

Poupie, die rotblondes Haar und eine offene Art hat, ist seit mehr als vierzig Jahren glücklich verheiratet und führt ein Wäscheunternehmen, das sie zur Anthropologin der menschlichen Intimität gemacht hat. Wie eine Schnellfeuerwaffe lieferte sie mir weitere Häppchen dazu, warum französische Frauen sich besser zur Ehefrau eigneten als amerikanische.

»Für eine französische Frau sind hübsche Dessous Teil ihrer Persönlichkeit. Sie hebt sie sich nicht für eine besondere

Gelegenheit auf. Sie trägt sie, weil sie sich jeden Tag schön fühlen möchte. Amerikanische Frauen tragen Unterwäsche wie eine Uniform.« (Ich durfte Poupie auf keinen Fall verraten, dass ich seit drei Tagen denselben verwaschenen weißen BH trug.)

»Französische Frauen bemühen sich stets, ihren Ehemännern zu gefallen. Es ärgert sie nicht, wenn er darauf besteht, dass sie ein bestimmtes Dessous trägt. Das gefällt ihr. Sie will, dass er ihr sagt, was sie anziehen soll.

Französische Frauen lieben Männer. Wir lieben es, verheiratet zu sein. Wir tun alles, um verheiratet zu bleiben.«

»Ich liebe Männer«, beteuerte ich. Das war eine Lüge. Ich liebte Nick, aber generell hielt ich die meisten Männer für ziemliche Idioten.

»Männer und Frauen sind nicht gleich.« Poupie hob eine Augenbraue. »Wenn Sie wollen, dass die Ehe funktioniert, müssen Sie sich vom Feminismus verabschieden.«

Mist. Sie machte mich nervös.

»Französische Frauen wollen, dass ihre Ehemänner glücklich sind, und sie wollen das nicht, weil sie schwach oder dumm sind. Ich bin nicht schwach oder dumm.«

Niemals würde irgendwer auf den Gedanken kommen, Poupie Cadolle für schwach oder dumm zu halten.

Wochen vorher in San Francisco gingen Nick und ich mit einem anderen Pärchen zum Essen. Die beiden waren ungefähr in unserem Alter und seit fünf Jahren verheiratet. Und davor waren sie schon fünf Jahre zusammen gewesen. Nick und ich waren damals gerade zehn Monate ein Paar. Wir waren nicht wirklich in der Position, über eine Beziehung von der Dauer einer Dekade zu urteilen.

Sie kam zu früh, er zu spät. Ihr höhnischer Blick, als er endlich das Lokal betrat, weckte in mir das Bedürfnis aufzustehen, ihn zu umarmen und ihm einen Willkommenskuss zu geben. Während des gesamten Essens rollte sie jedes Mal mit den Augen, wenn er einen Scherz machte, und sprach mit ihm in einem Ton, der sehr kleinen Kindern oder Hündchen vorbehalten sein sollte. Im Gegenzug warf er sehnsüchtige Blicke auf den Hintern der Kellnerin, während wir darüber diskutierten, ob wir halbflüssigen Schokoladenkuchen bestellen sollten. Traurigerweise kenne ich solche Verhaltensweisen von vielen verheirateten Freundinnen. Nach einem Jahr oder zwei sind sie ihres Ehepartners überdrüssig, leicht reizbar und degradieren ihn innerlich vom Geliebten zum Freund und dann zum nervigen Mitbewohner, der nie den Geschirrspüler ausräumt. Es gibt wenige Dinge, die mich an Nick nerven. Das Gleiche gilt umgekehrt. Nach drei Bieren wird er zum sozialistischen Philosophen, er verbessert meine Grammatik, er besteht darauf, Flüge so zu buchen, dass wir möglichst viele Vielfliegermeilen erhalten, und sieht mich entsetzt an, wenn ich Wasser aus der Flasche anstatt aus dem Hahn trinke. Ich hasse seine schicke Chemex-Kaffeemaschine, weil mir die Geduld für snobistisch langsam tröpfelndes Koffein fehlt.

Vielleicht liegt es in der Natur des Ehealltags – die Wiederholung, die Routine und die ständige Nähe eines anderen Menschen –, dass man so gefährlich leicht vergisst, warum man sich überhaupt in den anderen verliebt hat, und nach Unzulänglichkeiten sucht, wo man vorher nur Freude empfunden hat.

Ich dachte immer wieder darüber nach, ob ich so werden *musste*. Brachte Vertrautheit notwendigerweise Geringschätzung mit sich? Französische Frauen glauben nicht, dass das so sein *muss*.

Wenn Sie das nächste Mal in Paris sind, achten Sie mal darauf, wie französische Ehemänner ihre Frauen ansehen. Sogar nach vielen Ehejahren, nach der Geburt von Kindern, nach dem Verlust des Arbeitsplatzes und nachdem sie die Elastizität in allen entscheidenden Körperteilen eingebüßt haben, nach Techtelmechteln mit anderen Frauen, Niederlagen und Erfolgen betrachten französische Ehemänner ihre Frauen immer noch mit einer spürbaren Mischung aus Leidenschaft und Neugier.

Nick plante eine Reise nach Paris, um dort über die Klimakonferenz COP 21 zu berichten, einer der größten Aufträge seiner Journalistenkarriere. Präsidenten, Premierminister, Firmenchefs, Prominente und Journalisten würden sich in der Stadt der Liebe und der Lichter versammeln. Ich nahm mir eine Woche Urlaub, um ihn zu begleiten und die ganzen Käsesorten zu probieren, während ich dem Geheimnis nachspürte, wie es französischen Frauen gelang, in langjährigen Beziehungen das Feuer in Gang zu halten. Lange bevor jeder wegen des Buchs *Warum französische Frauen nicht dick werden: Lebenslust macht schlank* frohlockte, hatte ich bereits festgestellt, dass französische Frauen über das Talent verfügten, nichtfranzösischen Frauen Ratschläge zu erteilen. Einen unbezahlbaren Ratschlag erhielt ich in meinen Zwanzigern von einer unglaublich schicken Redakteurin der französischen *Vogue*, neben der ich einmal bei einer Modenschau in Paris saß. Mein Haar war zerzaust, ich war ungeschminkt und roch am frühen Morgen noch nach den billigen Martinis vom Vorabend. Sie sah mich an und meinte: »Tragen Sie immer roten Lippenstift. Dann merkt niemand, dass Sie einen Kater haben.« Während der letzten zehn Jahre trug ich, egal wo ich war, immer einen Lippenstift – Chanel Rouge – mit mir herum, und er hat mir gute Dienste geleistet.

»Ich werde wie eine Französin packen«, verkündete ich am Abend vor unserer Abreise, während ich Kleidungsstücke zusammenfaltete und in meinen Koffer legte.

»Ich weiß nicht, was das heißt, Spatz«, sagte Nick, der gerade sorgfältig seine neun praktischen Dinge einpackte, die er auf jede Reise mitnimmt (eine Jeans, zwei Hemden, einen Pullover, zwei T-Shirts, ein Sakko, ein Paar schicke Schuhe und Wandersandalen).

Ich drehte mich wie eine Ballerina und stieß mit dem Schienbein gegen den Bettpfosten. »*Mist! Aua!* Das heißt, dass ich mit leichtem Gepäck reisen werde.« Meine französischen Freundinnen halten lediglich eine sehr begrenzte Anzahl von Kleidungsstücken für unerlässlich – Lederjacke, Röhrenjeans, Ballerinas und einen Trenchcoat. Ich erklärte Nick, dass ich diese Dinge einpacken würde, und dazu einen Pullover, den ich mir zwanglos über die Schulter hängen wollte.

»Ist es zwanglos, wenn du dir vornimmst, dass er zwanglos über deiner Schulter hängen soll?«, fragte Nick, und ein ironisches Lächeln umspielte seine Lippen.

Ich rollte nur mit den Augen. Mein sehr amerikanisches Bedürfnis, auf alle Eventualitäten vorbereitet zu sein, siegte über meinen Wunsch, französisch zu wirken, und ehe ich mich versah, hatte ich zwei Koffer mit vier Kleidern, fünf Hosen, drei Paar Schuhen, fünf Pullovern, zwei Röcken, einem Umhang und drei Yogahosen gefüllt – für eine sechstägige Reise.

Ich landete eine Stunde vor Nick in Paris (getrennte Flüge maximieren Vielfliegermeilen, so in etwa hatte er es mir erklärt). Als ich mich am Flughafen Paris-Charles-de-Gaulle in die Schlange stellte, um mir einen Kaffee und ein *Pain au chocolat* zu bestellen, saß in dem Café ein Paar, von dem ich den Blick nicht lösen konnte. Der Mann hatte eine sehr französisch aussehende Nase, knochig und gebogen, aber nicht unattraktiv. Seine Nase erinnerte mich an die von Serge Gainsbourg, auch wenn ich mich an das übrige Gesicht des Sängers nicht mehr erinnerte. Seine Haare waren kurz, aber voll, und er trug auf selbstverständliche Pariser Art einen Rollkragenpullover. Die Frau war schön. Nun ja, ich habe auch noch nie eine *hässliche* Französin gesehen. Sie nehmen Nichtperfektsein auf eine so selbstbewusste Art an, dass alle französischen Frauen schön erscheinen, ungeachtet ihrer Gesichtszüge.

»Überlassen wir die schönen Frauen den Männern ohne Fantasie«, schrieb einst der französische Schriftsteller Marcel Proust. Die Franzosen haben für die Schönheit, die mit fehlender Perfektion einhergeht, sogar einen eigenen Ausdruck, *jolie laide*, was man mit »schöne Hässliche« übersetzen könnte. Die Frau war groß und dünn, hatte schmale Lippen und hervorstehende Wangenknochen, sie sah elegant aus und wirkte auf eine mondäne Art unbeschwert. Ihr Mann betrachtete sie, als sei sie der einzige Grund, warum es sich für ihn zu leben lohnte.

Bevor Nick über die Konferenz berichten musste, hatten wir einen Tag für uns. Wir verbrachten ihn mit Spazierengehen, Reden, Essen und Trinken. Als wir uns an einem Straßenstand vor dem Louvre für nur zwei Euro Glühwein kauften, lag der köstliche Geruch heißer Maronen in der Luft. Einige meiner amerikanischen Freunde behaupten, Franzosen seien Snobs, worauf ich erwidere: »Würden Snobs Rotwein in einem Topf erhitzen und auf der Straße in einem Styroporbecher servieren?« Wir zündeten für Jeanne d'Arc eine Kerze in der Kathedrale von Notre-Dame an und aßen *Frites* in einer Bar, in der neben uns ein Hund mit einer Trikolore um den Hals Schweinehack aß. Wir liefen und liefen. Wir liefen durch Avenuen, Straßen und Gassen, alles durcheinander: Rue du Temple, Rue de L'Abreuvoir, Cour du Commerce, Rue Crémieux, Avenue Winston Churchill, Quai de Jemmapes. Ich blieb stehen, um die klobigen Liebesschlösser auf der Pont des Arts zu bewundern – Vorhängeschlösser, auf die Pärchen als Symbol ihrer Liebe ihre Namen oder Initialen schrieben, sie an einem öffentlichen Ort befestigten und den Schlüssel dann gemeinsam wegwarfen.

»Wenn ich meine Liebe zu dir mit einem Schloss besiegeln wollte, würde ich es nicht hier anschließen, mit all den anderen. Ich würde mir eine hübsche kleine Brücke irgendwo in Omaha suchen«, sagte Nick.

Ich hakte mich bei ihm unter und bewunderte die bunte Sammlung von Vorhängeschlössern am Brückengeländer. »Was glaubst du, wie die Franzosen zur Untreue stehen?« Ich war der Ansicht, dass die Franzosen in der Hinsicht toleranter waren, vielleicht sogar eine offene Ehe akzeptierten. »Was hältst du generell von … Betrug?«, fragte ich und machte einen Gedankensprung von der Liebe, die einen Schlösser anschließen lässt, zu jener Liebe, die einen dazu bringt, sie aufzubrechen.

»Na, da solltest du wahrscheinlich meine acht Geliebten fragen«, scherzte Nick und blieb stehen, um ein Foto von der Seine zu machen. Ich blieb ebenfalls stehen. Ich habe ein ernsthaftes Problem mit Betrug. Eigentlich habe ich ein Problem mit dem Betrogenwerden. In den fünfzehn Jahren, bevor ich Nick heiratete, hatte ich alles in allem sieben ernsthafte Beziehungen, in fünf von ihnen wurde ich betrogen. Ein Mann hatte mich in einem einzigen Jahr mit siebenunddreißig Frauen betrogen, was ich für eine Art Weltrekord halte, wobei die Antwort vom Guinnessbuch der Rekorde noch aussteht. Mein Vater hat die Aufmerksamkeit anderer Frauen neben meiner Mutter sehr genossen, manchmal sogar bis zu einem ungeheuerlichen Ausmaß. Es war ein ernsthaftes Problem für mich, und Nick begegnete dem mit einer Nonchalance, die mich ärgerte. Er hat noch nie ernsthaft jemand anderen betrogen. »Er würde noch nicht einmal auf die Idee kommen«, hatte seine Ex-Freundin Jen mir versichert. »Betrug ergibt für ihn keinen Sinn. Er wäre komplett verwirrt, wenn eine andere Frau ihn anmachen würde.« Oder wie Glynnis es ausdrückte: »Herzlichen Glückwunsch. Du hast die Ehe-Olympiade gewonnen. Nicht nur, dass du jemanden geheiratet hast, der gut aussehend, lieb und fürsorglich ist. Du hast nicht deinen Vater geheiratet!« Doch egal, wie sehr ich Nick vertraute, ich konnte mich nicht von der Überzeugung befreien, dass unter den entsprechenden Umständen alle Männer zum Betrug fähig waren.

Zwischen 20 und 40 Prozent der amerikanischen verheirateten, heterosexuellen Männer haben in ihrem Leben eine außereheliche Affäre. Bei den Frauen liegt die Zahl bei 20 bis 25 Prozent. Und das, obwohl eine große Mehrheit der Amerikaner es für falsch hält, eine Affäre zu haben, für inakzeptabel, gar für unverzeihlich! Die Franzosen sehen das ein bisschen anders.

Laut einer Untersuchung des Pew Meinungsforschungsinstituts finden nur 47 Prozent der Franzosen es nicht in Ordnung, eine außereheliche Affäre zu haben. Frankreich war das einzige der 39 befragten Länder, in dem weniger als 50 Prozent der Befragten Untreue für nicht akzeptabel hielten. In Amerika waren es 84 Prozent. Der Wahrheit die Ehre: In beiden Ländern hat es prominente Affären gegeben, der Unterschied ist, dass eine Person des öffentlichen Lebens in Frankreich wahrscheinlich nicht dafür gegeißelt wird.

Napoleon war berühmt für seine Untreue gegenüber seiner Ehefrau Josephine, dennoch behauptete er, sie sei die Liebe seines Lebens gewesen. Der französische Präsident Félix Faure starb 1899 sogar in den Armen seiner Geliebten. Als François Mitterand, der am längsten amtierende Präsident, 1996 starb, standen Ehefrau und Geliebte bei seiner Beerdigung, zusammen mit den jeweiligen Kindern, Seite an Seite an seinem Grab. Die berühmten französischen Intellektuellen Simone de Beauvoir und Jean-Paul Sartre vereinbarten, ihrem Herzen zu folgen, wenn es sie in die Betten anderer zog. Sie durchlebten Hochs und Tiefs, doch ihre aufgeschlossene Beziehungsphilosophie führte zu einer langen, erfolgreichen Liebesbeziehung, obwohl sie niemals verheiratet waren.

Aber nicht alle französischen Frauen nehmen Untreue mit einer solchen Gelassenheit hin.

In jüngster Vergangenheit, als bekannt wurde, dass der damalige Präsident François Hollande eine Affäre mit einer Journalistin hat, schmiss seine langjährige Partnerin Ségolène Royal ihn aus dem Haus. Das ist jedoch noch nicht das Ende der Geschichte; schließlich sind wir in Frankreich. Royal tolerierte es zwar nicht, dass der Mann, den sie liebte, mit einer anderen Frau schlief. Aber sie arbeitete weiter mit ihm als politische Verbündete zusammen. Einige Jahre später wurde Royal Wirtschaftsministerin in Hollandes Kabinett, faktisch Vizepräsidentin und seine engste Ratgeberin. Die beiden führten eine platonische und gut funktionierende Beziehung, aber keine romantische. Ich begegnete Royal zufällig auf der COP-21-Konferenz im Wirtschaftsministerium und bewunderte ihre Selbstsicherheit, Gelassenheit, Schönheit, Reife und ihren pinkfarbenen Kaschmirmantel. Den ganzen Abend über sammelte ich Mut, um sie nach ihren Ansichten über die Liebe und langjährige Beziehungen zu fragen. Als ich schließlich genug Champagner getrunken hatte, dass ich so weit war, versuchte ich, an ihrem wundervollen Mantel zu zupfen, wurde jedoch von ihrem Bodyguard freundlich zur Seite geschoben.

Nachdem es mir nicht gelungen war, mit der mächtigsten Frau Frankreichs über Untreue zu sprechen, fragte ich meine Freundin Helene, ob Untreue ihrer Ansicht nach in Frankreich weniger verpönt sei als in Amerika. Helene arbeitet in Paris als Model und hat zwei Kinder mit ihrem langjährigen Lebensgefährten. Ich fürchtete, sie würde gleich auf mich losgehen.

»Möchte ich, dass mein Mann eine andere vögelt?«, stieß sie hervor. »Nein. Das will ich nicht, und es ist ein albernes Klischee von euch Amerikanern, dass wir Französinnen das wollen.«

Nachdem ich mich bei ihr entschuldigt und ihr von meinen eigenen Erfahrungen mit Untreue erzählt hatte, beruhigte sie sich. »Schon okay, Herzchen. Ihr Amerikanerinnen habt viele alberne Vorstellungen. Ich sage dir, wie es ist, okay? Es stört mich nicht, wenn mein Präsident Sex mit anderen Frauen hat«, sagte Helene. »Das geht mich nichts an. Aber ein Mann, der seine Frau nicht respektiert und ihr Dinge verheimlicht, behandelt sie nicht anständig«, sagte sie. »Natürlich hoffe ich, dass mein Mann das nicht mit mir macht.«

»Und was wäre, wenn er es doch täte?«, hakte ich nach.

Sie überlegte eine Weile. »Ich liebe meinen Mann sehr. Ich hoffe schwer, dass er auch morgen noch an meiner Seite ist.« Das stimmte. Die beiden waren besessen voneinander. »Aber das ist Arbeit. Er muss mich immer noch jeden Tag erobern. Und ich muss dafür sorgen, dass er mich jeden Tag will. Ich muss mich darum bemühen«, sagte sie mit ihrer tiefen, heiseren Stimme, die so sexy klang, dass ich sofort wieder mit dem Rauchen anfangen wollte. »Und weißt du, was wichtig ist: Ich will diese Arbeit tun.«

Ich nickte. Natürlich wollte ich nicht so wirken, als würde ich diese Arbeit verweigern. Aber es klang anstrengend: jeden Tag dafür zu sorgen, dass dein Ehemann dich will! Eine Sache, die ich am Verheiratetsein genoss, war, dass der permanente Zwang zur Eroberung vorbei war. Ich zog mich nicht mehr an, um Männern zu gefallen. Ich zog mich an, um mir selbst zu gefallen. Es scherte mich nicht mehr, wie mein Po in einer Jeans aussah oder ob der tiefe Ausschnitt meines Oberteils meinen Freund davon abhielt, mich seiner Mutter vorzustellen. Dass ich mich um diese Dinge nicht mehr zu kümmern brauchte, gab mir Energie für andere Projekte. Ich konnte ganze Romane lesen, Yogakurse besuchen, *Broad City* bis zum Exzess gucken und einen dürreresistenten Kräutergarten anlegen. Doch davon ließ Helen sich nicht umstimmen, und vielleicht hatte sie recht. Vielleicht verfallen manche Ehen in einen Trott, weil wir zulassen, dass aus Gelassenheit Faulheit wird. Vielleicht sollten wir alle ehrlicher darüber sprechen, was nötig ist, um Leidenschaft und Liebe auf Dauer zu erhalten.

»Ich will nicht, dass er abends nach Hause kommt und mich auf den Mund küsst, ohne mich auch nur anzuschauen«, fuhr Helen fort. »Ich bin nicht an einer mittelmäßigen Beziehung interessiert. Damit würde ich mich nicht zufriedengeben.«

»Ich auch nicht«, stimmte ich mit plötzlicher Inbrunst zu. *Vive la France*!

Das Symbol der französischen Republik ist eine Frau: Marianne, eine Kriegsgöttin mit einem Bajonett in der einen Hand und der französischen Flagge in der anderen. Sie ist nicht nur bewaffnet und sieht ein wenig Furcht einflößend aus, sie stellt auch ganz offen ihre üppigen Brüste zur Schau. Sie ist leidenschaftlich, wundervoll, sinnlich und fürsorglich – alles in einem. Ich habe das von meiner eigenen Freundin Marianne erfahren, einer weiteren Pariserin. Wir lernten uns kennen, als sie nach ihrem Studium in New York noch zehn Jahre in den Vereinigten Staaten lebte. Erst kürzlich war sie mit ihrem Ehemann Jean-Paul nach Frankreich zurückgegangen. Ein paar Tage, nachdem Nick und ich in Paris angekommen waren, lud Marianne einige ihrer sehr französischen Freundinnen in ein gemütliches kleines Café im Marais-Viertel ein, damit ich mich mit ihnen unterhalten konnte. Sie waren ganz unterschiedlichen Alters, alle waren verheiratet oder lebten in langjährigen Beziehungen. Es war eins dieser Cafés mit roten Rattanstühlen, in dem man noch rauchen durfte, ohne dafür wütend angestarrt zu werden. Französische Frauen sind untereinander unglaublich soziale Wesen, allerdings misstrauisch gegenüber Außenstehenden, und ich freute mich, bei ihrer Zusammenkunft dabei sein zu dürfen.

Ich hatte mein Outfit, das aus einer Röhrenjeans, einem rot-weiß gestreiften T-Shirt und konservativen gelben Loafern bestand, sorgfältig ausgewählt, um den Pariser Chic nachzuahmen. »Streifen stehen dir gut, Coco«, sagte Nick, bevor ich ging. »Du siehst wie eine Französin aus.« Als ich jedoch im Café eintraf, sahen die anderen Frauen in ihren Leinenhosen, makellosen Blusen und Pullovern, die wirklich lässig über ihren Schultern hingen, eindeutig schicker aus als ich. Jede von ihnen machte eine elegante Figur, und ihr Aussehen war Teil ihres öffentlichen Auftritts. Ich fühlte mich wie ein Kind, das gerade gelernt hat, sich alleine anzuziehen.

Als alle saßen, reichte der Small Talk von französischer Politik übers Wetter bis hin zum beunruhigenden Aufstieg Donald Trumps in der amerikanischen Politik.

»Er sieht aus wie ein großer Kobold, nicht? Im Grunde ist er orange«, bemerkte eine Frau. Französische Frauen haben eine dezidierte Meinung über alles, angefangen von Mode über Politik bis hin zu *Coq au Vin*. Sie sind immer für eine Diskussion zu haben, und ich vermute, dass ihre Neugier und ihre Bereitschaft, verbal mit jemandem in den Ring zu steigen, ihre Ehemänner auf Zack hält – ein weiterer Aspekt, weshalb sie für ihre Partner auch nach langer Zeit noch interessant sind.

»Mir tut seine Frau leid«, schaltete sich eine andere Frau in das Gespräch über Donald Trump ein. »Was hat er ihr schon zu bieten, außer Geld? Wie hält sie es nur mit ihm aus? Was sagt sie sich, wenn sie mit ihm ins Bett geht?«

Nun verlagerte sich das Gespräch auf das Thema Ehe, zunächst auf die von Donald Trump, dann wurde es allgemeiner. Als Erstes lernte ich von diesem Aufgebot an Pariserinnen, dass die Ehe in Frankreich nicht die gleiche Bedeutung hat wie in Amerika. Ähnlich wie bei den Dänen führen Männer und Frauen in Frankreich, insbesondere in städtischen Gegenden, jahrelange Beziehungen, leben zusammen, haben Kinder miteinander, heiraten aber womöglich nie.

»Wir brauchen kein Stück Papier, um zu beweisen, dass wir uns lieben«, sagte Elena, eine Frau in den Zwanzigern mit einem alarmierend kurzen Pony, der ihr gut stand. »Französische Frauen glauben nicht an eure albernen Märchen.« In Paris, wenn auch nicht unbedingt im Rest von Frankreich, sind es oft die Frauen, die um die Hand des Mannes anhalten (oder einfach sagen, »es ist Zeit zu heiraten«). Anstelle eines protzigen Verlobungsrings mit Diamanten entscheiden sie sich für einen schlichten schmalen Goldring. Sie heiraten lieber in einem kleinen Rathaus und in einem sexy Kleid, das sie auch danach immer wieder tragen können, und anschließend stoßen sie in ihrem Lieblingsbistro mit Champagner an.

Vom Gespräch über Hochzeiten gingen wir über zum Ratgeberteil des Nachmittags oder vielmehr zur Einführung der Amerikanerin in die Kunst und Wissenschaft der französischen Liebesbeziehung.

»Schlaft mindestens einmal pro Woche getrennt, damit er dich vermisst«, sagte eine andere von Mariannes Freundinnen, deren Name wie ein gehauchtes Flüstern klang und an dessen Aussprache ich verzweifelte.

»Flirte mit deinem Ehemann. Aber richtig«, schaltete sich Alix ein, eine Ärztin in den Vierzigern, die seit fünfzehn Jahren verheiratet war.

»Eigentlich solltest du mit jedem flirten. Ihr Amerikaner seid so prüde, was das Flirten angeht.« Mir war bereits aufgefallen, dass beide Partner eines Paares gern mit anderen Männern beziehungsweise Frauen flirten, insbesondere dann, wenn der jeweilige Ehepartner zugegen ist. Ein französischer Gastgeber würde ein Pärchen bei einem Abendessen niemals nebeneinander platzieren. Das Mischen der Geschlechter ist ebenso erwünscht wie ein gesunder Flirt.

»Es sorgt für Spannung, und Männer finden es sexy, wenn sie sehen, dass ein anderer ihre Ehefrau begehrt«, bemerkte das gehauchte Flüstern.

»Je mehr du dich selbst liebst, umso mehr wird dich dein Ehemann lieben«, fügte Marianne hinzu, als würde sie einem sehr kleinen und nicht unbedingt sehr schlauen Kind etwas absurd Einfaches erklären. »Amerikanerinnen glauben, dass sie für ihre Erfüllung einen Mann brauchen. Wir finden unsere Erfüllung in uns selbst, und dann suchen wir einen Mann, der uns auf unserer Reise begleitet. Es ist sehr einfach. Dein Ehemann muss wissen, dass du dich in deiner Haut wohlfühlst. Dann wird er sich auch wohlfühlen. Nichts von dem jammernden ›Oh nein, ich sehe in diesem Kleid so fett aus. Ich habe Pickel im Gesicht. Ich sehe alt aus‹. Er glaubt dir, was du ihm über dich erzählst. Du sagst ihm, dass du dich schön fühlst, schlank, jung und sexy, und so sieht er dich dann. Das macht ihn zufrieden und glücklich.«

Wie oft hatte ich Nick gegenüber meinen Hüftspeck beklagt oder einen gigantischen Pickel im Gesicht oder ihm gesagt, dass die Falten auf meiner Stirn mich aussehen ließen wie Ruth Gordon in *Harold und Maude*.

»Dein Ehemann will, dass du ihm sagst, was er tun und

denken soll. Es ist, als würdest du einen Computer programmieren«, sagte Alix. »Oder einen Hund abrichten.«

»Sieh ihn an, als wolltest du ihn vögeln«, lachte Marianne. »Sex heilt alle Wunden.«

»Hör auf, bei offener Tür zu pinkeln. Warum pinkelt ihr Amerikanerinnen bei offener Tür? Behaltet ein paar Dinge für euch!«

»Spiel die Rolle der perfekten Frau, selbst wenn du dich gerade überhaupt nicht so fühlst.« Das war das absolute Gegenteil dessen, was Nick und ich in Mexiko von Bobby Klein gelernt hatten. Er hatte uns angewiesen, uns immer alles zu erzählen, was wir dachten und fühlten. Aber vielleicht gab es da eine feine Grenze? Vielleicht kann man es auch zu weit treiben. Ich dachte an das Gespräch, das ich gerade an jenem Morgen mit Nick geführt hatte. Vermutlich hätte ich da besser geschwiegen.

Ich: Ich glaube, ich habe heute Morgen vergessen, Deo zu benutzen. Rieche ich komisch?
Nick: Nein.
Ich: Riechst du mich?
Nick: Nein.
Ich: Sag schon.
Nick: Für mich riechst du immer gut.
Ich: Ich denke trotzdem, dass ich eklig riechen könnte.

Es gefiel mir, mich mit diesen Französinnen zu unterhalten. Sie brachten mich dazu, einige lang gehegte Überzeugungen über das Frausein, das Ehefrausein und die Ehe auf eine Art zu überdenken, die unbequem und anregend war. Allerdings konnte ich den schnellen Antworten in einem

Gemisch aus Englisch und Französisch nicht immer folgen und hatte Schwierigkeiten, gleichzeitig mein Notizbuch und mein Weinglas auf dem Schoß zu balancieren. Darum trank ich den Wein rasch aus und konzentrierte mich darauf mitzuschreiben, was sie sagten.

Eine Frau zitierte die französische Schriftstellerin Camille Laurens: »Wenn du Verlangen empfindest, sind Worte überflüssig. Sprechen tötet die Lust.«

Das schien ein Paradoxon zu sein, da Französinnen doch so offen waren, und das sagte ich ihnen auch.

»Du hast das nicht richtig verstanden. Was wir meinen, ist, dass du deine Worte mit Bedacht wählen solltest. Rede über Dinge, die interessant sind, und überlass das Nörgeln seinen Kollegen. Lass dich nicht auf kleine Streitereien ein, rede nicht über unwichtige Kleinigkeiten. Und das Allerwichtigste, sei niemals langweilig.« Das erinnerte mich an den *Hygge*-Eid – beklagt euch nicht, habt Spaß miteinander, lasst Dramatisches vor der Tür.

»Wenn ihr zum Essen ausgeht, schalte dein verfluchtes Telefon aus, und rede nicht von Alltagsdingen. Rede nicht über deine Arbeit, die Wäsche oder die kaputte Toilette. Würde ein Mann mit seiner Geliebten über die kaputte Toilette sprechen?«

»Hat eigentlich jeder in Frankreich eine Geliebte?«, fragte ich in genau der gleichen unvoreingenommenen Tonlage, mit der ich all die anderen Fragen gestellt hatte.

Genauso gut hätte ich die pauschale Vermutung äußern können, dass alle Französinnen Welpen töten. Es wurde still in der Runde, und ich starrte zu Boden, zuerst ein bisschen beschämt, doch dann wurde ich von den ganzen spitzen Schuhen abgelenkt, auf die mein Blick unter dem Tisch fiel. Marianne brach als Erste das Schweigen, und ihre Antwort entsprach dem, was Helen gesagt hatte.

»Niemand möchte betrogen werden. Keine Frau will einen Mann, der eine andere hat. Und passiert das? Manchmal. Wir wollen es aber nicht. Wenn du dich wie seine Geliebte verhältst, ist die Wahrscheinlichkeit geringer, dass es passiert.«

Die anderen Frauen stimmten einmütig zu. Keine wollte, dass ihr Mann sie betrog. Sie behaupteten, dass keine von ihnen ihren Mann jemals betrogen hatte. Würden sie es zugeben, wenn sie es getan hätten? Ich weiß es nicht. Aber was ich weiß, ist, dass sie ziemlich angriffslustig an ihren äußerst dünnen Zigaretten zogen, während sie schworen, immer treu gewesen zu sein.

»Würde ich gerne mal mit einem anderen Mann vögeln?«, sagte eine von ihnen. »Natürlich. Wer will das nicht irgendwann? Aber es ist wesentlich interessanter, mich davon abzuhalten, mit jemand anderem zu vögeln.«

Ihre Gedanken zu diesem Thema waren klar und entschieden. Da ich meine neuen Freundinnen nicht verstimmen wollte, lenkte ich das Gespräch schnell wieder zurück auf das Thema, wie ich die Begeisterung meines Ehemannes für mich aufrechterhalten konnte.

»Was bedeutet es, sich wie seine Geliebte zu verhalten?« Ein unbeholfener Flirt mit einem Universitätsprofessor mittleren Alters, der nicht über ein paar peinliche SMS hinausging, war das Einzige, was ich in Richtung Affäre je erlebt hatte.

»Lauf nackt herum oder in schöner Wäsche, aber zeig dich ihm nie in Jogginghosen«, sagte Marianne. Sie sprach das Wort »Jogginghosen« aus wie andere Leute »abgeschnittene Fußnägel«. Vermutlich würden diese Frauen kaum verstehen, wie viel Geld ich gerade für hübsche Yogaklamotten ausgegeben hatte.

»Gib ein Vermögen für Unterwäsche aus«, forderte das zurückhaltende grauhaarige Oberhaupt der Runde, das schicke Röhrenjeans und einen feinen Schal trug.

Ich verstehe, dass sich manche Frauen von dem Appell, sich stets hübsch und weiblich zu kleiden, angegriffen fühlen könnten. Ich musste an meine Schubladen voller Jogginghosen denken und dass ich ganze Wochenenden in Schlabberhosen verbracht hatte. In Wahrheit war es egal, was ich trug. Bei Nick fühle ich mich immer total sexy. Trotz der mehr als zehn Kilo, die ich nach der Hochzeit zugelegt habe, einem pickeligen Gesicht und einem manchmal aufgeblähten Käse-Bauch, sogar mit einem neuen Haarschnitt, mit dem ich dem kleinen Jungen aus *Die unendliche Geschichte* mehr ähnele, als mir lieb ist, und sogar, wenn ich ganz schlimme Jogginghosen trage.

Für manche Frauen bedeutet sexy und selbstsicher vielleicht hübsche Wäsche. Andere verbinden damit womöglich etwas anderes. Diese Erkenntnis nahm ich von den eleganten französischen Mädels mit. Kleide dich so, dass du dich sexy, schön und lebendig fühlst. Ich überlegte, dass diese Weisheit nicht rein französisch war.

Die ältere Frau, jene, die die Wäsche erwähnt hatte, sah mich nachdenklich an. »Du findest das albern. Das spüre ich. Aber das ist es nicht. Ich bin seit vierzig Jahren glücklich verheiratet.«

Ich sollte wissen, wann ich still sein und mich dennoch interessiert zeigen sollte. Ich sollte meinen Ehemann unter Kontrolle haben und ihm gleichzeitig mit ruhiger Gelassenheit vertrauen. In ihrer eigenen Beziehung verachteten sie Ehebruch, akzeptierten ihn aber bei anderen und empfahlen gar, sich wie eine Geliebte zu verhalten und mit anderen Männern zu flirten. Die widersprüchlichen Geheimnisse der Französinnen genügten schon, um *mich* zu faszinieren. Kein Wunder, dass es bei ihren Ehemännern so gut funktionierte.

Ich wollte mehr über die Obsession der Französinnen für sexy (und unglaublich teure) Unterwäsche erfahren. Was ich bisher gelernt hatte, war, dass Dessous für Pariserinnen nicht einfach Unterwäsche waren. Sie sind eine Kunst, eine Notwendigkeit, und mögen einer der vielen Gründe sein, weshalb französische Ehemänner ihre Frauen betrachten, als wären sie die vollkommensten Geschöpfe auf der Welt. Sie sind fasziniert von dem, was sich ihren Blicken entzieht.

So stieß ich auf Poupie. Die Expertin für französische Lingerie. Poupies Ururgroßmutter Herminie hat einen der ersten BHs erfunden.

Herminie war eine Revolutionärin, eine Anarchistin, ein Feger und wurde, wie Poupie mir erzählte, im 19. Jahrhundert aufgrund ihrer radikal-feministischen Ansichten des Landes verwiesen. Sie floh nach Argentinien. Bevor sie ausreiste, zitierte die Pariser Tageszeitung *Le Figaro* eines ihrer Statements. Sie erwarte nicht, dem Mann gleichgestellt zu werden, aber sie erwarte, genauso viel Geld zu verdienen wie er. In Argentinien stieg Herminie ins Korsett-Geschäft ein, sah in dem Korsett jedoch bald nur eine weitere Beschränkung der Frauen, die ihnen das Patriarchat auferlegte. Der Bauch muss frei sein, meinte sie. Frauen verdienten es zu atmen. Und so enthüllte Herminie 1889 auf der Weltausstellung in Paris ein geniales Produkt. Sie hatte ein klassisches Korsett in zwei Teile geschnitten und damit den weltweit ersten modernen BH erfunden. Er bestand aus Spitze, dehnbaren Trägern und Bügeln aus Walknochen, die Herminie eigenhändig erhitzt und geformt hatte.

Es war ein spektakulärer Reinfall.

Aber Herminie ließ sich nicht beirren. Sie reiste um die ganze Welt – von Paris nach London, nach St. Louis und nach San Francisco –, um die Vorzüge eines von der Fessel des Korsetts befreiten Frauenbauchs zu preisen, doch niemand hörte ihr zu. Bald danach brach der Erste Weltkrieg aus, und auf der ganzen Welt fingen Frauen an zu arbeiten. Wenn man nicht richtig atmen kann, ist es nahezu unmöglich, schwer zu arbeiten. Dies ist eine der Geschichten, wie der BH, wie wir ihn heute kennen, vom Flop zum Erfolg wurde.

Herminies Urenkelin Alice vergrößerte das BH-Unternehmen und wurde zur Legende, da sie sowohl Coco Chanel als auch die Herzogin von Windsor mit feiner Unterwäsche der Marke Cadolle ausstattete – Unterkleider, BHs und Slips in allen Farben des Regenbogens sowie mit hauchzarter französischer Spitze und Schleifen besetzt.

Heute führt Poupie das Unternehmen. Sie hat eine exklusive Kundschaft, sehr wohlhabende, modebewusste Frauen, die regelmäßig nach Paris reisen, nur um Poupie in ihrem Atelier aufzusuchen, das sich gegenüber von Chanel in der Rue Cambon befindet. Innerhalb von sechs Wochen kommen sie zu drei Anproben ihrer maßgeschneiderten Unterwäsche – mehr Anproben, als die meisten Frauen für ihr Hochzeitskleid haben. Poupie hat Jura studiert, was ganz offensichtlich ist, wenn sie einen mit dem durchdringenden Blick einer Staatsanwältin fixiert, um die exakt richtige Größe und das richtige Produkt für den Busen und die Figur einer Frau zu finden. Als wir uns trafen, war Poupie kürzlich neunundsechzig Jahre alt geworden. Ich machte ihr ein Kompliment, wie gut sie für ihr Alter aussähe, doch sie rümpfte die Nase und beschrieb mit ihrer eleganten Hand eine Sinuskurve, um mir mitzuteilen, dass dies keine Leistung von irgendeinem Wert darstelle. Frauen sollten bis in ihr siebtes Jahrzehnt gut aussehen. Poupie hielt nichts davon, sich gehen zu lassen.

Eines der ersten Dinge, die ich Poupie zu erklären versuchte, war, dass Nick kein Interesse an sexy Unterwäsche hatte.

»Ich werde sie dir sowieso nur ausziehen«, sagt er immer in seiner typischen praktischen Art und fügt hinzu, »ich finde, du siehst süß aus, wenn du meine Boxershorts trägst«.

Ich schlafe in allem Möglichen, aber meistens schlafe ich in irgendeiner von Nicks Boxershorts ein oder in zerschlissenen Lacrosse-Shorts aus der Highschool, einem vom vielen Waschen fadenscheinig gewordenen T-Shirt oder, im Winter, in karierten Flanellpyjamas, die ich meinem Vater geklaut habe. Nick schläft nackt wie ein Baby. Ich habe Angst, nackt zu schlafen, weil es plötzlich mitten in der Nacht brennen oder eine Naturkatastrophe über uns hereinbrechen könnte. Diese Angst hat sich jetzt, da wir in Kalifornien leben, wo es jederzeit ein Erdbeben geben kann, nur noch verstärkt. Aber wenn so etwas passiert, werde ich ordentlich bekleidet sein und kann gleich helfen, Überlebende aus den Trümmern zu retten. Selbstverständlich wird Nick auch sofort in Aktion treten, alle Nachbarskinder und -hunde retten und am Ende wahrscheinlich die Titelseite des *San Francisco Chronicle* zieren – als Held ohne Hose.

An meinem Junggesellinnenabschied spielten meine lieben Freundinnen ein Spiel mit mir. Sie hatten scharfe Unterwäsche gekauft, die einzelnen Teile mit Wäscheklammern aufgehängt und ließen mich raten, wer mir was mitgebracht hatte. Jede hatte mir Unterwäsche besorgt, die perfekt zu ihrer eigenen Persönlichkeit passte. Meine Freundin Danielle schenkte mir etwas Pinkfarbenes mit Rüschen, das nur aus drei Stoffstreifen bestand und ziemlich kompliziert aussah. Meine sexy Freundin Jacqueline etwas Aufreizendes in Schwarz. Die weltgewandte Jackie hatte einen schlichten crèmefarbenen Slip mit Spitzenbesatz für mich erstanden, der sich teuer anfühlte. Die Megs, meine sehr praktisch veranlagten lesbischen Freundinnen, hatten mir Wanderunterwäsche und Sport-BHs von Patagonia besorgt. Die trage ich ständig.

Ich habe eine ganze Schublade voll mit hübschen Sachen, die ich kaum anziehe, weil ich mich darin meist eher unsicher als sexy fühle.

Als ich das Poupie erzählte, sagte sie mir, dass ich damit in meiner Ehe einen Kardinalfehler beginge.

Dessous, wunderschöne Dinge, die eine Frau unter ihrer Kleidung trägt, sollten etwas sein, das ein Mann und seine Ehefrau miteinander teilen, fuhr sie fort. »Für mich ist das Liebe.« Poupie würde es nicht wagen, ein Stück Wäsche zu tragen, das ihr Mann nicht mochte, wenn sie wüsste, dass er es sehen würde.

»Warum sollte ich das tun?«, fragte sie. »Ein Mann sollte niemals enttäuscht werden. Wenn ein Mann nicht möchte, dass seine Frau in einem T-Shirt schläft, sollte sie es nicht tun. Die armen amerikanischen Männer. Sie werden nicht gerade verwöhnt.«

Poupie liebt es, Männer zu verwöhnen. Sie empfängt sie herzlich in ihrem Geschäft, lädt sie ein, die feinen Seidenstoffe und Spitzen zu begutachten, und fragt sie kokett, aber explizit, was ihnen gefällt.

Die Frauen, die alleine zum Wäschekaufen kommen, tun Poupie leid.

»Wenn eine Frau mein Geschäft verlässt und sagt: ›Ich will erst meinen Mann fragen, was ich kaufen soll‹, dann weiß ich, dass es eine Beziehung für die Ewigkeit ist«, sagte Poupie. »Wenn sie sich alleine etwas kauft, wer weiß!«

Wenn ein Ehemann zusammen mit seiner Ehefrau kommt, ermuntert Poupie die Frau, sich ihrem Mann in den BHs zu zeigen, die sie anprobiert. »Die Männer sollten beteiligt werden. Das verstehen amerikanische Frauen nicht. Sie würden niemals ihren Mann mit ins Geschäft bringen und ihn fragen, was ihm gefällt«, berichtete Poupie. »Ich vergleiche das mit einer Frau, die immer nur Kartoffeln kocht. Jede Woche Kartoffeln, auch wenn der Mann Kartoffeln hasst. In Frankreich interessiert es uns, was unsere Männer mögen. Wir vertrauen darauf, was ihnen gefällt. Wir lassen sie herkommen, gucken und aussuchen. Und dann … lassen wir sie bezahlen. Französische Ehemänner zahlen immer.«

Verschwörerisch neigte sie sich zu mir herüber, während die Designerbrille mit der roten Fassung fröhlich auf ihrer perfekten römischen Nase tanzte.

»Ich erzähle Ihnen jetzt mal eine Geschichte. Ich hatte eine Kundin. Sehr wohlhabend. Sehr elegant. Eine ziemliche Zicke. Sie kam viermal im Jahr mit ihrem Ehemann zu mir. *Sie* suchte sich aus, was *sie* wollte, und *sie* unterschrieb auch die Schecks. Nun, jedes Mal kehrte der Ehemann etwas später an diesen Tagen mit seiner Geliebten zu mir zurück.

Es war die gleiche Frau, nur dreißig Jahre jünger. Dieselbe Zicke. Der einzige Unterschied war, dass diesmal *er* die Sachen aussuchte. Und *er* die Schecks unterschrieb.«

Behandele deinen Ehemann wie einen Geliebten und deine Ehefrau wie eine Geliebte.

Honoré de Balzac, erfolgreicher Autor, Essayist und Inbegriff eines Franzosen, schrieb einmal, dass Leidenschaft ein essenzieller Bestandteil einer glücklichen Ehe sei. »Aber Leidenschaft empfinden, heißt ewig begehren«, schrieb er. »Kann man immer seine Frau begehren? Ja. Die Behauptung, es sei unmöglich, immer dieselbe Frau zu lieben, ist so abgeschmackt, wie wenn man sagen wollte, ein berühmter Künstler brauche mehrere Violinen, um ein Musikstück zu spielen und eine Zaubermelodie zu schaffen.«* Doch, wie ich immer und immer wieder lernte, erforderte es Mühe und Arbeit, Leidenschaft aufrechtzuerhalten.

Poupie war es, die mich dazu inspirierte, eine Affäre mit meinem Ehemann zu haben, mich wie seine Geliebte zu verhalten, Dinge zu tun, die ihm gefielen. Als sie mich fragte, ob ich mit ihr kommen wolle, um einen BH für mich auszusuchen, lächelte ich vielsagend und antwortete: »Ich glaube, ich muss meinen Mann mitbringen, um herauszufinden, was er mag.« Sie klatschte in die Hände und nickte anerkennend.

»Sie wissen, was Sie tun«, sagte sie und zwinkerte mir zu.

Ich hatte immer noch keine Ahnung.

An jenem Freitagabend reservierte ich einen Tisch im Lapérouse, einem berühmten Pariser Treffpunkt für Ehebrü-

* Honoré de Balzac: Physiologie der Ehe. Kapitel 9. Insel Verlag. Leipzig, 1920.

chige, der auf eine lange Geschichte zurückblickt. Das Lapérouse verfügt über intime Speisezimmer, in denen sich bereits seit über 150 Jahren Männer mit ihren Geliebten zum Essen treffen. 1870 wurde in Frankreich ein Gesetz erlassen, das Ehebruch, wenn er in öffentlichen Räumen stattfand, legalisierte. Die Eigentümer des Lapérouse nutzten den Vorteil dieses Schlupflochs und hießen Männer mit Frauen, die nicht ihre Ehefrauen waren, in den *petits salons* im zweiten Stock für deren amouröse Verabredungen willkommen. Über geheime Ausgänge und Tunnel war das Restaurant mit dem Senat verbunden, sodass die Politiker sich mit ihren Geliebten treffen konnten, ohne sich der Schande auszusetzen, den Haupteingang benutzen zu müssen.

Ein zerkratzter Spiegel ziert die Wand des Restaurants. Er zeigt die Spuren aus mehr als einem Jahrhundert, in dem die Kurtisanen die Echtheit der ihnen von ihren Geliebten als Geschenk überreichten Diamanten am Spiegel testeten. Einige kühne Frauen benutzten ihren Ring sogar dazu, ihren Namen in das Kristall zu ritzen.

Obwohl ich auf einen unbeschwerten Abend voller Lust und Liebe hoffte, war die Stimmung, als wir uns zum Ausgehen vorbereiteten, zwischen Nick und mir etwas angespannt. Tagsüber hatte ich mir in meinem französischen Lieblingsgeschäft, *Merci*, ein T-Shirt gekauft, ohne auf das Preisschild zu achten. Nachdem wir das Geschäft verlassen hatten, warf Nick einen Blick auf die Quittung.

»Du hast gerade zweihundert Euro für ein T-Shirt ausgegeben.«

»Neeeeee!«, sagte ich. Nun, ich hatte in der Vergangenheit schon lächerlich hohe Geldbeträge für Kleidung, insbesondere für Yogahosen, ausgegeben, aber in diesem Fall hatte ich gar nicht vorgehabt, so viel zu bezahlen, schon gar nicht für ein T-Shirt.

»Doch, Spatz. Zweihundert Euro für ein T-Shirt. Was ist das für ein Material? Baby-Robbe?«

»Ich weiß es nicht. Ich muss das Preisschild falsch gelesen haben. Schrei mich trotzdem nicht an.«

Nick hatte bisher noch nie auf mein Kaufverhalten geachtet oder mich dafür gerügt, dass ich mir schöne Dinge kaufte. Ich musste allerdings zugeben, dass zweihundertfünfzig Dollar für ein T-Shirt tatsächlich übertrieben waren, insbesondere in einer Zeit, in der wir wegen des Wohnungskaufs so knapp bei Kasse waren, dass wir uns keinen Esstisch leisten konnten.

»Egal. Ich gebe es einfach zurück. Wir haben es ja gerade erst gekauft.«

Der Laden weigerte sich, es zurückzunehmen.

Ich mailte Marianne.

»Was würdest du tun, wenn du gerade aus Versehen ein 250-Dollar-T-Shirt mit der Kreditkarte deines Mannes gekauft hättest?«

Die Antwort erfolgte umgehend. »Blas ihm einen. Ha, ha, ha.« Dann schickte sie noch eine. »Sag ihm, dass du es verdienst.«

Ich machte mich richtig schick für unser Rendezvous im Lapérouse. Ich benutzte Eyeliner und schminkte mir perfekte Smoky Eyes. Ich zog ein winzig kleines Schwarzes an, das meinen Hintern umschmeichelte, und drehte mir sorgfältig die Haare auf. Ich hatte mir sogar die Beine rasiert, obwohl das Bad in unserem Airbnb-Zimmer so groß wie ein Schuhkarton war und das Rasieren eine Herausforderung aus Mut und Yoga darstellte.

»Sehe ich nicht sexy aus?«, sagte ich zu Nick, als ich aus dem Bad kam.

Nick blickte von seinem Computer auf.

»Ich studiere gerade die Speisekarte. Das ist da ganz schön teuer, Spatz.«

»Wie teuer ungefähr?«

»Ungefähr zwischen 60 und 100 Dollar für eine Vorspeise.«

»Mist.« Das ist das Letzte, was man hören will, nachdem man 250 Dollar für ein T-Shirt ausgegeben hat.

Er merkte, dass ich nervös wurde. Nick hasst es, mich nervös zu machen.

»Heute Abend lassen wir es einfach mal krachen.«

Alles im Inneren des Lapérouse sah zerbrechlich aus. So musste es in Jackie Collins Wohnzimmer ausgesehen haben, alles voller vergoldeter Spiegel und jede Menge roter Samt. Ich warf einen Blick auf die Speisekarte. Stand da tatsächlich 100 Dollar für ein Filet von der Taube? Eine vogelartige Frau mit einem Klemmbrett kam auf uns zu. Sie trug ein enges schwarzes Bustier, aus dem perfekt halbmondförmige Dinger in Körbchengröße B hervorstanden.

»Haben Sie reserviert?«

»Natürlich«, antwortete ich.

»Aster«, sagte Nick.

»Äh, Piazza … Verzeihung.« Ich musste mich immer noch daran gewöhnen, meinen neuen Nachnamen für Reservierungen und das Unterschreiben von Rechnungen zu benutzen – und wenn ich mich kleinen Frauen mit Klemmbrettern vorstellte.

»Nein«, sagte das Klemmbrett.

»Nein?«

»Keine Reservierung.«

»Ich habe reserviert. Vielleicht doch unter Aster?«

Sie fuhr mit ihrem rot lackierten Fingernagel das Blatt hinunter.

»Nein.«

Ich griff nach meinem Telefon, um nach der Bestätigungsmail zu suchen und atmete kurz darauf erleichtert aus.

»Hier ist sie. Piazza. Reservierung für 20.00 Uhr.«

Sie warf einen Blick darauf. »Falscher Abend.«

»Was?«

»Ihre Reservierung ist für morgen.«

Ich schnappte ihr mein Telefon weg. Sie hatte recht. Unsere Reservierung war für den nächsten Abend. Aber ich konnte mir nicht vorstellen, dass es so problematisch war, uns heute Abend noch irgendwo unterzubringen. »Nun, wir sind jetzt da, wir haben uns schick gemacht, wir haben uns ein Taxi genommen, um herzukommen, und wir haben heute eine besondere Verabredung miteinander.« Am liebsten hätte ich noch hinzugefügt: *Und ich habe mir die Beine rasiert!*

»Tut mir leid. Das ist nicht möglich.« Und damit verschwand sie hinter den Falten eines roten Samtvorhangs.

»Es tut mir so leid, Baby.« Nick zuckte lächelnd mit den Achseln. »Es ist okay. Wir kommen morgen wieder her.«

»Du hast morgen ein Arbeitsessen«, jammerte ich. Eine Geliebte würde jetzt nicht jammern.

»Ich verschiebe mein Arbeitsessen, und dann machen wir uns morgen einen besonderen Abend.«

Als wir am nächsten Nachmittag durch die mittelalterlichen Straßen des Marais bummelten, brachte ich die Idee auf, gemeinsam Unterwäsche für mich zu kaufen. Die Bürgersteige waren voll mit Parisern, die Einkäufe für die Feiertage machten und wie Würstchen verpackte Weihnachtsbäume hinter sich herzogen.

Auf den Vorschlag, BHs und Unterwäsche zu kaufen, reagierte Nick aufgeregter, als ich es erwartet hatte, und er war einverstanden, mich zu begleiten.

In einem Geschäft (einem weniger teuren als Cadolle und praktischerweise in unserem Viertel gelegen) wurden wir beide freundlich von einer netten Frau in den Sechzigern mit grauem Topfschnitt und einer zerbrechlich wirkenden Drahtbrille empfangen. Wenn Männer in Amerika eine Filiale von Victoria's Secret betreten, werden sie normalerweise wie Perverse oder Sexualstraftäter behandelt. Hier lächelte die Verkäuferin Nick warmherzig an, während sie Spitzenwäsche aus den vergoldeten Schubladen zog. Kein Spitzenmuster war genau wie das andere, und die Seide war roh und fühlte sich leicht rau an, wie die Zunge eines Kätzchens. Ich wollte einfach nur einen schönen BH. Es war sinnlos, etwas mit komplizierten Bändern und Strapsen und Öffnungen zu kaufen, wo keine hingehörten. So etwas würde ich nicht tragen. Einen schönen BH würde ich jedoch tragen.

»Gefallen dir die?«, fragte ich Nick und hielt drei BHs auf einmal hoch.

Ihm gefiel ein reeller marineblauer mit einem winzigen Saum aus Spitze.

»Nicht zu viel Spitze. Spitze sieht aus, als würde sie kratzen, Süße«, sagte er. »Ich möchte, dass du es bequem hast.«

Die Arme voll französischer Wäsche begab ich mich durch schwere, imposante Vorhänge nach hinten in die Umkleidekabine.

Nick lungerte im mittleren Teil des Geschäfts herum und

war unsicher, ob er mir folgen oder den Laden verlassen sollte, um in der nächsten Kneipe ein Bier zu trinken.

»Kommen Sie mit, mein Lieber.« Die Verkäuferin nahm Nick mütterlich bei der Hand und führte ihn hinter den Vorhang. »Ich hole Ihnen einen Stuhl.« Wann ist so etwas das letzte Mal bei Victoria's Secret passiert? Die Antwort lautet: noch nie.

Von da an waren wir zu dritt, eine merkwürdige *Ménage à trois*.

Ich mühte mich immer wieder in einen BH hinein und zog dann scheu den Vorhang zur Seite, um mich Nick darin zu zeigen. Zuerst lachte er, als ich meine Brüste zum Wackeln brachte. Die Verkäuferin schob sich an Nick vorbei und runzelte ständig die Stirn. Ich machte alles falsch. Sie lockerte die Träger, schob ungefragt ihre Hand in ein Körbchen, um meine Brust anzuheben und sie wie durch einen Busen-Tsunami zur Mitte meines Oberkörpers zu schieben, wobei ihr Zeigefinger meine Brustwarze an den richtigen Platz rückte. Ihre Hand schoss ein zweites Mal hinein, um den Speck vor meiner Achselhöhle entschlossen in das Körbchen zu schieben. Dann winkte sie Nick herbei, damit er erneut einen Blick darauf warf.

»Besser, nicht?«

Nick nickte.

»*Bon*!«

Und so ging es über eine Stunde weiter, bis die Auswahl auf denselben schönen marineblauen Halbschalen-BH mit dem zarten hellblauen Spitzenrand fiel, den Nick als Erstes ausgesucht hatte. Adrenalin schoss durch meine Venen. Ich war aufgeregt, nicht erregt, eher so wie vor einem Rennen oder einem Sportwettkampf. Ich hatte das Gefühl, eine enorme Leistung vollbracht zu haben, was angesichts der Tatsache, dass ich die vergangenen 60 Minuten in einem 60 mal 60 Zentimeter tiefen Schrank verbracht hatte, etwas unverhältnismäßig schien.

Alte Gewohnheiten sind hartnäckig. Ich bin es gewohnt, selbst für meine Sachen zu bezahlen. Als ich Nick Aster kennenlernte, tat ich das bereits seit über zwanzig Jahren. »Liebling, kannst du mir bitte meine Brieftasche geben?«, fragte ich Nick aus der Kabine heraus.

»Nein«, sagte er. »Ich mach das schon.«

»Du?« Ich war erstaunt, dass er diese Pariser Sensibilität so leicht übernommen hatte.

»Ich. Das liegt in der Natur der Sache. Es ist meine Aufgabe, dir schöne Wäsche zu kaufen. Ja! Das habe ich kapiert.« Er zwinkerte mir zu. Vielleicht war es nur ein Scherz, aber es erinnerte mich an die Zeit, als er mir gesagt hatte, er wolle für mich sorgen. Ich hörte eine kleine Stimme im Inneren meines Kopfes, eine Stimme mit einem starken französischen Akzent. *Lass ihn dir schöne Dessous kaufen. Dadurch, dass du dir von deinem Ehemann einen blauen BH schenken lässt, wirst du die Frauenbewegung nicht gleich um fünfzig Jahre zurückwerfen.*

»Einverstanden.« Ich lächelte. »Gefällt er dir wirklich?«

»Natürlich gefällt er mir. Er sieht bequem und praktisch aus.«

»Und sexy?«

»Ja, Liebling, und sexy.«

Den Rest des Tages, während wir durch bezaubernde Viertel schlenderten und die letzten Weihnachtsgeschenke besorgten, fragte ich mich die ganze Zeit: Gab ich mir ausreichend Mühe? Tat ich genug, um meinen Ehemann glücklich zu machen? Allein die Frage weckte ein unangenehmes Gefühl in mir. Als gute Feministin hatte ich gelernt, mich zuerst um mein eigenes Glück zu kümmern. Aber Nick denkt bei absolut jeder Entscheidung, die er trifft, an mein Glück. Er war willens, ungefähr einhundert Dollar für eine gebackene Taube im Lapérouse zu berappen, wenn es mir ein Lächeln ins Gesicht zauberte, und er vertagte ein sehr wichtiges Arbeitsessen, um an zwei aufeinanderfolgenden Abenden mit mir in dasselbe Restaurant zu gehen. Er verbrachte einen halben Tag mit dem Kauf von sauteurer Wäsche, nur einen Tag, nachdem ich versehentlich 250 Dollar für ein T-Shirt ausgegeben hatte. Das er auch noch bezahlt hatte.

Dann überlegte ich: Will mein Ehemann wirklich in dieses Schickimicki-Restaurant und unser Hypotheken-Geld für absonderliches, fettes französisches Essen ausgeben? Würde ihn das glücklich machen?

»Hey, Monkey«, sagte ich, als wir auf dem Rückweg zu unserem gemütlichen Airbnb-Zimmer waren. »Was hältst du davon, wenn wir das Lapérouse heute Abend sausen lassen? Lass uns doch hier irgendwo Pizza essen und billigen Rotwein trinken.«

»Wirklich?«, sagte er. »Keine Hundert-Dollar-Tauben?«

Ich küsste meinen Ehemann.

»Wenn wir eine Hundert-Dollar-Taube bestellen, würde ich mehr von ihr erwarten, als dass sie nur auf meinem Teller liegt. Vielleicht finden wir eine tanzende Taube oder eine, die Reggae singt oder meine Steuererklärung macht. Mit hundert Dollar können wir weit bessere Sachen anstellen, als eine mit Butter bestrichene Ratte der Lüfte zu erwerben. Vielleicht können wir unseren ersten Esszimmerstuhl davon kaufen.«

Also aßen wir Pizza und tranken billigen Wein. Und wir gingen nach Hause, und ich trug die schöne Wäsche auf meine Art – zusammen mit den Boxer-Shorts meines Mannes.

7
San Francisco

In guten wie in schlechten Zeiten

Die genetische Veränderung, die die Ursache für den Muskelschwund meines Vaters war, befand sich auf dem Chromosom 4q35. Während meiner Jugend trafen die Ärzte unserer Familie unterschiedliche Aussagen darüber, ob mein Chromosom 4q35 betroffen sei oder nicht. Erst sagten sie, ein Bluttest, den ich als Teenager gemacht hatte, zeige keine Hinweise auf die Krankheit. Außerdem erklärten sie, dass Frauen nur sehr selten Symptome dieser Art von Muskelschwund entwickelten. Sie behaupteten, die Risiken seien so gering, dass ich mir keine Sorgen machen müsse.

Sie haben sich alle getäuscht.

Ich erinnere mich nur undeutlich an den Morgen, als ich mit Violet, der fröhlichen Genetik-Beraterin, am Telefon über den Zustand meines eigenen 4q35 sprach. Es war ein Donnerstag. Nick hatte eine Telefonkonferenz und ging deshalb früh ins Büro, während ich von zu Hause aus arbeitete. Es regnete, und der Hund wollte nicht pinkeln, sodass ich durchnässt und frierend ans Telefon ging. Ich hatte meinen Arzt eine Woche zuvor dazu befragt, weil ich dachte, es sei ganz gut, darüber Bescheid zu wissen, ehe wir über Kinder nachdachten. Naiverweise hatte ich angenommen, die Beraterin und der Arzt würden meine Bedenken zerstreuen.

»Es besteht ein fünfzigprozentiges Risiko, dass Sie die Krankheit haben.«

»Wie bitte?«

»Die Chancen stehen fünfzig zu fünfzig, dass Sie die Krankheit haben. Sie müssen einen Gentest machen, dann können wir es feststellen. Möchten Sie es wissen, oder lieber nicht? Manche Menschen wollen es nicht wissen. Ach, da fällt mir ein, ich wollte Sie fragen, ob Sie Kinder haben wollen?« Das alles sagte Violet in einem beiläufigen Ton, in dem man vielleicht jemanden fragen würde, ob er die neue Staffel von *The Bachelor* gucken will.

Ich hatte einmal gelesen, dass manchen Menschen schwindelig wird, ja, dass sie sogar ohnmächtig werden, wenn sie schlechte Nachrichten erhalten. Meine Gelenke verwandelten sich in Butter, und plötzlich saß ich auf dem Fußboden.

Wenn ich die genetische Veränderung an meinem Chromosom hatte, bedeutete das, dass ich dieselben Symptome bekommen würde wie mein Vater – meine Muskeln würden sich nach und nach zurückbilden, mein Körper würde schwach, und schließlich würde ich für den Rest meines Lebens in einem Rollstuhl sitzen müssen. Die wirklich scheußliche Sache bei Muskelschwund ist, dass man nichts tun kann, um ihn zu verhindern. Wenn man ihn hat, schlägt der Gendefekt auf Chromosom 4q35 unweigerlich eines Tages zu und ruiniert einem das Leben. Aber die Mutation 4q35 wirkt sich nicht auf den Verstand aus, nur auf den Körper. So ist ein gesunder Verstand in einem Körper gefangen, der allmählich aufhört zu funktionieren.

Moderne Gentests werfen eine Menge Fragen auf, die meisten drehen sich darum, wie man mit dem Wissen leben kann. Wenn man wüsste, dass man eine tödliche Krankheit bekommt, würde man es lieber wissen und entsprechend planen oder lieber abwarten und sehen, was kommt. Ich persönlich würde lieber abwarten. Doch jetzt war ich mit Nick verheiratet, irgendwann würden wir eine Familie haben wollen, und die Entscheidung lag nicht nur bei mir.

Es hat gewisse Vorteile, schlimme Dinge nicht zu wissen. Was, wenn das Schreckliche wahr wäre? Zwei Stimmen stritten in meinem Kopf miteinander.

Die erste: *Du solltest einfach aufgeben. Hör auf zu arbeiten. Scheiß drauf! Lass dir die Haare wachsen, färb sie grün und gesell dich zu den schmuddeligen Punks unten in Haight-Ashbury, die Crack rauchen … warum nicht?*

Und die zweite: *Es ist egal, was bei dem Test herauskommt. Du wirst kämpfen. Du bist stark. Du bist stärker, als du denkst.*

Die erste Stimme gehörte eindeutig mir. Die zweite Nick.

Ich möchte zu diesen Leuten gehören, die an einem Unglück wachsen. Aber ich fürchte, dass ich das ganze Gegenteil bin, eher die Person, die angesichts eines Unglücks die Läden dichtmacht, in ihrem dunklen, staubigen Haus umherwandert und dabei bis in alle Ewigkeit ihr Hochzeitskleid trägt wie Miss Havisham.

Diese neue Information von Violet führte zu meiner hysterischen und zugegebenermaßen dramatischen Bitte an Nick, er möge sich von mir scheiden lassen und eine gesunde Frau heiraten.

»Vielleicht überwiegen die positiven Seiten, mit mir verheiratet zu sein, ja nicht mehr die negativen«, sagte ich zu ihm am Abend, nachdem ich mit Violet gesprochen hatte.

»Du solltest dir eine scharfe und gesunde neue Frau suchen.« Ich zögerte. »Vielleicht nicht scharf. Aber such dir eine nette Frau, vielleicht könnte sie ja ein bisschen plump sein.«

Er sah mich an, als wäre ich verrückt geworden, und kratzte sich am Kopf. »Weißt du was? Ich hatte doch tatsächlich eine Maschine, um das Gute und das Schlechte gegeneinander abzuwägen, und ich habe dieses Ding in Gang gesetzt und alles berechnet. Und weißt du, was passiert ist? Diese verflixte Maschine ist kaputtgegangen, weil das Gute das Schlechte so deutlich überwog.« Nick beteuerte, dass er sich niemals von mir scheiden lassen würde und sagte Sachen wie: »Leben wir nicht in interessanten, unsicheren Zeiten?« Ich musste ihm vertrauen und die Tatsache akzeptieren, dass er nirgendwo anders hingehen würde.

Doch ich bekam Albträume, in denen ich an einen Rollstuhl gefesselt war, die Beine nicht bewegen und nicht alleine atmen konnte. In meinem Hals steckte ein Schlauch, der das für mich übernahm.

Wir waren hin- und hergerissen, ob wir wissen wollten, wie wahrscheinlich es war, dass ich von dem Muskelschwund betroffen war, doch schließlich wollten wir es wissen. Also ging ich ins Krankenhaus und ließ mir viele, viele Röhrchen Blut abzapfen, während ich mich mit YouTube-Videos über Baby-Bulldoggen ablenkte, die versuchten, in einen Karton zu klettern. Die Röhrchen wurden in ein Labor geschickt, das sich im Zentrum von Iowa befand.

Damals sprachen Nick und ich zum ersten Mal darüber, dass wir etwas Großes, Unheimliches, Hartes und körperlich Herausforderndes mit meinem noch vollkommen funktionierenden Körper unternehmen wollten.

»Wir könnten einen Berg besteigen«, schlug Nick vor.

»Welchen denn?«, fragte ich und suchte dabei in seinem Gesicht nach Hinweisen darauf, dass er Spaß machte.

Er zuckte mit den Schultern. »In Kalifornien gibt es jede Menge Berge, die wir besteigen könnten. Oder in Colorado. Oder wir könnten etwas richtig Ernstes machen. Wir könnten den Kilimandscharo besteigen.« Zu jenem Zeitpunkt bezog ich mein ganzes Wissen über den Kilimandscharo in Tansania aus dem Song von Toto aus dem Jahr 1982: *Africa. I know that I must do what's right, as sure as Kilimanjaro rises like Olympus above the Serengeti.*

»Klar, Süßer.« Ich lächelte, überzeugt davon, dass er nur Spaß machte. »Wir besteigen den Kilimandscharo.«

Über einen Monat später rief Violet mich wieder an. Ungefähr so hörte sich ihre Nachricht auf meiner Mailbox an: *Hallo, Jo, hier ist Violet, Ihre Genetik-Beraterin. Ich rufe an, um die Testergebnisse mit Ihnen zu besprechen. Bitte rufen Sie mich doch zurück unter 415–833-****. Ich wiederhole 415–833-****. Hoffentlich bis bald!*

Ich ging zum Yoga, erst dann rief ich Violet zurück. Mein Yogalehrer Roy, ein gut aussehender, schwuler Asiate, der während seiner Vinyasa-Kurse Filmmusik anstelle von Yogaklängen spielt, legte die Musik aus *Forrest Gump* auf. Mir liefen Tränen über die Wangen.

»Ich möchte, dass ihr euch alle auf eure Hüften und auf euren Beckenboden konzentriert. Wenn ihr das richtig macht, schafft ihr das auch noch locker, wenn ihr neunzig seid.«

Vielleicht auch nicht, dachte ich.

Auf dem Nachhauseweg kaufte ich mir ein überteuertes, nachhaltig produziertes Pfefferminzeis mit Schokostückchen im Hörnchen in einem Bioladen. Als ich wieder rauskam, begegnete ich einem Mann in den Zwanzigern, der Blumen im Arm trug, und ich fragte mich, ob das glückliche Blumen waren oder traurige Blumen, Es-tut-mir-leid-Blumen oder Ich-liebe-dich-Blumen.

»Hallo, Violet«, sagte ich ins Telefon, als ich sie zurückrief. Ich leckte an meinem Eis, damit es nicht auf meine Hand tropfte, und verspürte ein Frösteln, obwohl der März in San Francisco wärmer ist als der Juli.

»Hallo, Jo«, zwitscherte sie zurück. »Möchten Sie nicht Nick dazuholen?« Die Nachricht war schlecht. Wenn sie gut wäre, müsste ich Nick nicht dazuholen. »Nein. Der steckt den ganzen Tag in Besprechungen fest. Wir können loslegen. Nur wir beide.«

»Okay! Nun, Ihr Ergebnis hat mich überrascht. Sie haben die genetische Veränderung.«

Ich war nicht überrascht. Seit sie mir eröffnet hatte, die Chancen stünden fünfzig zu fünfzig, hatte ich damit gerechnet. Hatte ich es tief in meinem Inneren schon gewusst?

Meine Mutter und ich haben sehr wenig gemeinsam, körperlich zumindest. Mit meinem dunklen Haar und den dunklen Augen war ich von Anfang an ein Abziehbild meines Vaters. Meine Mutter würde wohl darüber lachen, aber ich glaube, dass es sie ein wenig störte.

»Dieses Kind kann unmöglich mir gehören«, scherzte sie, als ich noch klein war.

Mein Vater und ich haben gleiche Verhaltensweisen. Wenn wir nervös sind, kratzen wir uns im Gesicht und ziehen an unseren Ohrläppchen. Wir kippen beide vier Päckchen Süßstoff in unseren Kaffee, eine Angewohnheit, die die meisten Leute verabscheuen. Wir lesen auf die gleiche Weise Bücher, wie besessen, oft in einem Zug, als befänden wir uns im Wettlauf gegen die Zeit. In gewisser Weise war er das vermutlich. Unsere Lippen sitzen bei uns beiden nicht ganz mittig, und unser linkes Auge ist etwas runder als das rechte.

»Sie sind ein ungewöhnlicher Fall. Die meisten Menschen bekommen die Symptome mit zwanzig«, sagte Violet.

»Mein Vater nicht.« Ich dachte daran, wie unbedingt mein Vater immer noch leben wollte, obwohl er in einem Körper gefangen war, der ständig gegen ihn ankämpfte. Jedes Mal, wenn ich mit ihm sprach, hatte er eine neue Idee, einen neuen Plan für eine Organtransplantation, weil aufgrund der Muskelschwäche wieder ein anderes Organ versagte – Komplikationen, die niemand voraussehen konnte. Kranke Menschen, Menschen, die im Sterben liegen, wollen nicht über ihre Krankheit oder ihren Tod sprechen. Sie möchten darüber reden, dass sie stark und lebendig sind, und man muss mit ihnen über diese Dinge reden, obwohl es einem jedes Mal das Herz zerreißt, wenn man lügen muss.

»Ich weiß. Also wissen wir gar nicht, womit wir rechnen müssen. Wir wissen nicht, in welcher Form die Krankheit sich äußern wird.«

In welcher Form sie sich äußern wird. In welcher Form sie sich äußern wird. Die Worte irrten durch meinen Kopf, wobei sie jedes Mal weniger Sinn ergaben, wenn ich sie wiederholte. Ich wusste, sie waren eine rücksichtsvolle Art, mir zu sagen: Wir wissen nicht, wie lange Sie Ihre Beine noch so benutzen können wie jetzt. Ich dankte ihr und vereinbarte einen Termin mit ihr und dem Arzt, um herauszufinden, wie sich die Krankheit entwickeln würde.

In der Innenstadt von San Francisco gibt es an der Ecke Gough und Rose Street ein Kätzchen-Café. Dort streichen immer zehn kleine Katzen durch die Räume, um die man sich kümmern kann, während einem starker japanischer Tee serviert wird. Dorthin ging ich, zahlte meine fünfzehn Dollar Eintrittsgeld und ließ ein getigertes, dickes Kätzchen auf mir herumkrabbeln, während ich stumm vor mich hin weinte.

Ein Mann, der ein T-Shirt mit der Aufschrift »Miau, sonst nichts« trug, sah mich verwundert an, sagte jedoch zum Glück nichts.

Ich wartete, bis ich zu Hause war, erst dann rief ich Nick an.

»Ich hab es.«

»Ach, Liebling. Ich liebe dich so sehr. Und ich glaube nicht, dass das unser Leben verändern wird. Jedenfalls eine ganze Weile nicht.«

Ich sah den Hund an. Lady Piazza erwiderte meinen Blick, ohne zu ahnen, was wir am Telefon besprachen. Sie wedelte mit dem Schwanz und guckte über ihre Schulter, was hieß, dass sie mit mir im Hof Ball spielen wollte.

»Es ist frustrierend. Sie wissen nichts. Weniger als nichts«, stöhnte ich. Die Ungewissheit war das Schlimmste an der Sache. Ich hatte das Gefühl, ich würde leichter damit leben können, wenn ich eine eindeutige Diagnose hätte, eine, die besagte: »Du hast x Jahre, bevor y schreckliche Dinge passieren. Nachdem y schreckliche Sachen passiert sind, wird dein Leben so und so aussehen.« Damit könnte ich umgehen. Die Ungewissheit würde mich um den Schlaf bringen.

»Ich glaube, wir haben Grund, optimistisch zu sein. Du bist gesund und kräftig, und jeden Tag gibt es neue wissenschaftliche Erkenntnisse. Grundsätzlich ändert es nichts. Es bringt nur eine neue Perspektive in unser Leben. Ich mache hier schnell Schluss und komme nach Hause.«

»Ich liebe dich.«

»Ich dich auch.«

Aus irgendeinem Grund musste ich daran denken, wie Nick mir zum ersten Mal gesagt hatte, dass er mich liebt.

Wir waren erst zwei Monate zusammen, und ich war Brautjungfer auf der Hochzeit einer Freundin. Nick, als der Neue, brachte uns Kaffee und Donuts für die Brautparty, während wir uns am Morgen für die Hochzeit zurechtmachten. »Ich liebe dich«, sagte er an der Tür, bevor er ging, während wir Bräune aus der Sprühflasche auftrugen und uns schminkten. Ich trank meinen Kaffee, während meine Freundinnen in Begeisterungsstürme ausbrachen.

»Hat er gerade ›Ich liebe dich‹ gesagt?«

»Du kennst ihn doch kaum!«

»Nein«, sagte ich ein wenig verlegen. »Er muss etwas anderes gesagt haben.«

Doch das hatte er gesagt, es war das erste von vielen Malen.

Ich legte auf und wanderte vom Wohnzimmer über den langen Flur in unser Schlafzimmer, dann in das nächste Zimmer, in dem Sommerkleidung, eine ungestimmte Gitarre und ein kaputtes Nintendo herumlagen. Es war das Zimmer, das wir uns bemühten, nicht Kinderzimmer zu nennen.

Ich goss mir ein großzügiges Glas Wein ein und begann, Seewolf auf Cajun-Art und Rosenkohl zum Abendessen zu kochen.

Bevor Nick das Büro verließ, skypte ich noch einmal mit ihm.

(15:09:33) Johanna Piazza: Hallo.

(15:09:54) Nick Aster: Hallo, Liebes.

(15:12:30) Johanna Piazza: Kommst du wirklich mit dem Ganzen klar? Ist alles in Ordnung?

(15:17:05) Nick Aster: Es ist nur ein Augenblick in unserem langen gemeinsamen Leben.

(15:33:04) Johanna Piazza: Ich glaube, meine größte Angst ist immer noch, dass du mich ansiehst, als wäre ich erledigt.

(15:33:59) Nick Aster: Hör auf damit ☺. Ich liebe dich, meine Süße. Du bist mein Schatz, so ist das nun mal.

(15:40:13) Johanna Piazza: Was machen wir jetzt?

(15:40:36) Nick Aster: Wir leben unser Leben.

Am nächsten Tag ging Nick los und kaufte mir meinen ersten Tennisschläger und ein Paar richtige Wanderstiefel. Die Art von Wanderstiefeln, die Cheryl Strayed in *Wild* trägt, als sie sich auf den Pacific Coast Trail begibt. Die Art, die man tragen würde, wenn man tatsächlich den Kilimandscharo besteigen wollte, die Art, die einem vertrauensbildende Blasen verursacht.

Wir würden unser Leben leben.

8
Israel

Setzen Sie zuerst Ihre eigene Sauerstoffmaske auf

Eine etwa 70 Jahre alte Israelin machte sich an mir zu schaffen. Ich hatte den heilenden Schlamm aus dem Toten Meer mit weichen Pads behutsam in kreisenden Bewegungen auf meine Arme und Füße aufgetragen. Laut den unzähligen Firmen, die Produkte mit Schlamm aus dem Toten Meer verkaufen, ist diese matschige, salzige Mischung eine Art Allheilmittel, das alles von Atemwegserkrankungen über Akne bis hin zu Arthritis kuriert. Ich wollte mich damit nur so weit bedecken, dass ich das obligatorische Foto von mir machen konnte: ich, auf dem Toten Meer treibend, mit Schlamm im Gesicht. Das wollte ich dann Nick schicken. Das Foto würde den Eindruck von Entspannung vermitteln. *Ich treibe. Ich bin schlammig. Sieh nur, wie sorglos und ruhig ich bin.*

Doch ich machte alles falsch. Ganz offenbar machte ich alles falsch, denn es rückten zwei ältere Frauen an, schaufelten, ohne mich zu fragen, einen Berg Schlamm in ihre Hände und verteilten ihn oberhalb meines Bikinioberteils auf meinen Brüsten. Ich blickte auf den »Strand« hinter uns. Es war eher ein Sumpf voll lärmender Familien, die mit Kühltaschen und Sonnenschirmen ausgestattet waren. Die Väter und Großväter trugen enge Badehosen, und ihre stolzen Bäuche deuteten über das Meer in Richtung Jordanien. Leere Chips-Tüten und Plastik-Cola-Flaschen säumten das Ufer.

»Gut für Ihre Haut«, sagte die dickere der beiden Frauen, die die unbeugsame Autorität von Bea Arthur als Dorothy in *The Golden Girls* besaß, auf Hebräisch und ließ den Matsch durch ihre schrumpeligen Finger tropfen. Eine Englisch sprechende Frau neben mir übersetzte für mich. »Sie werden strahlen. Sie sind jung. Sie sollten schöne Haut haben.«

Ich war mit dem Bus durch die Judäische Wüste gefahren, unterhalb der Ha-He'etekim-Klippen und vorbei an den Höhlen von Qumran, wo man die berühmten Schriftrollen vom Toten Meer entdeckt hat, um dann hier zu landen, am tiefstgelegenen Punkt der Erde, dem Toten Meer. Hier wollte ich mich zurücklehnen und mich im tragenden Salzwasser treiben lassen, den Stress der letzten Monate an einen der heiligsten Orte auf der Erde übergeben oder zumindest ein Foto von mir machen, das genau diesen Eindruck vermittelte. Da ich nicht auf ein Gespräch vorbereitet war, empfand ich dieses Eindringen in meine Intimsphäre zunächst als Belästigung.

Ich will meinen Körper nicht spüren, schrie ich in Gedanken. *Ich möchte, nur eine Stunde lang, so tun, als existiere er nicht. Ich will mir keine Sorgen um ihn machen.* Meine Traurigkeit, meine Angst, mein Schmerz, meine Sorgen sollten im See Genezareth versinken. Aber die Frauen ließen sich nicht beirren. Und sie waren nett und liebenswürdig und erinnerten mich an meine dicke irische Großmutter, sodass ich sie gewähren ließ, während sie Schlamm in meinen Achselhöhlen und in den heiklen Falten zwischen meinen Schenkeln und

Hüften verteilten. Beide waren von Kopf bis Fuß von diesem braunen Matsch bedeckt, der jetzt trocknete, riss und an manchen Stellen heller wurde. Sie sahen aus, als wären sie aus den Tiefen der Erde emporgestiegen. Sie lächelten breit und ließen dabei unnatürlich weiße Zähne sehen. Beide trugen einen glänzenden Ehering, dem es gelang, trotz der Schlammschichten die Strahlen der Sonne einzufangen.

Da wir uns auf diese praktische Weise nun schon so nah gekommen waren, dachte ich, es sei höflich, ein wenig Small Talk mit ihnen zu betreiben. So fragte ich sie, ob sie einen Rat für eine lange und glückliche Ehe hätten.

Die dickere der beiden lachte und lachte. Ihr ganzer Körper wackelte, und als sie dabei die Schultern vor und zurück wiegte, flogen Schlammbrocken herunter. Sie sah mich an, griff mit beiden Händen ihren beträchtlichen Bauch und schob ihn hoch und runter. Als sie etwas auf Hebräisch sagte, kicherte meine neue Übersetzer-Freundin.

»Sie sagt, Sie müssen ihn gut ernähren.« Dies war in vielen Kulturen eine typische Antwort der älteren Generation; die Älteren sorgten sich, dass die jungen Frauen heutzutage nicht mehr anständig für ihre Männer kochten, und fürchteten, dass die Männer verkümmerten, weil die Frauen den Herd als Schuhschrank benutzten. Ich beruhigte sie.

»Ich habe kürzlich gelernt, wie man Hähnchen zubereitet, das auf einer Bierdose steckt.«

Die andere beleibte Frau verzog das Gesicht und wackelte mit den Hüften. Meine Dolmetscherin kicherte und übersetzte erneut: »Sie sagt, sie habe einen noch besseren Rat: Hören Sie nicht auf, mit Ihrem Mann zu schlafen, auch wenn Sie schon richtig alt sind.«

Die erste hob meinen Pferdeschwanz an, um sicherzugehen, dass auch mein Nacken ausreichend mit Schlamm bedeckt war. »Pass gut auf dich auf, *Neshama*.« Neshama bedeutet, wie ich auf meiner Reise gelernt hatte, so etwas wie »meine Süße«, »mein Schatz«. »Pass gut auf dich auf.«

»Ich gebe mir Mühe«, sagte ich und ging alleine ins Meer, um mich treiben zu lassen. Auf dem Flug nach Israel war ich von der Stewardess mit den Sicherheitsanweisungen überrascht worden. Normalerweise rauschen die Sicherheitsanweisungen an einem vorbei, während man noch mit seinem Sitznachbarn Revierkämpfe um die Hoheit über die Armlehne führt. Doch aus irgendeinem Grund hörte ich diesmal zu. »Im Falle eines Druckabfalls in der Kabine kommen automatisch Sauerstoffmasken aus der Kabinendecke. Ziehen Sie eine der Masken ganz zu sich heran, und drücken Sie die Öffnung fest auf Mund und Nase. Setzen Sie zuerst Ihre eigene Maske auf, bevor Sie mitreisenden Kindern oder hilfsbedürftigen Personen helfen.« Warum hatte ich das Gefühl, dass die Flugbegleiterin direkt mit mir sprach?

Setzen Sie zuerst Ihre eigene Maske auf, bevor Sie jemand anderem helfen. Wenn man sich nicht um sich selbst kümmerte, wie konnte man sich dann um jemand anderen kümmern?

Da ich das letzte Jahr darauf konzentriert gewesen war zu lernen, eine gute Ehefrau zu sein, ein Zuhause einzurichten, die Zukunft zu planen, vielleicht eine Familie zu gründen, mich aus der Ferne um meine beiden kranken Eltern zu kümmern sowie um ihre Finanzen, war es mir leichtgefallen, ständig in den Krisenmanagement-Modus zu schalten. Wie auf Autopilot. Ich schlief vor Erschöpfung ein und wachte mit einem ängstlichen Gefühl in der Magengegend auf, während ich schon wieder überlegte, was als Nächstes zu tun war. Dabei fühlte ich mich an meine Mutter erinnert, die in den letzten zehn Jahren, in denen sich der Gesundheitszustand meines Vaters stetig verschlechtert hatte und er zunehmend ans Haus gefesselt war, die Bedürfnisse aller anderen konsequent über ihre eigenen gestellt hatte. Ich war davon überzeugt, dass dies einer der Gründe für ihren Nervenzusammenbruch war, den sie in den Monaten vor unserer Hochzeit erlitt.

Der letzte Besuch bei meinen Eltern war besonders schmerzhaft für mich gewesen. Es war kurz bevor ich die Diagnose meiner Muskeldystrophie erhielt, und die Ärzte meines Vaters warnten uns, dass seine Krankheit schneller fortschreite und sich stärker verschlechtere als üblich. Seine Leber hatte versagt. Nick und ich flogen gemeinsam nach Philadelphia, um meine Eltern zu besuchen und um meiner Mutter dabei zu helfen, einen Überblick über ihre Finanzen zu bekommen. Aufgrund ihrer psychischen Verfassung konnte meine Mutter nicht mehr arbeiten. Meine Eltern hatten also kein Einkommen mehr, und meine Mutter wusste nicht, über welche Ersparnisse oder Anlagen sie verfügten. Mein Vater war nur wenige Stunden am Tag wach, in denen sie mit ihm darüber sprechen konnte. Ich saß im Haus meiner Eltern in einem Sessel neben dem Krankenhausbett meines Vaters. Er konnte die Arme nicht mehr heben, folglich auch nicht mehr alleine essen, und meine Mutter saß auf der anderen Seite des Bettes und fütterte ihn löffelchenweise mit Quark. In Erwartung des nächsten Löffels streckte er die Zunge heraus wie ein kleines Kind. Die meisten seiner Zähne waren herausgefallen, weil das Zahnfleisch sie nicht mehr hatte halten können. Sein ganzer Körper war aufgequollen, sodass er aussah, als stecke er in einer Decke aus sich selbst.

Meine Mutter war so unruhig und nervös, dass ihre Hände zitterten, wenn sie den Löffel zum Mund meines Vaters führte. Es war, als würde ich mehrmals täglich einer Theatervorstellung beiwohnen, bei der die Schauspieler schon lange nichts mehr vorspielten. Meinen Vater zu versorgen, war für meine Mutter inzwischen, als müsste sie ein Kind versorgen – hektisch, schwer planbar, erschöpfend und oft belastend –, nur ohne die bedingungslose Liebe, die eine Mutter für ihr Kind empfindet.

Ich hatte die Geschichte, wie John und Tracy Piazza sich kennengelernt hatten, immer geliebt. Es ist die einzige Geschichte über meine Eltern, die sich anhört, als wären sie wirklich glücklich miteinander gewesen. Meine Mutter war eine schöne, lebenslustige junge Frau aus Denver, deren weizenblondes, seidiges Haar ihr bis zum Po reichte. In meiner Kindheit war es so lang, dass sie sich darauf setzen konnte. Sie war in ihrer Jugend auf südamerikanischen Pferden geritten und in den Rocky Mountains gewandert. Als sie an der Drake University in Des Moines, Iowa, studierte, hatte sie nur ein Ziel: einen Ehemann zu finden, vorzugsweise einen Arzt oder Anwalt. Mein Vater war der rauflustige und kluge Sohn eines Lkw-Fahrers und einer Krankenschwester aus Scranton, Pennsylvania. Als eines von fünf Kindern trampte er zum College, ebenfalls Drake, und zahlte seine Studiengebühren selbst, nachdem er sie sich hinter dem Tresen der Campus-Bar, dem MadDog, verdient hatte.

Meine Mutter, die damals achtzehn war, lernte er an ihrem allerersten Tag auf dem College in jener Bar kennen, als sie frisch vom ersten Treffen der Studentinnenverbindung Delta Gamma kam. Mein Vater sah sehr gut aus, wie Al Pacino in *Der Pate*, ein wenig hippiemäßig, mit schwarzem Haar, tiefgründigen Augen und einem markanten Kinn – ganz anders als die Jungs bei ihr zu Hause in den Rocky Mountains. Er erzählte ihr, dass sie das hübscheste Mädchen sei, das er je gesehen habe. Später scherzte meine Mutter, das habe nur daran gelegen, dass seine Heimatstadt Scranton nicht gerade für seine schönen Mädchen bekannt gewesen sei. Der Familienlegende nach versprühte er seinen Charme, indem er schmutzige Witze erzählte und ihr Margaritas ausgab, bevor er sie dazu überredete, ihn in sein Apartment zu begleiten, um in seinem Pool zu schwimmen. Sie warf kichernd ihr Haar zurück und stimmte zu.

Erst nachdem sie im Wasser war, wurde ihr klar, dass er sie durch einen kleinen Durchgang zum Pool eines Fremden gebracht hatte. Als ich die Geschichte zum ersten Mal hörte, fand ich die Aktion toll, sie war so frech und lustig. Rückblickend erschien sie mir jedoch wie eine Metapher für eine vierzigjährige Ehe, die auf Halbwahrheiten beruhte, kleine Verletzungen hatten sich zu tiefen Schnitten ausgewachsen, Versprechen waren gebrochen worden.

Während meines Besuchs zu Hause saß meine Mutter mit abwesendem Blick auf der Veranda. Durch ihre Depressionen war sie mir sehr fremd geworden.

Als ich versuchte, ihre Hand zu nehmen, zuckte sie zusammen. Das war nicht die Mutter, die ich kannte.

Bevor sie krank wurde und bevor ich Nick kennenlernte, setzte sich meine Mutter fast jeden Sonntag in den Zug von Philadelphia nach New York, um mich für ein paar Stunden zu besuchen. Dann aßen wir in einem schmuddeligen Lokal gegenüber von meiner Wohnung zu Mittag. Niemand konnte mich damals so gut aufbauen wie sie, insbesondere, wenn ich unter einer üblen Trennung litt und einen Kater hatte. »Ich mache mir da überhaupt keine Sorgen«, sagte sie dann, während sie Rührei und Bratkartoffeln in ihren Mund schaufelte. Bei ihren Besuchen unterbrach sie die jeweilige Diät, die sie gerade machte. »Eines Tages findet du deinen Traummann, Jo. Das sagt mir mein Instinkt.«

Nun hatte ich meinen Traummann gefunden, aber sie hatte all ihre Zuversicht verloren. Sie war resigniert. Ich hätte ihr gern gesagt, dass ich immer noch enttäuscht darüber war, dass sie sich auf unserer Hochzeit so wenig um mich gekümmert hatte. Sie war das Einzige, was an jenem Tag gefehlt hatte. In den Tagen vor unserer Hochzeit lag sie mit einer Depression im Bett und war sich nicht sicher, ob sie es überhaupt zu unserer Trauung schaffen würde. Ich sah sie erst, als ich in der Kirche den Mittelgang hinunterschritt. Nicht meine Mutter, sondern Nicks Mutter Patsy hatte mich in meiner Hochzeitssuite besucht, mich umarmt, mir Glück gewünscht und mir ein Paar Ohrringe geschenkt, die sie speziell für diesen Anlass hatte anfertigen lassen.

Meine Mutter konnte nichts dafür. Sie war krank, dennoch nahm ich es ihr übel. Ich wollte, dass sie sich zusammenriss, sie sollte wieder die Mutter sein, die sie in unserem Lokal immer für mich gewesen war – mein Coach, meine Freundin. Dann kam ich mir selbstsüchtig vor, weil ich nicht mehr Mitgefühl aufbrachte.

»Es tut mir leid, dass du das durchmachen musst«, sagte ich. Mein Blick fiel auf ihre stumpfen Haare und die trockene, rissige Haut ihrer Hände. Die Ungerechtigkeit zwischen der Krankheit meines Vaters und der meiner Mutter bestand darin, dass seine so augenscheinlich war, so deutlich körperlich sichtbar. Weil jeder sehen konnte, wie krank er war, behandelten ihn auch alle wie einen Kranken. Aber eine seelische Erkrankung bleibt in einem gesund wirkenden Körper verborgen. Niemand kümmerte sich um meine Mutter und fasste sie mit Samthandschuhen an, weil es leicht war, so zu tun, als habe sie freiwillig entschieden, depressiv zu werden. Das tat ich auch.

»Freust du dich für mich?«, fragte ich und bereute es, kaum dass die Worte meine Lippen verlassen hatten. Was, wenn sie Nein sagte?

»Ich mag Nick«, antwortete sie mit einer Stimme, die von weit her zu kommen schien. »Dein Vater und ich waren Kinder, als wir geheiratet haben. Wir hatten nicht die gleichen Vorstellungen. Wir haben uns die ganze Zeit gestritten. Wir haben so viel miteinander gerungen.« Ich sah, dass ihr Tränen in die Augen traten, und streckte die Hand aus, um sie ihr so zärtlich wie irgend möglich auf den Arm zu legen.

»Du hast eine bessere Wahl getroffen. Ich habe mich in unserer Ehe verloren und weiß nicht, wie ich wieder zu mir zurückfinden soll«, sagte sie. Es war das erste Mal nach über einem Jahr, das wir wirklich miteinander sprachen. *Ich will nicht enden wie du*, dachte ich und fühlte mich schrecklich, weil ich so etwas überhaupt dachte.

Ich war nach Israel gereist, um an mehreren Aufträgen zu arbeiten, manche von ihnen waren leicht und luftig (»Der WICHTIGSTE Hummus der Welt!«), andere ernst (»Ist Israel ein sicheres Reiseland?«). Und was die Ratschläge für eine gute Ehe anging, wusste ich, dass ich noch nach etwas suchte; ich wusste nur nicht, wonach. Die jüdischen Vorschriften, die das Verhalten von Männern und Frauen in der Ehe regeln, faszinierten mich. Ich wollte verstehen, wie es Ehefrauen und Müttern in einer so chaotischen Welt, in einem Land, das ständig von Gewalt und politischen Spannungen erschüttert wird, schafften, stark zu bleiben und die Familie zusammenzuhalten.

Mir fiel es ja schon in meinem unglaublich privilegierten Leben schwer, meinen ganzen Kram zu regeln. Zugegeben, unser erstes Ehejahr war schwieriger als gedacht. Ich hatte nicht damit gerechnet zu erfahren, dass ich krank war, und auch nicht damit, dass meine Eltern beide so krank werden würden. Doch Nick war der beste Ehemann, den ich mir wünschen konnte, besser als jeder, den ich mir hätte erträumen können. Es gab keinen Grund, mich zu beklagen, und doch fühlte ich mich aufgerieben und erschöpft. Auf meinem Flug nach Israel betrachtete ich mich im Spiegel der Flugzeugtoilette. Seit unserer Hochzeit war ich nicht mehr beim Friseur gewesen. Meine Augen waren gerötet und von bläulichen Schatten umgeben. Ich sah ausgelaugt aus. Ich sah beschissen aus. Irgendetwas musste sich ändern.

Nachdem ich einen langen Tag im Toten Meer getrieben war, traf ich in Jerusalem ein. Ein willkommener Kontrast zum Abend in Tel Aviv. Diese Stadt hatte mich allzu sehr an die schlimmsten Seiten von New York und Los Angeles erinnert – die Menschenmengen, die Schlangen vor den Clubs, die nie zu schließen schienen, Muskelprotze, die spärlich bekleidet am Strand trainierten, und das Bestreben der Einwohner, mir zu erzählen, dass sie immer die Besten waren.

Obwohl Jerusalem sich in stetem Wandel befindet und häufig von Gewalt heimgesucht wird, waren die Menschen hier viel netter, zurückhaltender und Fremden gegenüber freundlicher als die Leute in Tel Aviv. Während ich stundenlang durch das Labyrinth aus Geschäften in der Altstadt schlenderte, habe ich mich kein einziges Mal unsicher gefühlt. Ich erstand einen Rosenkranz für meinen Vater, der katholisch erzogen worden ist, und ließ ihn in der Kirche vom Heiligen Grab segnen. Manche Christen glauben, dass Jesus an diesem Ort gekreuzigt wurde. Die meisten Läden in den verschlungenen Gassen der Jerusalemer Altstadt haben keine richtigen Namen. Es sind kleine Buden, nicht größer als ein Kleiderschrank – angefüllt mit Steinen aus dem Roten Meer, Weihrauch, Davidsternen, hölzernen Rosenkränzen, T-Shirts mit hebräischen Schriftzeichen, die verkehrt herum gelesen einen Fluch ergeben, billigem Hard-Rock-Café-Kram und Weihwasser. Diese Stände drängen sich in den feuchtkalten Gassen des süßlich riechenden alten Markts aneinander.

Ich war mit Chana verabredet, einer orthodoxen Jüdin, die nichtgläubige Frauen in die Feinheiten des israelischen Ehegesetzes einführt und ihnen vermittelt, wie diese Vorschriften jede Ehe verbessern und stärken können, auch wenn beide Partner keine frommen Juden sind. Ich war katholisch erzogen worden und Nick von der Episkopalkirche geprägt, aber wir hatten beide seit zwanzig Jahren keinen Gottesdienst mehr besucht. Wir fühlten uns demselben Moralkodex verpflichtet – dass man seinem Nächsten gegenüber freundlich sein, sich anständig benehmen und sonntags ruhen soll.

Das israelische Gesetz verbietet die Hochzeit zwischen Juden und Nichtjuden sowie zwischen Juden und zum Judentum Konvertierten auf israelischem Boden. Um in Israel legal zu heiraten, müssen Braut und Bräutigam traditionelle jüdische Ehe-Riten und Rituale zelebrieren und sich von einem orthodoxen Rabbi trauen lassen (die meisten von ihnen sind Männer), auch wenn das Paar nicht besonders religiös ist.

Das israelische Ehesystem ist äußerst kompliziert und umstritten, auch bei praktizierenden, aber nichtorthodoxen Juden. Collegefreunde von mir lebten jahrelang in Israel, verließen das Land jedoch, um sich in Europa (Zypern war eine beliebte Option) oder auf einem Schiff auf dem Meer trauen zu lassen, nur um den Aufwand einer religiösen Trauung zu umgehen.

Chana versucht, weltliche Jüdinnen dazu zu animieren, sich in Israel zu trauen, indem sie sich mit ihnen trifft und über die tiefere Bedeutung der alten jüdischen Rituale spricht. Sie ist der Ansicht, dass die Dinge weniger unheimlich und unangenehm wirken, wenn man sie versteht.

»Niemand sollte sich vor seiner Hochzeit fürchten«, sagte sie zu mir, als wir uns trafen. »Das ist einfach nicht angemessen.« Ich hatte mir Chana älter vorgestellt, wie die Frauen, die ich am Toten Meer kennengelernt hatte, doch sie war in meinem Alter, fünfunddreißig, und hatte bereits sechs wundervolle Kinder. Chana hatte mit zweiundzwanzig geheiratet, womit sie in Jerusalems orthodoxer Gesellschaft bereits als alte Jungfer galt. Ihr Ehemann war bei der Hochzeit achtundzwanzig.

Mit ihrer blassen Haut und ihrer spitzenbesetzten Haube erinnerte Chana mich an ein Gemälde von Vermeer. Sie empfing mich in ihrer Wohnung im achten Stock und führte mich auf den Balkon, von wo aus ich die Aussicht auf die Altstadt bewundern konnte, bevor wir uns entspannt auf ihrem Sofa niederließen. Ihre älteste Tochter brachte uns ein Tablett mit *Macarons*, den französischen, nicht den jüdischen. Ihr Mann ging ein paar Stunden mit den Kindern vor die Tür, sodass wir einfach zwei junge Frauen waren, die sich über die Ehe unterhielten. In der weltlichen Ehe gibt es viele Pflichten und Verbote. Du sollst keinen Sex mit einem anderen haben. Du sollst deinen Ehepartner schützen und achten. Du sollst nicht heimlich seine oder ihre E-Mails lesen, während er oder sie unter der Dusche steht. Doch das orthodoxe Judentum verfügt über sehr spezielle Regeln, nicht nur was die Trauung angeht, sondern auch für die Ehe.

Chana beglückwünschte mich zuerst dazu, dass ich mir so viel Mühe mit meinem ersten Ehejahr gab. »Das erste Jahr ist so wichtig. Im ersten Jahr gibt es die meisten Scheidungen«, fügte sie hinzu. »Wenn das erste Jahr funktioniert, ist das schon mal sehr gut.«

»Also, wie sehen die Regeln aus?« Ich kam gleich zum Punkt, balancierte ein Heft auf meinem Oberschenkel und hielt einen Stift in der Hand, um mir Notizen zu machen.

Chana ließ ein helles Lachen erklingen.

»Wo fange ich an?«, flüsterte sie aufgeregt. »Die Ehe ist eine Reise ins Unbekannte. Aber zuerst sollte ich Ihnen vielleicht von der Mikwe erzählen. Das ist es, was nichtgläubige Frauen als stressig empfinden, wenn sie hier heiraten. Um eine Heiratsurkunde zu erhalten, muss man eine Mikwe machen, und ich halte das für eine gute Sache. Die meisten Leute verstehen das nicht und lehnen es ab. Ich fürchte, weltlich orientierte Menschen hassen die Religion, weil sie schlechte Erfahrungen mit ihr gemacht haben. Das würde ich gerne ändern. Die Mikwe sollte etwas Wunderbares sein.«

Ich hatte vorher noch nicht einmal das Wort gehört, aber Chana erklärte mir geduldig, was es bedeutete. Eine Mikwe ist ein rituelles Bad, dem sich sowohl Männer als auch

Frauen unterziehen und bei dem man in fließendes Wasser aus einem Bach, einem See oder dem Meer eintaucht. In israelischen Städten wie Jerusalem und Tel Aviv gibt es Badehäuser speziell für diese Zeremonie, in denen dem Wasser zumindest ein wenig Regenwasser beigegeben wird. Man betritt das Wasser nackt und streckt Arme und Beine von sich, damit jeder Millimeter Haut und Haar vom Wasser benetzt wird. Während man untertaucht, spricht man ein Gebet. Das geläufigste für Braut und Bräutigam ist das Shehecheyanu, mit dem man Gott dafür dankt, dass er Braut und Bräutigam auf die Ehe vorbereitet: »Gesegnet seist du, Herr, unser Gott, Herrscher über die Welt, der du uns am Leben erhalten hast, uns beschützt hast und uns in diesen Lebensabschnitt geführt hast.« Bei den Frauen wird die Mikwe von einer Aufseherin begleitet, häufig einer älteren orthodoxen Jüdin. Chana gibt zu, dass diese Damen oft ein bisschen barsch sein können, wenn sie den Körper der Frau inspizieren, bevor die Braut ins Wasser eintauchen darf. Niemand möchte nackt begutachtet werden. Ich dachte an die Frauen am Strand vom Toten Meer, wie behutsam sie ihre Hände über meinen Körper und an Stellen bewegt hatten, die Nick noch nicht einmal entdeckt hatte.

Die Mikwe ist schlicht und einfach ein Reinigungsritual. In gewisser Weise erinnerte sie mich an das Temazcal in Mexiko, wo man den Körper reinigt und sich von Altem befreit, bevor man einen neuen Lebensabschnitt beginnt.

Die meisten nichtgläubigen Frauen gehen ein einziges Mal zur Mikwe, bekommen ihre Heiratsurkunde und wiederholen das Ritual anschließend nicht. Chana hingegen geht jeden Monat zur Mikwe, sieben Tage nachdem sie ihre Periode bekommen hat. Sie liebt das.

»Es ist Zeit, die ich für mich allein habe.« Natürlich braucht sie Zeit für sich allein. Sie hat schließlich sechs Kinder!

Für Chana ist die Mikwe Zeit, in der sie sich um sich selbst kümmert. Sie gibt ihr das Gefühl der Erneuerung, sie findet wieder zu sich. Sie geht nicht einfach nur ins Bad. Für sie ist es wie ein monatlicher spiritueller Wellness-Tag. Sie kann dort eintauchen, in sich versinken. Sie macht sich ihre Nägel, cremt ihren Körper ein und schneidet sich die Haare.

»Man kümmert sich einen ganzen Tag lang nur um seinen Körper«, sagt sie. »Man kann das mit einem Reset-Knopf vergleichen. Ich weiß nicht, ob das die Intention Gottes war, aber ich glaube, ja. Ich glaube, dass das der Grund ist, warum wir das tun. Es gibt uns Frauen Gelegenheit, uns um uns zu kümmern. Das vergisst man leicht, wenn man verheiratet ist.«

»Ich glaube, ich hatte eine Mikwe im Toten Meer. Es hat sich sehr wie eine Mikwe angefühlt.«

Sie schaute mich neugierig an, und ich erzählte ihr, wie ich mich dem Meer und den beiden Frauen mit ihrem Schlamm hingegeben hatte.

»Klar, das kann sein«, sagte sie mit angemessener Skepsis.

Dass Chana darauf bestand, dass man sich um sich kümmern müsse, klang überzeugend, insbesondere hier. Ich dachte an die Sicherheitsanweisung im Flugzeug. *Setzen Sie zuerst Ihre eigene Sauerstoffmaske auf.* Das Leben in diesem Teil des Mittleren Ostens war von großer Unsicherheit geprägt. Um einer Familie Sicherheit zu vermitteln, bedurfte es einer starken Ehefrau und Mutter, die gut für sich selbst sorgte, sodass sie sich in der Folge um alle anderen kümmern konnte. Meine Mutter konnte nicht gut für sich sorgen, insbesondere nicht in Krisenzeiten.

Schließlich fühlte ich mich entspannt genug, um Chana anzuvertrauen, dass mich die orthodoxen Vorschriften interessierten, die regelten, wann Frauen mit ihren Ehemännern Sex haben durften, oder vielmehr, wann nicht. Ich hatte gehört, dass es orthodoxen Paaren verboten war, zu bestimmten Zeiten im Monat Sex zu haben.

Chana zog amüsiert ihre sehr sorgfältig gezupfte Augenbraue hoch und hob die Hand, um mir Einhalt zu gebieten, bevor ich womöglich etwas Beschämendes sagen konnte.

»Das haben Sie falsch verstanden«, sagte sie. »Nach dem jüdischen Gesetz sind sexuelle Beziehungen zwischen einem Mann und einer Frau ehrwürdig und heilig. Aber ehrwürdig und heilig in einem sehr positiven Sinne. Sex ist für Juden eine sehr positive Sache. Aber man darf Sex nur in der Ehe und nur mit dem Ehepartner haben. Und dann, wenn man geheiratet hat, nur zu bestimmten Zeiten. Das stimmt«, sagte Chana.

Sie ertappte mich dabei, dass ich das Gesicht verzog, und bedachte mich mit einem Blick, der sagte: *Sei nicht so voreingenommen, du Dummerchen.* »Wir dürfen keinen Sex haben, solange wir unsere Periode haben und an den sieben Tagen danach.«

»Weil damit sichergestellt ist, dass die Frau dann Sex hat, wenn sie am fruchtbarsten ist, stimmt's?«, antwortete ich. »Ihr wollt, dass die Wahrscheinlichkeit möglichst hoch ist, Babys zu bekommen.« Ich bereute meine Worte, kaum dass ich sie ausgesprochen hatte. Ich merkte, wie ich ihren Glauben auf einen biologischen Imperativ reduzierte.

Sie schüttelte den Kopf und beugte sich zu mir herüber, als wollte sie mir ein großes Geheimnis anvertrauen.

»Die Leute denken, bei diesen Regeln ginge es nur ums

Kinderkriegen, aber das stimmt einfach nicht.« Als sie seufzte, erinnerte ich mich daran, dass sie in dieser Wohnung ein ganzes Basketballteam großzog. »Es ist die Zeit, in der Sex gut für die Frau ist. Wir glauben, dass sexuelle Bedürfnisse, *ernsthafte Bedürfnisse*, der Frau guttun. In der Zeit, in der wir Sex haben, machen die Hormone den Sex besonders angenehm für die Frau. Wenn man bis zum siebten Tag nach der Periode wartet, ist die Libido besonders groß.«

Ich kaute länger als nötig auf meinem Macaron herum, um darüber nachzudenken.

Chana fuhr fort: »Jetzt stellen Sie sich dazu noch vor, dass Sie Ihren Ehemann in dieser Zeit nicht anfassen dürfen. Stellen Sie sich vor, wie großartig es sich anfühlt, ihn dann wieder anfassen zu dürfen und sich die ganze aufgestaute Energie entlädt.« Zu orthodoxen jüdischen Ehen gehört ein besonderes Ehebett. Während der zwei Wochen, in denen die Eheleute keinen Sex haben dürfen, in denen sie einander nicht berühren dürfen, wird es auseinandergerückt. Und in den zwei Wochen, in denen sie einander berühren dürfen, wird es wieder zusammengeschoben.

»Moment«, unterbrach ich sie. »Das mit dem Sex habe ich verstanden. Aber man darf sich während dieser zwei Wochen auch nicht berühren? Man darf sich nicht umarmen oder küssen, auch nicht kneifen oder kitzeln?«

Sie schüttelte den Kopf. »Man darf den anderen nicht berühren. Das macht es umso aufregender, wenn man es dann wieder darf. In einer Ehe verliert man sich leicht, vor allem wenn man Mutter wird. Die zwei getrennten Wochen sorgen dafür, dass man sich mit seinem Körper verbindet, zu seinem Frausein zurückkehrt. Man lernt, seinen Körper wieder zu lieben. Wir zwei trennen uns voneinander, um uns selbst besser kennenzulernen, und kommen dann vollständiger wieder zusammen. Das sorgt dafür, dass die Leidenschaft in einer Ehe nicht erlischt. Alles macht sich in dieser Zeit bereit – die Hormone, die Libido. Alles ist großartig«, sagte Chana. Ich kam mir vor, als würde ich die *Cosmopolitan* lesen.

Ich dachte über Chanas Sicht der Dinge nach. Wann hatten Nick und ich den besten Sex? In der Regel dann, wenn ich von einer langen Reise nach Hause zurückkehrte und sich all mein Begehren und meine Vorfreude während mehrerer Tage, manchmal gar Wochen in mir aufgestaut hatten. Diese Reise war ein Paradebeispiel dafür. Ich war erst eine Woche weg, aber aus seinen Textnachrichten ging deutlich hervor, dass Nick mich wie verrückt vermisste. »Wenn ich daran denke, wie ich dich vom Flughafen abhole, hüpfe ich vor Freude auf meinem Stuhl auf und ab«, hatte er geschrieben. »Ich habe mir gestern Abend unsere Hochzeitsfotos angesehen. Was für ein Glück ich doch habe.«

Ich war mit vielen falschen Vorstellungen in dieses Gespräch gegangen. Dazu gehörte, dass das orthodoxe Judentum von Haus aus antifeministisch war, indem es Frauen zu Gebärmaschinen degradierte. Ich hatte nicht erwartet, erhellende und fortschrittliche Hinweise zu erhalten, wie man gut für sich sorgt, für die eigene Zufriedenheit und für die Zufriedenheit in der Beziehung.

»Verbringen Sie Zeit getrennt voneinander«, sagte Chana. »Für mich ist es, als bekäme ich jeden Monat aufs Neue eine Hochzeitsnacht geschenkt … Wissen Sie, Jo, laut Bibel ist die Beziehung zwischen Ehefrau und Ehemann an sich ehrwürdig und heilig. Gott wohnt in jedem Paar, wenn es bereit ist, ihn aufzunehmen.«

»Aber was heißt das?«, fragte ich wie ein ungeduldiges Kind. Da Nick und ich nicht religiös sind, klang die Vorstellung, Gott bei uns aufzunehmen, so, als würden wir einen Fremden auffordern, uns beim Sex zuzusehen.

Sie überlegte. »Wenn ich darüber nachdenke, Gott in die Ehe zu lassen, denke ich dabei an die kleinen Dinge. Nett zu meinem Mann zu sein, wenn er abends nach einem langen Tag nach Hause kommt. Ihn anzulächeln, selbst wenn mir nicht nach Lächeln zumute ist. In unserer Welt ist es so leicht, an mich zu denken, mich, mich, mich. Aber jetzt müssen Sie an Sie beide denken. Es geht um diese kleinen Dinge.«

Ich nickte.

»Im jüdischen Gesetz sprechen wir vom Eheschwur. Das ist so viel mehr als ein Vertrag. Dabei geht es um das Bedürfnis, gemeinsam in der Welt etwas Gutes zu bewirken. Dass beide dieselbe Vorstellung von ›gut‹ haben und danach streben, die Welt gemeinsam zu verändern. Wenn man sich auf diese Regeln konzentriert, dann konzentriert man sich wirklich darauf, die kleinen und die großen Dinge miteinander zu meistern.«

Als ich schon wieder zurück in den Staaten war, versuchte ich noch immer, die Bedeutung dieser Regeln zu erfassen, und sprach mit einer orthodoxen Gelehrten. Alissa Thomas-Newborn ist das erste weibliche Mitglied des orthodoxen Klerus in Los Angeles. Im ganzen Land gibt es nur eine Handvoll von ihnen. Sie wiederholte, was Chana mir erzählt hatte. Dass die orthodoxen Regeln den Frauen erlaubten, sich Zeit für sich zu nehmen, sich jeden Monat aufs Neue erfrischt und erneuert zu fühlen, und für das Paar, ihre Beziehung auf vielen Ebenen wieder neu zu beginnen.

»Stellen Sie es sich als eine Zeit vor, in der man an seinen Kommunikationsfähigkeiten arbeitet, in der man miteinander spricht, ohne an die körperlichen Aspekte der Beziehung zu denken«, erklärte mir Thomas-Newborn. »Betrachten Sie es als eine wunderbare Gelegenheit! Es kann eine Zeit sein, in der man seine Beziehung auf unterschiedliche Weise erkundet.«

Chana hatte mir auch von ihrer Theorie der Bausteine erzählt, die nicht in der Bibel steht, für mich aber ebenso wertvoll war. Jedes Ehepaar sollte an die Bausteintheorie denken.

»Jede Krise, ob klein oder groß, ist ein Baustein. Sie können ihn dazu benutzen, um eine Mauer zwischen sich zu errichten, oder dazu, gemeinsam das Fundament Ihres Zuhauses zu bauen. Sie können zulassen, dass der Baustein Sie auseinanderbringt oder die Beziehung stärkt. Immer, wenn ich in meiner Beziehung an einem Tiefpunkt bin, denke ich darüber nach, wie wir am Ende an dieser Krise wachsen können.«

Kurze Zeit später kam ihr Ehemann mit den Kindern nach Hause, und inmitten der wunderbaren Kakofonie sah ich, wie Chana beides, ihre Zeit für sich und die mit ihrer Familie, genoss. Als ich ging, umarmte sie mich herzlich und flüsterte mir ins Ohr: »Passen Sie gut auf sich auf.«

Ich ging davon aus, dass wir guten Sex haben würden, wenn ich von meiner Reise in den Mittleren Osten zurückkehrte. Wir hatten eine Zeit getrennt voneinander verbracht und konnten nun vollkommener wieder zueinanderfinden. Richtig? Stattdessen gerieten Nick und ich in einen Streit.

Es fing harmlos an. Wir kamen nicht dahinter, wie man

ein Bankkonto einrichtet, von dem automatisch unsere Hypothekenrate überwiesen würde. Schließlich eröffneten wir eins bei Wells Fargo, wo uns jedoch der Zugang gesperrt wurde, weil wir zu häufig ein falsches Passwort eingegeben hatten.

Wir überlegten, ob wir die Hypothekenrate von einer Kreditkarte abbuchen lassen sollten, und in diesem Zusammenhang äußerte ich den Wunsch, mich von dem Großteil unserer Kreditkarten zu trennen. Nick hingegen wollte so viele Kreditkarten wie möglich besitzen, um so das Maximum an Vielfliegermeilen zu erzielen. Mein Magen verkrampfte sich, und ich atmete flach. Die Vorstellung, jeden Monat Plastik-Schulden anzuhäufen, löste in mir eine Panikattacke aus. Aber irgendwie kamen wir auf das eigentliche Thema zurück und loggten uns in unser Kreditkartenkonto ein, um herauszufinden, ob wir es mit der anderen Bank verbinden und so unsere Hypothekenrate bezahlen konnten.

Ich ging die Abbuchungen der letzten Monate durch. »Warum gehen wir so oft essen?«, fragte ich. »Findest du, dass ich dermaßen schlecht koche? Hat dir das auf der Bierdose gegrillte Hähnchen nicht geschmeckt?«

Während wir uns darüber stritten, wie wir unser Geld ausgeben sollten, heizte sich die Atmosphäre immer mehr auf. Ich befand mich bereits in dem gefährlichen Zustand, in dem mir scharfe Worte zu leicht über die Lippen kamen.

Nick meinte, wir könnten auf unser Auto verzichten. Wir lebten in San Francisco, wozu brauchten wir ein Auto? Ich liebte die Freiheit, ein Auto zu besitzen, mit dem man der Stadt entfliehen konnte, um in die Weinberge zu fahren oder um bei Cosco einen riesigen Vorrat an Toilettenpapier zu besorgen.

»Würden wir in New York wohnen, bräuchten wir kein Auto, hier brauchen wir definitiv eins«, sagte ich. Ehe es mir überhaupt bewusst wurde, zählte ich bereits alle Gründe auf, wegen derer ich hier unglücklich war, und all die Dinge, die ich an San Francisco hasste – im Supermarkt angeschnauzt zu werden, weil ich nicht meine eigene Einkaufstasche mitgebracht habe; ungläubig angestarrt zu werden, weil ich noch nie auf dem Burning-Man-Festival war; dass jeder auf einen herabsieht, wenn man nicht bei Google oder Facebook arbeitet; der feuchte Nebel, der einem in die Knochen kriecht und dafür sorgt, dass einem niemals warm wird.

Ich war nicht total unglücklich an der Westküste. Klar, ich hatte hier keine Freunde und von den Hügeln ständig Muskelkater in den Pobacken, und ich fühlte mich wie eine Aussätzige, weil ich meinen Biomüll nicht kompostierte. Doch San Francisco war nicht so schrecklich, wie ich es gerade darstellte. Ich suchte nur nach Angriffspunkten. Ich war angespannt. Ich war in dem Glauben aufgewachsen, dass Ehepaare sich jeden Tag stritten. Ich hatte miterlebt, wie ihr ständiges Gezanke meine Eltern zermürbt hatte. In der Vergangenheit hatte ich es genauso gemacht wie sie. Ich hatte gegen meine Partner mit der gleichen perversen Freude gestichelt, die ich beim Ausdrücken eines Pickels empfand, und war erst ruhiger geworden, wenn ich ordentlich Dampf abgelassen hatte. Doch mit Nick hatte ich das bis jetzt nicht getan. Er war der erste Mensch, mit dem sich alles normal anfühlte. Unser festgefahrener Streit beförderte lange vergessene Spannungen an die Oberfläche und katapultierte uns so an immer dunklere Orte.

»Warum musst du immer recht haben?«

»Manchmal bist du einfach ein blöder Snob.«

»Warum hassen mich alle deine Freundinnen?«

Kürzlich war eine von Nicks Freundinnen zum Essen bei uns gewesen. Sie hatte neben mir gesessen und sich ungefähr eineinhalb Stunden mit ihrem Smartphone beschäftigt. Als ich auf das Display schaute und überlegte, ob sie vielleicht einen Notfall bei der Arbeit hatte, sah ich, dass sie mit Freunden *Words* spielte. Sie war der letzte *Hygge*-Gast, den ich bewirtet hatte.

»Und, wo wir gerade von deinen Freundinnen sprechen, warum triffst du dich mit deiner Ex-Freundin zum Kaffee, ohne es mir zu sagen?« Ich verstieß gegen die Regel, die Bobby Klein uns in Mexiko erklärt hatte. Ich brachte bereits lange geklärte Themen wieder auf, die eine Ehe vergiften, wenn man sie immer und immer wieder anspricht, nachdem sie bereits erledigt waren.

»Ach, mein Gott, ich muss dir doch nicht alles erzählen. Ich hab's vergessen! Warum wirst du so komisch und eifersüchtig, wenn du über ganz andere Sachen wütend bist? Hast du etwa wieder die Finger in den Brie gesteckt und ihn so gegessen?«

»Ja, das musst du mir unbedingt sagen! Darum geht es in einer Ehe – dass du mir alles sagst! Vielleicht habe ich es getan! Na und? Das ist Brie. Den isst man so.«

»Vielleicht liegt es an dir, dass du hier keine Freunde hast. Sieh dir doch nur an, wie du dich aufführst.«

Das hatte gesessen. Seine Worte trafen mich und machten mich wütend. Er konnte sie nicht mehr zurücknehmen. »Scheiß drauf. Lass mich in Ruhe.«

Nick nannte mich eine verwöhnte Göre. Daraufhin warf ich ihm ein Schimpfwort an den Kopf, das ich hier lieber nicht wiederholen möchte.

Wir zogen uns in getrennte Zimmer zurück, die Stille war bedrückend, unsere gemeinsame Niederlage belastend. Lady Piazza lief den langen Flur auf und ab und weigerte sich, für einen von uns Partei zu ergreifen. »Ich habe dich aus einem Müllcontainer gerettet«, erinnerte ich sie. »Er ist ganz neu bei uns, und er lässt dich noch nicht einmal im Bett schlafen!«

Ich schäumte im Wohnzimmer vor mich hin und versuchte runterzukommen, indem ich einen Brownie aß und mir die Szene aus Casablanca ansah, in der Rick Ilsa zum Flugzeug bringt. Zum hundertsten Mal dachte ich darüber nach, ob sie mit Victor Laszlo nicht doch besser dran wäre. Victor Laszlo würde niemals mit seiner Ex-Freundin Kaffee trinken. *Er* wusste, was Loyalität bedeutet. Ich öffnete Skype. Der kleine grüne Punkt neben Nicks Skype-Foto blinkte. Ich hatte ihn zu überzeugen versucht, das Bild auszutauschen, weil er darauf wie ein zwanzigjähriger deutscher Austauschstudent aussah. Also war er online. *Warum ist er auf Skype?*, dachte ich. *Mit wem spricht er? Redet er etwa über mich? Sollte ich mit ihm skypen?* Nein, entschied ich. Ich würde nicht mit meinem Ehemann skypen, der sich im selben Haus befand.

Ich griff nach meiner Handtasche, verließ das Haus und machte mich auf zum Yogastudio, das etwas weiter die Straße hinunter liegt. Mich mit irgendwelchen Fremden, die es ablehnten, Deo zu benutzen, zu dehnen und gemeinsam zu atmen, würde mir guttun. Der Vinyasa-Kurs war voll, und als ich mich vornüberbeugte, um den Boden zu berühren, sah ich, dass meine Zehen abscheulich aussahen – ungepflegt, mit einem letzten Rest roten Nagellacks am Rand.

»Ääh«, machte ich laut.

»Bist du okay?«, die Lehrerin rieb mir über mein Steißbein und setzte ihre makellosen Zehen mit perfektem türkisfarbenem Nagellack neben meine.

»Aaah«, sagte ich. »Ich entspanne nur gerade. Aaah!« Meine Antwort schien sie zufriedenzustellen, und auf ihren perfekten zierlichen Zehen begab sie sich zu der Frau neben mir, um bei ihr den Herabschauenden Hund zu korrigieren.

Seit wir nach San Francisco gezogen waren, hatte ich weder eine Maniküre noch eine Pediküre gehabt. Ich machte die Tatsache dafür verantwortlich, dass ich keine Freundin hatte, mit der ich dort hätte hingehen können. In New York war ich oft sonntags mit meinen Freundinnen zur Nagelpflege gegangen, wir hatten gequatscht, gelästert und über unsere Partner gemeckert. Allein in ein Nagelstudio zu gehen, kam mir noch merkwürdiger vor, als alleine essen zu gehen. Beim Yoga habe ich im Laufe der Jahre viel über mich gelernt, und in jenem Moment lernte ich: Ich brauche eine Pediküre.

Ich entschied mich für eins der vielen Nagelstudios in der Divisadero Street und verwöhnte mich mit glänzenden rosafarbenen Finger- und Zehennägeln. Die Anspannung begann, aus mir in die nach grünem Tee riechende Porzellanwanne zu schmelzen, in der ich meine Füße badete. Warum hatte ich damit aufgehört? Mir Zeit für mich zu nehmen und mich um mich selbst zu kümmern, war mir dermaßen wichtig gewesen, als ich noch als Single in New York gelebt hatte. Seitdem ich verheiratet war, war meine Zeit immer öfter von »Wir«-Zeit oder von »Essen mit merkwürdigen anderen Paaren«-Zeit verdrängt worden. Um mich weniger alleine zu fühlen, begann ich, meiner Freundin Sarah zu simsen, die gerade eine schmutzige Scheidung durchmachte. Bevor sie sich zur Scheidung entschlossen, gehörten Sarah und ihr Ex zu jenen Paaren, die ständig alberne Selfies und Hashtags wie #BesterEhemannDerWelt und #SindWirNichtSüß von exotischen Orten posteten, auf denen ihre Frisuren perfekt gestylt waren. Sarah gehörte zu jenen, die mir das Gefühl vermittelt hatten, jede andere verheiratete Person außer mir sei bereits in das Geheimnis der perfekten Ehe eingeweiht. Im Nachhinein schienen die albernen Selfies die eigentliche Wahrheit kaschiert zu haben. Jetzt kommunizierten die beiden nur noch über ihre Anwälte miteinander.

Während ich darauf wartete, dass meine Nägel trockneten, setzte mir Sarah per SMS in knappen Sätzen und mit zahlreichen Emojis den Niedergang ihrer Ehe auseinander.

Es stellte sich heraus, dass ihre Ehe nicht mit einem einzigen Knall geendet hatte. Es begann mit dem Streit um Kleinigkeiten. Er wollte Dauerkarten für die Yankees kaufen. Sie hielt das für Geldverschwendung. Sie hängte die Toilettenpapierrolle falsch auf. Er aß ständig Müsli im Bett. Sie meinte, Silicon Valley nerve, er hielt es für genial. Er wollte in ein Wohnprojekt ziehen. Sie dachte, er wolle sich da nur an Teenager ranmachen.

»Er kann meine Freundinnen nicht ausstehen«, schrieb sie mir. »Dich eingeschlossen. Sorry. Wir stritten uns erst einmal im Monat, dann einmal in der Woche, zweimal in der Woche, schließlich jeden Tag. Die Verbitterung wuchs und wuchs. Einmal träumte ich, ich würde ihn anzünden. Dann schliefen wir nicht mehr miteinander … Was gut war, denn seine Eier stinken. Echt jetzt.«

Eine Scheidung im Freundeskreis erschüttert immer auch die eigenen Fundamente, und man überlegt aufs Neue, mit welchen Dingen man leben kann und mit welchen nicht.

Vielleicht brauchte ich nicht unbedingt ein Auto, um zu Cosco zu fahren und dreißig Klopapierrollen zu kaufen, die ich dann im Schrank lagerte.

Ich starrte auf meine rosa Zehen hinunter und empfand Glück und Befriedigung, die ganz klar weder in Relation zu den Kosten standen noch zu dem Aufwand, den ich dafür betrieben hatte.

Ich lasse mir die Haare machen, entschied ich. Ich berichtete Glynnis per SMS von dem Streit und der Pediküre und fragte sie, ob ich mir die Haare im Strandlook stylen lassen sollte.

»Du hast gerade viel um die Ohren«, schrieb sie zurück. »Es ist okay, dass du dir eine Auszeit nimmst und dich um dich kümmerst. Deine Zehen sehen übrigens super aus!«

Es ging mir besser. So fühlte es sich an, wenn man wieder zu sich kam. Alle Ehe-Tipps, die ich bislang gesammelt hatte, drehten sich stets um das *Wir*. Aber damit wir stark waren, musste ich auch dafür sorgen, dass ich selbst stark, glücklich und gesund war. Ich dachte an das Interview von Oprah mit Michelle Obama, das ich kürzlich im Fernsehen gesehen hatte. Michelle beschrieb, wie sie bei ihrem Einzug ins Weiße Haus realisiert hatte, dass sie sich, um eine gute Ehefrau und Mutter zu sein, um sich selbst kümmern musste. »Wenn man nicht über seine Zeit und sein Leben bestimmt, übernehmen das andere«, sagte die First Lady. »Wenn du dich auf deiner Prioritätenliste nicht ganz nach oben setzt, rutschst du mit der Zeit immer weiter nach unten.«

Ich hatte aufgehört, mich selbst zur Priorität zu machen. Über Jahre hinweg hatte es mich abgestoßen, wie meine Mutter sich in ihrer Ehe und in ihrer Rolle als Fürsorgerin verloren hatte. Und trotzdem war ich noch nicht mal ein Jahr verheiratet und schon dabei, mich komplett zu verlieren.

Doch als ich in die Wohnung zurückkehrte, kehrte auch meine Wut zurück. Sie bewirkte eine körperliche Veränderung in mir, ich fühlte mich wie eine Hyäne, die Beute wittert, oder wie ein Promi, der einen Paparazzo entdeckt. In der Wohnung brannte kein Licht.

War der Mistkerl etwa abgehauen?

Wenn jemand gehen würde, dann ja wohl ich, doch er setzte noch eins drauf und tat es zuerst.

Er war gegangen.

Ich hatte ihn vertrieben.

Mist.

Jede meiner verheirateten Freundinnen (selbst die glücklich verheirateten) hat ihre ganz persönliche Fluchtfantasie. Erin erzählte mir immer, wenn sie ihren Mann verlassen sollte, würde sie mit ihren beiden Töchtern nach Taos, Mexiko, gehen, in einer einfachen Lehmhütte wohnen und Schmuck aus Federn herstellen. Eliza wollte Barfrau auf Bali werden. Annie würde zu mir nach San Francisco ziehen und lesbisch werden. Ich hatte bis jetzt noch keine Fluchtfantasie. Nick und ich waren doch so strahlend und neu. Ich überlegte, wohin ich gehen würde. In Sekundenschnelle sah ich es vor mir: Ich könnte nach Paris gehen, mir ein Zimmer in einer Wohnung im Marais-Viertel nehmen, mir einen Pony schneiden lassen, das Rauchen anfangen und mir einen pinkfarbenen Kaschmirmantel kaufen.

Doch diese Vorstellung stimmte mich traurig. Paris ohne Nick wäre ziemlich einsam. Wer würde kuriose Fakten über die Konstruktion des Eiffelturms herausfinden oder sagen, auf welcher Seite vom Flugzeug ich sitzen sollte, wenn wir auf Paris-Charles-de-Gaulle landeten.

Während ich im Wohnzimmer saß und schäumte, wirkten meine rosafarbenen Zehennägel im Lampenlicht ein wenig dunkler. Ich dachte darüber nach, was ich als Nächstes tun sollte. Mit Nick sprechen? Oder einfach schlafen gehen, weil ich, offen gestanden, ziemlich erschöpft war. Wenn man heiratet, hört man immer denselben Rat: Geh niemals wütend ins Bett. Das schien mir schwachsinnig. Manchmal braucht man doch Schlaf, um einen freien Kopf zu bekommen, oder nicht? Einer der besten Ratschläge, die ich auf meiner Reise rund um den Globus erhalten hatte, stammte tatsächlich aus Hollywood, von der Schauspielerin und Autorin Jenny Mollen. Ich hatte mich ein bisschen in Jenny verliebt, als ich sie für eine *Forbes*-Geschichte darüber interviewte, wie man im Leben erfolgreich ist, indem man erstmal schrecklich scheitert. Die Geschichte war gut und mit Jenny zu sprechen wundervoll. Jenny war seit fünf Jahren mit dem Schauspieler Jason Biggs verheiratet, und ihre zwei *New-York-Times*-Bestseller-Romane handelten viel von ihrer Ehe und davon, ein gemeinsames Kind zu bekommen, einen kleinen Jungen, der Sid hieß. Jennys Ratschlag für eine gute Ehe war das Gegenteil von: »Geh niemals wütend ins Bett.«

»Wissen Sie«, sagte sie, »ich glaube, es ist ganz normal, dass man sich von Zeit zu Zeit auch mal hasst. Man sollte keine Angst davor haben, einander nicht mehr zu mögen. Manchmal wälzt man sich im Bett herum und wünscht sich, er wäre jemand anders. Mädchen wachsen mit einer Idealvorstellung der Ehe auf, in Wahrheit ist sie aber wie Ebbe und Flut. So sehr ich Jason manchmal ermorden möchte, ich weiß, dass wir uns nicht scheiden lassen und dass es weitergeht. Es gibt Zeiten, in denen man Sex mit ihm haben möchte, und es gibt Zeiten, da will man mit jedem anderen schlafen, nur nicht mit ihm.«

Ich machte mich auf den Weg in unser Schlafzimmer.

Lady Piazza trottete fröhlich neben mir durch den dunklen Flur. Sollte sie etwas von Nicks und meinem Streit gemerkt haben, war das Einzige, was sie daran interessierte, ob sich ihr dadurch die Möglichkeit eröffnete, heute im Bett zu schlafen. Ich ging an den gerahmten Fotos vorbei, die wir von unserem zweiten Treffen in Joshua Tree hatten abziehen lassen, ganz kurz bevor das Gewitter aufgezogen war – der Himmel leuchtete violett, aber die Wüste war ruhig und still.

Nick hatte die Leselampe auf meiner Seite des Bettes angemacht. Er war also doch nicht gegangen. Ich lauschte auf seine langen, leisen Schnarcher.

Ich dachte darüber nach, was Chana in Jerusalem zu mir gesagt hatte. Nick und ich hatten einen Streit gehabt. Es war ein Baustein. Wir konnten eine Mauer daraus errichten oder damit weiter an unserem Haus bauen. Wir würden unseren Streit morgen beilegen. Jetzt war ich wütend, und das war in Ordnung. Mein Ehemann war noch da, zu Hause, in unserem Bett. Ich kombinierte den Ratschlag der Hollywood-Schauspielerin mit dem der orthodoxen Jüdin aus Israel.

Ich holte tief Luft, schluckte eine Schlaftablette und legte mich neben Nick ins Bett.

9
Kenia

Es braucht ein ganzes Dorf

»Möchtest du eine Mit-Ehefrau haben?«, fragte mich Naropil, eine umwerfende Massai, freundlich, als ich mich neben sie auf die Erde setzte. »Würdest du zulassen, dass dein Ehemann noch eine Ehefrau hat? Hättest du gern eine?«

Am liebsten hätte ich den Kopf geschüttelt. Ich blickte zu Nick, der links neben mir saß. Mein Ehemann mit einer anderen Frau? Nein, danke. Mir machte schon Nicks platonischer Harem aus bedürftigen Ex-Freundinnen genug zu schaffen. Aber ich wusste, das war die falsche Antwort, die Unhöfliche-Weiße-Antwort, und so zuckte ich stattdessen nur mit den Schultern.

»Vielleicht? Unter den richtigen Umständen. Wenn sie cool wäre. Das ist wirklich schwer zu sagen. Würde sie das Kochen übernehmen?«

Das stimmte *tatsächlich* … oder kam der Wahrheit nahe. Sobald der Dolmetscher den Frauen um mich herum meine Antwort übersetzt hatte, jubelten sie und stampften mit ihren nackten Füßen auf den Boden. Auf meinen Reisen verzweifle ich häufig daran, dass ich mir vorschnell ein Urteil bilde, ehe ich etwas wirklich verstanden habe. So auch in Kenia. Polygamie ist in Kenia legal. 2014 unterzeichnete der Präsident des Landes, Uhuru Kenyatta, ein umstrittenes Gesetz und legalisierte damit die langjährige Praxis der Polygamie, die in ostafrikanischen Stammesregionen schon lange auch ohne staatliche Erlaubnis gang und gäbe ist.

»Es ist schwierig, sich um das alles zu kümmern«, sagte Naropil und deutete mit einer umfassenden Geste auf das Dorf Naurori in der Masai Mara im Süden Kenias. Auf dem Grundstück der Familie wimmelte es von Kindern, Ziegen und Schafen. »Wenn du sehr hart arbeitest, brauchst du eine Mit-Ehefrau, die sich um die Kinder kümmert, um das Haus, die Kühe und die Ziegen.«

In vielen Teilen der kenianischen Stammesgebiete leben Männer mit ihrer ersten Frau in einer monogamen Beziehung, bis sie ungefähr fünfunddreißig Jahre alt sind. Doch mit wachsendem Wohlstand bekommen sie auch mehr Frauen. Als Massai-Krieger hätte Nick mit seinen 41 Jahren mindestens zwei Frauen. Er begnügte sich jedoch mit mir und besaß keine einzige Kuh, keine Ziege und kein Schaf. Nur Lady Piazza.

Die Frauen im Dorf begannen, Nick auf eine Weise zu begutachten, wie ich es bei *Trader Joe's* mit einer Avocado mache. Sie umkreisten ihn, stupsten ihn an und befühlten seinen Bizeps.

»Warum ist dein Ehemann schon so alt und hat nur eine Frau?«, fragte mich eine. »Warum habt ihr keine Kinder?« Eine kinderlose Ehefrau zu haben, hieß in ihren Augen, dass wir ein sehr armes Paar waren. Es saßen vielleicht ein Dutzend Frauen bei uns, aber es tollten so viele Kinder um uns herum, dass ich sie nicht zählen konnte. Eins davon, ein neugieriges Kleinkind mit der Figur einer Bowlingkugel, watschelte zu Nick, um dessen blondes Haar anzufassen. Gelbes

Haar war hier etwas Fremdes und Lustiges und ganz offensichtlich eine Einladung, Nick zu streicheln.

»Ich habe alle Frauen, die ich brauche«, sagte Nick voller Überzeugung und zeichnete mit seinem Finger kleine Kreise auf meinen Rücken. »Aber sobald wir mehr Ziegen haben, denke ich noch mal darüber nach.«

Die Stämme der Massai und der Samburu leben in Kenia noch ganz ähnlich wie ihre Vorfahren vor tausend Jahren. Der Hauptunterschied besteht darin, dass sie jetzt Mobiltelefone besitzen und bei Facebook sind. Es gibt allerdings noch ein paar andere Neuerungen. Heute existieren Vereinbarungen darüber, dass sie der Regierung einen Teil ihres Landes für Wildgehege überlassen, die Stämme gehen wesentlich rücksichtsvoller mit der Tierwelt um (sie jagen keine Löwen mehr), und sie sind daran interessiert, ihre Kinder auf staatliche Schulen zu schicken, wo diese Kiswahili sprechen und schreiben lernen.

Dennoch leben viele Massai und Samburu noch in sehr primitiven Dörfern ohne Strom und fließendes Wasser. Der Wert eines Mannes in der Masai Mara bemisst sich rein nach Zahlen – daran, wie viele Kühe, Frauen und Kinder er besitzt.

Selbst an Nicks schlechtesten Tagen kommt es mir nicht in den Sinn, ihn einer Mit-Ehefrau zu überlassen – noch nicht.

Aber was zum Teufel wusste ich schon? In einem Jahr konnte ich das ganz anders sehen.

Um Polygamie in afrikanischen Stammesregionen zu verstehen, sie wirklich zu verstehen, muss man sich etwas von westlichen Moralvorstellungen lösen. Gleich vorneweg sollte man drei Dinge wissen: Erstens, dass es den Massai und den Samburu bei der Polygamie nicht um Sex geht, sondern um das Aufteilen der Arbeit. Zweitens, dass es normalerweise die erste Ehefrau ist, die den Mann um eine Mit-Ehefrau bittet. Und drittens, dass die meisten Frauen ihren Frieden mit diesem Arrangement geschlossen haben. Die Wissenschaftlerin Dr. Crystal Courtney hat mehrere Jahre bei Stämmen in Kenia gelebt und bei ihnen zu den Themen Naturschutz und Bindungen geforscht. Um besser zu verstehen, welche Erwartungen die jungen Stammesfrauen haben, befragte sie an die einhundert Frauen hinsichtlich ihrer Vorstellungen und Wünsche für ihr weiteres Leben. Fast alle beschrieben, dass sie mindestens drei Mit-Ehefrauen und mehr als zehn Kinder haben wollten.

Erst als ich mit den Frauen aus dem Massai-Dorf zusammensaß, verstand ich, dass es bei den Mit-Ehefrauen weniger darum geht, sich den Ehemann zu teilen, als vielmehr um Arbeitsteilung. Vielen westlichen Frauen mag das wie das Gegenteil eines feministischen Konzeptes erscheinen. Als ich es einer Freundin in New York erklärte, einer ehrgeizigen Löwenmutter und Investment-Bankerin, wurde sie so wütend, dass sie beinahe auf den Boden spuckte.

»Warum sagen sie ihren Männern nicht einfach, dass die mehr arbeiten sollen?«, ereiferte sie sich voller Unverständnis für eine Kultur auf der anderen Seite der Welt. Die schlichte Antwort lautet, dass die Männer das nicht tun würden. Und so arbeiten die Frauen mit dem, was sie haben – also mit anderen Frauen.

Mit-Ehefrauen an die Seite gestellt zu bekommen, bedeutet auch, eine Gemeinschaft zu bilden. Massai-Frauen betrachten ihre Mit-Ehefrauen als einen Gewinn, denn eine zusätzliche Frau bedeutet für sie weniger Arbeit, bedeutet ein weiteres Paar Hände, wenn sie krank sind oder sich von einer Geburt erholen müssen. Es bedeutet einfach, einen funktionierenden Haushalt zu haben – und es ist eine Frage auf Leben und Tod. Als ich sah, wie viel die Stammesfrauen arbeiteten, war mir elend zumute. Die Arbeit, die es erfordert, sich um ein Kalb zu kümmern, Wasser zu holen (für das sie meilenweit gehen müssen), Holz für das Feuer zu sammeln (für das sie ebenfalls viele Meilen zu Fuß zurücklegen müssen), zu kochen, Häuser zu errichten – all das war einfach zu viel, als dass eine Frau das alleine leisten konnte.

Um Naropil und ihre Mit-Ehefrauen zu treffen, hatte es einer Tagesreise bedurft. Nick und ich übernachteten im Masai Mara Rekero Camp und hatten eine harte Nacht hinter uns, da direkt nebenan der »Hippo Highway« verlief, wie die Einheimischen ihn nannten. Herden der gigantischen Flusspferde umzingelten uns die ganze Nacht lang, scharrten, stöhnten und rieben ihre gigantischen Hinterteile an unserer Zeltwand. »Da draußen steht ein Tier von der Größe eines Volkswagens«, murmelte Nick im Halbschlaf. »Ich denke, wir sollten nicht rausgehen.« Als Nächstes hörten wir das Kreischen der Buschbabys, einer Mischung aus Affe, Ratte und Kobold, mit riesigen Augen, die in der Dunkelheit leuchteten. Sie flogen durch die Luft und landeten auf unserem Zelt, auf dem sie dann stundenlang herumtanzten.

»Man darf sie nach Mitternacht nicht mehr füttern«, murmelte ich etwas irre.

Gegen drei Uhr morgens kamen die Hyänen mit ihrem kakofonischen Bellen und Lachen dazu. Vor Sonnenaufgang verschlang ein Löwenrudel neben unserem Zelt am Fluss einen Wasserbüffel. In der Masai Mara herrscht eben niemals Langeweile.

Am Morgen fuhren wir gleich als Erstes mit dem Jeep zum Naurori-Dorf und durchquerten schlammige Gräben, in denen sich gelangweilte Krokodile tummelten. Giraffen schoben ihre Köpfe über die orangefarbenen Blätter der Wundersträucher hinweg, um uns zu beobachten. Topi, gewaltige Antilopen mit auffälligem Fell, das aussieht, als würden sie Jeans mit gelben Strümpfen tragen, trotteten in einer Reihe hinter uns her.

Als wir am Gebirgskamm entlangfuhren, informierte uns unser Führer Pius, ein fröhlicher Mann in einem traditionellen rot karierten Massai-Umhang und mit einer Baseballkappe auf dem Kopf, dass es große Neuigkeiten gebe. »Ich habe gerade eine zweite Ehefrau bekommen«, verkündete er stolz, während er einer Elefantenherde auswich.

»Herzlichen Glückwunsch«, sagte ich.

Pius wusste als Massai ganz offenbar um die amerikanische Haltung gegenüber Polygamie und begann, sich zu verteidigen. »Wissen Sie, wir nehmen uns nicht nur zum Spaß eine zweite Ehefrau. Das denken die meisten Amerikaner. Es ist eine Notwendigkeit. Meine Frau wollte es. Sie braucht es. Sie ist jetzt glücklich. Sie sagte mir: ›Pius, ich habe zu viel Arbeit. Besorge mir eine Mit-Ehefrau.‹ Also habe ich mich darum gekümmert. Zwei sind nicht sehr viel. Mein Onkel hat sechs Ehefrauen und fünfundvierzig Kinder. Wir können wie die Impalas sein.« Weil die Massai schon so lange in der Wildnis leben, ziehen sie gern Vergleiche aus dem Tierreich heran. In diesem Fall eine Impala, eine männliche Schwarzfersenantilope, die einen Harem mit vielen Partnerinnen hat, manchmal sogar über zwanzig. Das

Männchen schwängert alle seine Weibchen und beschützt sie vor anderen männlichen Impalas. Häufig sieht man Gruppen von weiblichen Impalas dicht beieinander durch die Ebenen ziehen, begleitet von einem einhörnigen Männchen, das sie von hinten anstößt. Das Männchen wirkt immer erschöpft.

»Wodurch zeichnet sich eine gute Massai-Ehefrau aus?«, fragte ich Pius, während wir weiter in Richtung Dorf fuhren. Er kratzte sich am Kopf und überlegte einen Moment.

»Sie arbeitet hart, ist freundlich und fürsorglich. Sie muss sich um die Ziegen kümmern, um die Schafe und die Kühe, sie muss Feuerholz suchen, kochen und ein Haus errichten können. Die Frauen arbeiten hart, Jo. Sie arbeiten sehr, sehr hart. Das Leben ist nicht immer leicht.«

Mit dem rauen Leben der Massai, sowohl der Männer als auch der Frauen, könnte man mehrere Bücher füllen, mir steht hier nur ein Kapitel zur Verfügung. Die kurze und einfache Antwort, die jedoch ungenügend ist, lautet, dass das Leben der Massai kompliziert ist. Mädchen können bereits mit elf Jahren verheiratet werden, beschnitten sogar noch früher. Es gibt Befürworter und Gegner der Beschneidung. Die eine Seite verurteilt sie als barbarische, brutale und archaische Sitte, während die andere Seite sie als Teil der Stammeskultur und als Schutz der Familienbande sieht. Häufig sind es die Stammesfrauen, die für die Beschneidung eintreten und sie durchführen.

»Wer zum Teufel bist du, dass du dir anmaßt, über diese Menschen zu urteilen?«, fragte mich eine Weiße, die ihr ganzes Leben lang als Farmerin in der Nachbarschaft von Stämmen gelebt hat. »Wie kannst du es wagen zu behaupten, was sie tun, wäre abstoßend und falsch?«

Wir hörten auch Geschichten über präpubertäre Mädchen, die vor ihrem sechzig Jahre alten Verlobten flohen, um einer arrangierten Ehe zu entkommen. Auf der anderen Seite fragten wir eine junge Massai, ob es ihr etwas ausmache, mit einem altersschwachen Mann verheiratet zu sein, der viermal so alt war wie sie. Ihre Antwort lautete, dass sie es absolut in Ordnung finde, weil er zu alt sei, um mit ihr Sex zu haben. Er sorgte gut für sie und kaufte extra für sie Zucker auf dem Markt. Viele andere versicherten uns, wenn ein Mädchen so jung verheiratet werde, dann werde es von der Mutter des Ehemannes und von den anderen Ehefrauen großgezogen, bis es in einem adäquaten Alter sei, um Geschlechtsverkehr zu haben.

Dies sind ernste, komplexe Themen. Nick und ich führten stundenlange Gespräche über die umstrittenen Sitten in den ostafrikanischen Stammesgesellschaften und wissen nicht, was richtig ist. Die jungen Mädchen, die gezwungen wurden, diesen Schmerz und das Trauma auszuhalten, brachen mir das Herz. Es ist erhellend, diese überaus fremde Lebensweise kennenzulernen, und zum Teil sind die Massai und die Samburu gerade deshalb so interessant, weil sie es geschafft haben, in einer sich rasch verändernden Welt an ihrer traditionellen Kultur festzuhalten.

Die meisten Stammesmänner und -frauen wählen ihre Ehepartner immer noch nicht selbst. Vielmehr werden die Ehen von den Stammesältesten arrangiert. Diese bemühen sich, den größtmöglichen wirtschaftlichen Nutzen aus einer Ehe zu ziehen sowie zwei Ehepartner zu finden, die gesund sind und zueinander passen. Die Eltern des Mannes zahlen der Familie der Frau eine Mitgift, die meist aus Kühen, Ziegen und Schafen besteht, und die Väter verhandeln mit ihren engsten Freunden, welches Vieh sich am besten eignet. Die Massai bedenken bei der Wahl der Ehepartner auch genetische Gesichtspunkte. Sie wollen einen Schwiegersohn haben, der gesund und stark genug ist, Frau und Kinder zu beschützen. Sie überzeugen sich davon, dass den Mann keine enge Blutsbande mit dem Clan verbindet. Das Zusammenführen einer Braut und eines Bräutigams ist auch eine Zusammenführung zweier Familien. Väter von Töchtern halten nach einem Mann aus einer guten Familie Ausschau, nach einem starken Krieger mit guten Manieren. Dabei werden die Manieren der gesamten Familie des Mannes begutachtet. So ist es etwa für einen Jungen mit einem bösen Onkel, der Kühe stiehlt, schwieriger, eine gute Frau zu finden.

Als ich, zurück in Milwaukee, meiner Schwiegermutter Patsy die vom Stamm arrangierte Ehe erklärte, zuckte sie mit den Achseln.

»Also, ich bitte dich«, sagte sie und winkte ab. »Was ist an deren arrangierter Ehe schon so anders als das, was wir hier tun? Wir schicken unsere Kinder auf die richtigen Schulen, wir wohnen in bestimmten Gegenden, wir planen gewisse Dinge, damit sie den richtigen Menschen begegnen. Familien verhalten sich auf der ganzen Welt gleich.«

Eine Woche vor einer Massai-Hochzeit findet ein Treffen zwischen den Vätern des Paares und dem Stammesältesten statt, die sogenannte *aadung inkishu*, was wörtlich übersetzt »die Aufteilung der Kühe« heißt. Die Anzahl der Kühe hängt nicht von der Schönheit der Braut ab; vielmehr ist die Bekanntheit des Clans und der Familie entscheidend, aus der das Mädchen stammt. Neuerdings steigt der Wert der Braut, wenn sie gebildet ist – eine fortschrittliche Entwicklung. Wenn die Frau dank ihrer Ausbildung Geld für die Familie verdienen kann, ist ihr Preis jetzt häufig höher. In der Folge bedeutet das einen größeren Anreiz, Mädchen zur Schule zu schicken.

Doch auch Aberglaube spielt eine Rolle. Der Preis der Braut wird immer in einer geraden Anzahl von Kühen bezahlt, weil eine ungerade Anzahl die Ehe mit einem Fluch strafen könnte. Pius hat acht Kühe für seine erste Ehefrau bezahlt und sechszehn Jahre später, aufgrund der Inflation, zehn Kühe für die zweite Ehefrau. Sowohl Jungen als auch Mädchen müssen die Entscheidung ihres Vaters, wen sie zu heiraten haben, respektieren. Äußerst wenige trauen sich, dagegen zu rebellieren.

»Warum sollte ich die Entscheidung ablehnen?«, fragte mich eine Massai entsetzt, die erst kürzlich geheiratet hatte. »Mein Vater will doch nur das Beste für mich. Ich respektiere meinen Vater. Ich liebe meinen Vater. Wenn ich mich weigern würde, den Mann zu heiraten, den mein Vater für mich ausgesucht hat, wäre das respektlos.«

Modernen Amerikanern kommt es völlig verrückt vor, dass sich das Paar möglicherweise vor der Hochzeitszeremonie noch nie im Leben gesehen hat. Der Bräutigam macht sich mit der verhandelten Menge an Vieh auf den Weg, übergibt dem Brautvater die Kühe und nimmt seine Frau mit in sein Dorf. Die große Hochzeitsfeier findet statt, wenn die Braut in ihr neues Zuhause gebracht wird. Die Frauen aus ihrem neuen Dorf singen, tanzen, umarmen und küssen sie auf den Kopf.

»Ihr wird eine sehr, sehr besondere Willkommenszeremonie bereitet«, erklärte uns Pius. »Es ist ein sehr herzliches Willkommen. Jeder macht ihnen Geschenke – Schüsseln, andere Haushaltsutensilien, Ziegen. Die Frau wird in die neue Gemeinschaft eingeführt. Man zelebriert die neue und besondere Liebe des Brautpaares. Nach der Hochzeit wird die Liebe Realität.«

»Je länger ich dich kenne, umso mehr liebe ich dich, Baby«, flüsterte Nick mir zu.

»Sehen Sie?« Pius hatte gelauscht. »Es *stimmt.*«

Dann teilt sich das Dorf Alter und Geschlecht entsprechend in kleinere Gruppen auf. Alte Männer sind mit alten Männern zusammen, alte Frauen mit alten Frauen. Ein großer Bulle und ein großes Schaf werden geschlachtet und über einem traditionellen Feuer aus Zedernholz, Olivenbaumholz und Elefantengras gegrillt. Die zwei verschiedenen Holzarten symbolisieren das Zusammenkommen der beiden Familien. Die Braut und der Bräutigam werden mit traditionellen Perlen geschmückt und in Kuhhäute gehüllt. Die nächsten beiden Nächte verbringt die Braut mit den Frauen des Dorfes, die ihr dabei helfen, sich in ihrer neuen Familie und in der neuen Gemeinschaft einzuleben. Die ganze Zeremonie ist ein Prozess, bei dem die Braut sich nicht nur mit ihrem Ehemann vereinigt, sondern auch mit der ganzen Gemeinschaft. Ich dachte darüber nach. Theoretisch sollte in westlichen Industrieländern die Hochzeit auch genau dazu da sein. Man lädt Leute aus seinen verschiedenen Lebensphasen ein, um den Ehepartner im eigenen Leben willkommen zu heißen. Um ihn stärker in die eigene Welt einzubinden, bringt man Vergangenheit, Gegenwart und Zukunft zusammen.

Nach unserer langen und holperigen Reise brachte Pius uns schließlich in Nauroris Dorf und in ein *Boma*, eine Ansammlung von sonnengetrockneten Lehmhütten, in dem ein Mann, Dickson Naurori, mit seinen vielen Ehefrauen lebt. Die Lehmhütten hatten die Frauen mit ihren bloßen Händen errichtet, genauso wie den das Anwesen umgebenden bedrohlichen Holzzaun mit den scharfen Spitzen, der die Familie und ihr Vieh vor den herumstreunenden Löwen schützte.

»*Supa*«, sagte ich zu der Gruppe, ein Wort, das mich Pius gelehrt hatte und das auf Massai »Hallo« heißt.

»*Ippa*«, riefen sie zurück, was »Ebenfalls hallo« hieß t.

Die Frauen stellten sich mir vor, zunächst noch ein wenig schüchtern. Die langen Tage, die sie unter der erbarmungslosen afrikanischen Sonne schuften mussten, hatten frühzeitig Falten in ihre Gesichter gegraben. Während ich sie zu Liebe und Ehe befragte, blickten sie auf ihre Hände hinunter, mit denen sie nähten und aufwendigen, mit Perlen besetzten Schmuck herstellten. Ich stand dumm herum. *Das hier war eine ganz schlechte Idee*, dachte ich. Wer war ich denn? Eine privilegierte weiße Frau, die hergekommen war, um diesen Frauen persönliche Fragen über ihre Familie und ihre Ehe zu stellen. Ich kam mir wie ein aufdringlicher Alien vor, in meiner Feuchtigkeit absorbierenden Safarihose und mit meiner falschen Fendi-Sonnenbrille.

»Ich habe gerade geheiratet«, platzte ich heraus. »Ich will wissen, wie ich eine gute Ehefrau werde.« Ich machte eine Pause und fügte hinzu: »Ich brauche Hilfe.« Dann guckte ich Pius kleinlaut an.

Er murmelte den Frauen etwas auf Massai zu und erhielt keine Antwort.

»Nein, ich glaube, Sie haben ihnen das nicht richtig übersetzt. Bitte sagen Sie ihnen genau, was ich gesagt habe. Benutzen Sie meine Worte. Sagen Sie ihnen, dass ich wirklich ihre Hilfe haben möchte.«

Er fing von Neuem an.

Die Erklärung, warum ich hier war, dass ich als Frau und frischgebackene Ehefrau auf sie zuging anstatt als neugierige Fremde, bewirkte eine Veränderung im *Boma*. Sie sahen von Pius zu mir und wieder zu Pius, dann begannen sie plötzlich, meine Fragen zu beantworten, und baten Pius, mir alles zu übersetzen. Eine der Frauen zog mich zu sich auf den Boden, damit ich bei ihnen saß. Wenn ich ihren Rat hören wollte, sollten wir uns auf Augenhöhe befinden. Ich ließ mich auf dem weichen Boden nieder, landete nur knapp neben einer Ladung Ziegendung und streckte die Beine aus. Ich blickte auf die glatten, haarlosen Beine der Massai-Frauen. Meine eigenen waren stoppelig, nachdem mir mein Rasierer in die Toilette gefallen war, die im Grunde nur aus einem Loch im Boden bestand. Im Busch hatte ich keinen neuen erwerben können. Für einen Moment fragte ich mich, was sie wohl zum Rasieren benutzten, entschied jedoch, dass es unpassend wäre, sie danach zu fragen.

Eine andere Frau breitete ihre Decke über meinen Schoß und schüttete eine Tasse mit Perlen in kräftigen Farben hinein. Sie gab mir ein Stück Draht und ermunterte mich, an einem Armband zu arbeiten, während wir uns unterhielten. Eine Massai-Frau macht sich immer nützlich.

Naropil war eindeutig die Chefin dieser Gruppe. Sie war groß und schlank und makellos in eine gelbe *Shuka* gekleidet. Ihr Haar war in langen, schwarzen Zöpfchen aus ihrem Gesicht und über ihren Kopf geflochten, einige hellere, karamellfarbene Zöpfchen umrahmten die ausgeprägten Wangenknochen. Dutzende von Perlenbändern hingen von ihrem Hals und ihrer Taille herab. Ich fragte sie, wie lange sie schon verheiratet sei.

»Ich bin die dritte Ehefrau«, antwortete sie.

Massai-Frauen bemessen eine Ehe nicht nach Jahren, sondern nach der Anzahl an Frauen, die ihr Mann insgesamt geheiratet hat, und danach, an welcher Stelle sie in dieser Hierarchie stehen. In einer Gesellschaft, in der Zeit nicht so eine große Rolle spielt wie bei uns, ist das sinnvoll. Die Massai leben sehr in der Gegenwart und sorgen sich nicht darum, was nach Sonnenuntergang passieren wird. Sie halten keine Geburtstage fest, und viele kennen ihr Alter nicht. Eine neue Ehefrau lebt mit einer der älteren in deren Haus, bis sie in der Ansammlung von Hütten ihre eigene errichtet hat. Naropil zeigte auf eine deutlich ältere Frau auf der anderen Seite des Kreises, deren Gesicht faltig war wie eine Rosine und die keine Zähne mehr im Mund hatte. »Das ist die erste Ehefrau. Ich liebe sie über alles. Ich liebe alle meine Mit-Ehefrauen über alles. Wir brauchen einander. Wir sind ein Team. Wir teilen uns die Arbeit.«

Allmählich ging die Sonne unter, und im *Boma*, wo es kein Licht gab, wurde es dunkel. Die Kühe trotteten nach einem Tag auf der Weide eine nach der anderen heran.

Eine Frau namens Nekiswa sah, wie ich auf ihr Ohrläppchen starrte. Es hatte ein Loch von der Größe einer Wasserkastanie, um die herabhängende Haut reihten sich Perlen. Sie griff meine Hand und zog sie zu ihrem Ohr, um mir zu signalisieren, dass ich es anschauen und anfassen durfte. Dann schob sie mein Haar hinters Ohr und wirkte betrübt, als sie dort nur ein leeres Ohrloch entdeckte. Ich wollte sie wieder zum Lächeln bringen und hob meine Bluse ein wenig an, um ihnen meinen gepiercten Bauchnabel zu zeigen. Alle schnappten synchron nach Luft und schüttelten die Köpfe. Sie fanden meinen Bauchnabelring abstoßend.

Nekiswa war die jüngste von fünf Ehefrauen. Sie konnte gar nicht aufhören zu beteuern, wie sehr sie ihre Mit-Ehefrauen liebte und dass sie jeder einzelnen ihre Existenz verdanke. »Ich verdanke ihnen mein Leben. Mein Leben! Sie haben mir beigebracht, was meinen Ehemann glücklich stimmt, was ihn verärgert, was er braucht, welches Essen ich zubereiten soll, wie ich ihn stolz machen kann, wie ich mich um unseren Besitz zu kümmern habe. Alles, was ich darüber weiß, was es heißt, eine gute Ehefrau zu sein, weiß ich von unserer ersten Mit-Ehefrau. Ich achte sie. Ich liebe sie. Ich bin wie ihre Tochter.«

Lange Zeit hatte ich mir gewünscht, für Nick eine von seinen Ex-Freundinnen verfasste Gebrauchsanweisung zu haben. Wäre es nicht schön, wenn man zusammen mit den Hochzeitsgeschenken ein sorgfältig ausgearbeitetes Buch über seinen Ehemann erhielte? Er mag Kichererbsen, aber keine Pintobohnen. *Er bevorzugt die Missionarsstellung und hasst es, wenn du das Wort »fuck« benutzt. Manchmal trinkt er direkt aus dem Wasserhahn und muss daran erinnert werden, das nicht vor Gästen zu tun. Er kann gut Schultern massieren, aber er schnarcht, wenn er auf dem Rücken schläft.*

»Die älteren Frauen verhalten sich wie Führerinnen. Oder wie Helferinnen? Ich weiß nicht, wie man das auf Englisch ausdrückt«, sagte Pius.

»Wie Mentorinnen?«, fragte ich.

»Ja! Mentoren!« Pius erklärte mir, dass alle älteren Frauen und Männer des Stammes sich den jüngeren Frauen gegenüber wie Beziehungs-Mentoren verhielten.

Naropil führte mich in eine der Hütten. Wir setzten uns aufs Bett, ein erhöhtes, mit einer dünnen Kuhhaut bezogenes Podest, die einzige Sitzmöglichkeit. Das Bett für die

Kinder sah ähnlich aus und war nur eine Armlänge von dem anderen entfernt sowie durch die Kochstelle getrennt. Kleine Details in der Hütte beeindruckten mich – die nach Größen geordneten Töpfe oder die viermal gefalteten Betttücher.

»Wie oft schläft dein Ehemann hier?«, fragte ich sie und hoffte, dass meine Frage nicht zu persönlich war.

»Das kommt darauf an. Er teilt seine Zeit auf die verschiedenen Ehefrauen und Häuser auf«, sagte sie mit einem lässigen Schulterzucken, als sei das unbedeutend. Das Aufteilen der Arbeit betrifft nicht nur die körperliche Seite. Die Frauen teilen sich ebenso die emotionale Seite der Ehe. Mehr Ehefrauen bedeutet auch, dass es mehr als eine Frau gibt, die den Klagen des Ehemannes zuhören kann, seiner Prahlerei oder den immer gleichen Geschichten. »Es ist schön, eine Pause zu haben«, sagte Naropil. Vielleicht sollte ich so über die Ex-Freundinnen von Nick denken – dass sie mir einen Teil der emotionalen Arbeit abnahmen.

Doch am Morgen, erzählte mir Naropil, wenn alle aufstehen, spielt es keine Rolle, wer in welchem Haus geschlafen hat. Dann werden die anfallenden Hausarbeiten gerecht auf alle Frauen verteilt. Eine macht Feuer, während die andere das Frühstück zubereitet und eine dritte sich um die Kinder kümmert. Es ist immer jemand da, mit dem man reden kann, bei dem man sich ausklagen kann, der einem beim Flechten der Zöpfe hilft.

Pius gab mir Zeichen, dass es Zeit zum Aufbruch sei, und ich machte eine Handbewegung, um ihn hinzuhalten. Endlich schien diese verschworene Gemeinschaft von Frauen mich zu akzeptieren, und das fühlte sich gut an.

»Willst du bleiben?«, fragte mich Naropil. »Du kannst eine unserer Mit-Ehefrauen werden.«

Ich dachte darüber nach. Gemeinschaft ist etwas, was urban lebende Paare meiner Generation viel zu häufig vernachlässigen. Wir isolieren uns immer mehr in immer kleineren Familieneinheiten. Wir heiraten und ziehen nach Lust und Laune dorthin, wo unser Job es verlangt, oft sehr weit weg von unseren Familien und langjährigen Freunden. Manchmal knüpfen wir Freundschaften, die sich wie Familie anfühlen, doch in unserer schnelllebigen Welt sind sie nicht unbedingt von Dauer. Obwohl wir alle unter demselben Dach leben, kennen Nick und ich unsere Wohnungsnachbarn in San Francisco kaum.

Trotz der vielen Entbehrungen und der Mühsal begann ich, die Frauen um das zu beneiden, was sie eindeutig hatten – enge Familienbande mit den anderen Frauen.

Studien zeigen, dass enge Freundschaften und stabile Gemeinschaften für stabile Ehen sorgen. Eine Studie von Chalandra M. Bryant und Rand D. Conger von der Iowa State University belegt, dass ein starkes soziales Netzwerk außerhalb der Ehe ihr Funktionieren begünstigt. Nick hat in San Francisco einen unglaublichen Freundeskreis, den er schon seit zwanzig Jahren pflegt. Das ist eine Sache, die ich an ihm liebe, dass er es geschafft hat, mit so vielen Menschen über eine so lange Zeit hinweg verbunden zu bleiben. In dieser Hinsicht sind wir uns ähnlich. Auch ich kannte viele Freunde schon seit fast zwanzig Jahren. Doch im Grunde fühlte ich mich, als hätte ich mein eigenes Dorf verlassen. In San Francisco hatte ich keine eigenen Freunde, und Nicks Freunde waren mit ihren jungen Familien beschäftigt. Wir konnten froh sein, wenn wir einmal im Monat überhaupt jemanden von ihnen sahen. Wenn man einen Ort verlässt, um in eine andere Stadt zu ziehen, wie ich es getan hatte, macht man sich zunächst etwas vor, indem man sich vornimmt, man würde häufig zurückkommen. Doch es war fast neun Monate her, dass ich das letzte Mal eine Nacht in New York City verbracht hatte.

Nachdem ich mich im Alltag in meiner neuen Wahlheimat zurechtgefunden hatte, befiel mich ein Gefühl, das ich noch niemals zuvor empfunden hatte. Ich fühlte mich einsam. Als ich mit achtzehn Jahren meine Mutter und meinen Vater verließ, um aufs College zu gehen, wurde ich in eine Gemeinschaft hineinkatapultiert, die das erste Semester für einen bereithält – mit Orientierungstagen, Mitternachtsfrühstücken, Gemeinschaftsbadezimmern und Bier-Partys. Es ist leicht, Freundschaften zu schließen, wenn alle auf einem Flur wohnen, zu viel billigen Wodka trinken und keine Verpflichtungen haben.

Nach dem College zogen alle meine Freunde wie die Lemminge nach New York, und mein Freundeskreis, meine Clique, die Menschen, die mir guttaten, blieben für die nächsten zwölf Jahre dieselben. All das ließ ich hinter mir, als ich nach San Francisco zog.

Einige Wochen bevor Nick und ich nach Afrika flogen, hatten wir einen ehemaligen Highschool-Freund von mir mit seiner Frau zum gemeinsamen Brunch eingeladen. Sie leben eine Stunde von San Francisco entfernt, und es war das erste Mal, dass ich sie seit meinem Umzug an die Westküste sah.

»Und, hast du hier Freunde?«, fragte Karen mich locker.

»Nein. Keinen Einzigen«, antwortete ich mit einer Wucht und einer Bitterkeit, die mich selbst überraschten.

»Doch, hast du, Süße«, warf Nick ein. Ich sah ihn an und dachte an unseren Streit, den wir nach meiner Rückkehr aus Israel gehabt hatten. Damals hatte Nick gesagt, ich sei vielleicht selbst daran schuld, dass ich keine Freunde hätte.

»Ich habe Nicks Freunde«, sagte ich. Sicherheitshalber fügte ich noch hinzu: »Und die sind großartig.«

Aber es war nicht das Gleiche. Wenn Nick auf eine Dienstreise fuhr, war ich mit Lady Piazza allein und wünschte mir jemanden, mit dem ich essen gehen konnte, jemanden, der mir nicht neu, sondern vertraut und nah war. Als ich sah, wie die Massai-Frauen miteinander scherzten und lachten, einander Perlenketten machten, um sie in hübschen Mustern um ihre langen schlanken Hälse zu legen, ihre Babys auf den Arm nahmen, gleichgültig, wer zu wem gehörte, trauerte ich um meine Freundschaften, die ich zurückgelassen hatte. Ich vermisste meine Freunde aus New York und aus Philadelphia jeden Tag, und dass ich sie nicht um mich hatte, führte dazu, dass ich mich stärker auf meinen Ehemann konzentrierte, als mir lieb war. Ich fühlte mich bedürftig und verletzlich. Ich hatte nicht realisiert, wie sehr ich mich nach einer starken Gemeinschaft sehnte, und genau hier und jetzt spürte ich es.

An diesem Punkt sagen Sie bestimmt, ich würde auf hohem Niveau klagen. Nur ein paar Monate, nachdem ich den Mann meines Lebens kennengelernt und geheiratet habe, beklage ich mich, ich sei einsam. Doch obwohl ich mir in der Sitzung mit Bobby Klein geschworen hatte, mir in San Francisco ein eigenes Leben aufzubauen und eigene Freundschaften zu schließen, war ich damit nicht sehr weit gekommen. Nicht, dass ich es nicht versuchte. Mit über dreißig Freunde zu finden, ist schwieriger, als in den Zwanzigern pünktlich zur Arbeit zu erscheinen. Häufig trödelte ich nach dem Yoga noch herum, um mit den Lehrern zu plaudern, aber bis jetzt erinnerte sich nur der soundtrack-begeisterte Roy an meinen Namen, und manchmal nannte er mich auch Jill. Ich hatte die Küste runter, in Big Sur, an einem Workshop für Frauen mit karmischen Gesängen, indianischen Redestäben und Atemübungen teilgenommen. Außerdem schrieb ich mich für alle möglichen anderen Kurse ein, unter anderem für Nähen, Ikebana (die japanische Kunst, Blumen zu stecken), Pizzabacken und sogar Gemüse-Einlegen (obwohl ich fürchten musste, dass Nicks Ex-Freundin den Kurs leitete). In Gemeinschaftstaxis fing ich Unterhaltungen mit Fremden an. Ich hatte Empfehlungen für einen Zahnarzt, einen Landschaftsgärtner und einen Hellseher erhalten, aber niemanden gefunden, der an einem Freitagabend mit mir einen Wein trinken gehen wollte.

Man organisierte Verabredungen mit Freundinnen von Freundinnen für mich, von denen sich eine sinnlos volllaufen ließ, den ganzen Abend ihrem Ex-Ehemann simste und am Ende versuchte, mich zu küssen. Ständig traf ich Leute, die sagten: »Lass uns mal zusammen essen gehen« oder »Lass uns irgendwann was trinken gehen«. Sofort schickte ich ihnen eine Mail oder SMS, wann ich Zeit hätte und wo wir uns treffen könnten.

Und dann … Schweigen.

Warum sagen Leute, sie wollen essen gehen oder einen Drink nehmen, wenn sie es nicht wirklich so meinen?

Nach ein paar Verabredungen mit ein paar Frauen, die ich über die Arbeit kennengelernt hatte, sahen die Dinge auf einmal verheißungsvoll aus. Eine fand ich wirklich cool, sie teilte meine Liebe für Reisen, Essen und Rotwein. Wir hatten einen guten Draht zueinander. Das war genau das, worauf ich gewartet hatte. Aber ich war zu begierig. Am Ende des Abends umarmte ich sie etwas zu heftig. »Ruf mich an«, sagte ich in verzweifeltem Ton. Sie hat sich nie mehr gemeldet.

Ich wollte Naropils Hütte nicht verlassen. Ich wollte noch ein bisschen länger mit diesen Frauen zusammen sein, um mir einzuprägen, wie es sich anfühlte, eine Gemeinschaft von Frauen um mich herum zu haben, eine Frauenrunde. Draußen hörte ich die anderen singen und lachen. Naropil drückte mütterlich meinen Arm, als wüsste sie genau, wie ich mich fühlte. Ich bemerkte, dass sie wahrscheinlich jünger war als ich, obwohl es so wirkte, als wäre sie ein Dutzend Mal länger am Leben als ich. Ich hätte ihr gern erzählt, was in mir vorging. *Ich habe Angst. Ich bin krank. Ich bin einsam.* Mit keiner meiner Freundinnen hatte ich über diese Dinge gesprochen, nicht einmal über die Diagnose, dass ich unter Muskeldystrophie litt. Es ist merkwürdig, diese Dinge per SMS mitzuteilen, und per Telefon erreicht man niemanden mehr, ohne mindestens ein Dutzend Mal vorher hin und her zu simsen, wann wohl der beste Zeitpunkt zum Telefonieren wäre.

In dem dunklen Raum konnte ich kaum noch Naropils Gesicht ausmachen, aber ich konnte erkennen, dass auf ihren Lippen ein Lächeln erschien. »Du kannst immer herkommen.«

Vier Tage später verließen wir die Masai Mara in einem klapprigen viersitzigen Flugzeug und flogen ins Samburuland nach Nordkenia, wo wir mit unserem Flugzeug auf nichts weiter als einem schmalen, von Buschwerk befreiten Streifen landeten. Eine Herde Zebras, die sich durch das Motorengeräusch des Fliegers nicht stören ließen, wieherte zur Begrüßung. Als wir die Landebahn betraten, war die Luft heiß und trocken, und von dem roten Staub, der in Kreiseln durch die Luft wirbelte, musste ich husten. Wir wohnten auf einer Farm namens Ol Malo, die sich im Privatbesitz einer Familie befand und auch von dieser betrieben wurde. Unsere Gastgeber waren ein frisch verheiratetes Paar, Andrew und Chyulu, weiße Afrikaner, die beide im Busch aufgewachsen waren. Auf ihrer Farm lebten sie mit Piper, ihrer kleinen Tochter, einem Rotschopf, die eine Vorliebe für Kamelmilch hegte, sowie ihrem 250 Kilo schweren Haustier, einer Sau namens Sausage.

Nick und ich schliefen in einem Baumhaus auf einer Anhöhe, von der aus wir in ein steiniges Tal hinunterblickten. Dort sah es aus wie in Arizona, wären dort nicht weißbäuchige Zebras herumgelaufen sowie Elefanten, die den Gemüsegarten plünderten. Direkt unter uns verlief der Äquator, und tagsüber war die kastanienbraune Erde so heiß wie die Oberfläche der Sonne.

Nordkenia ist seit Tausenden Jahren die Heimat der Samburu, die wie die Massai ein Nomadenvolk von Viehhirten sind. Die Samburu leben ebenfalls in Polygamie, und die Männer dürfen so viele Ehefrauen haben, wie sie sich finanziell leisten können. Auch die Ehe der Samburu wird aufgrund von Kriterien arrangiert, die nichts mit Liebe zu tun haben. Nach ihrer Hochzeit pflegen die Samburu häufig sexuelle Beziehungen zu Freunden und Freundinnen. Das wird allgemein akzeptiert, solange keine Frau schwanger wird. Um dies zu gewährleisten, werden verschiedene Methoden angewandt, von der Kalendermethode über Kondome bis hin zur diskreten Einnahme von Kontrazeptiva.

Und obwohl hier theoretisch das Patriarchat herrscht, sind die Frauen die heimlichen Chefs. »Sie [die Frauen] sind die Elefanten. In einer Elefantenherde herrschen die Frauen, und die Samburu-Frauen führen ihr ganz eigenes Matriarchat«, erzählte mir Julia Francombe, die Gründerin der Samburu-Stiftung. »Sie sind stark. Ihre Ehemänner schlagen sie, und sie schütteln es ab. Sie würden alles für ihre Familien und für ihre Kinder tun. Sie helfen einander. Sie helfen sich *wirklich*.«

»Wir haben keine Geheimnisse voreinander«, erzählte mir eine Samburu-Frau im Alter meiner Mutter namens Mama Bee. Sie leitete eine Schmuckwerkstatt auf dem Laikipia Hochplateau, in die Julia mich mitnahm.

Mama Bee thronte auf einem Tisch über den anderen Frauen und ließ die nackten Beine ein Stück über dem Boden baumeln. Die anderen Frauen saßen auf dem Boden, die nackten Beine vor sich auf einem Kuhfell. Der Anblick ihrer Füße faszinierte mich. Sie waren so anders als meine eigenen. Diese Füße verrichteten Arbeit. Sie liefen täglich mehr als zwanzig Kilometer. Sie konnten den scharfen Dorn der Akazie aushalten. Ihre Nägel waren hart und dick und hatten noch nie einen Tropfen Nagellack gesehen. Hier trafen sich die Samburu-Mamas abseits von ihren Männern. Die von der Samburu-Stiftung betriebene Werkstatt war der Dreh- und Angelpunkt für den Handel und die Zusammenkunft dieser Frauen. Sie stellten Schmuck her, flochten Zöpfe, tratschten und liehen sich Geld. Sie plauderten über ihre Kinder und ihre Ehemänner, darüber, wer sich ein neues Motorrad gekauft und woher er das Geld dafür hatte, wessen Tochter bald wessen Sohn heiraten würde und ob das nun gut oder schlecht sei. Nachdem ich eingetroffen war, redeten die Frauen über ein Mädchen, das einen Krieger geheiratet hatte, den sie B. nannten, und das Gespräch darüber schien kein Ende zu nehmen.

»Sie ist schrecklich«, sagte eine Frau.

»Schrecklich«, stimmte eine andere ihr zu.

»Gemein und hasserfüllt.«

»Und hässlich. So hässlich.«

»Warum hat er sie dann geheiratet?«, fragte ich ungläubig. Ich erwartete, dass sie ratlos die Köpfe schütteln und mir erklären würden, dass sie das auch nicht verstünden, doch Mama Bee kannte die Antwort.

»Sie ist unglaublich gut im Ziegenhüten.«

Die Frauen stellen Schmuck, Nippes und Gegenstände aus Perlen her, wirklich schöne Sachen im Gegensatz zu dem Ramsch, den man am Flughafen von Nairobi findet. Drei Monate alte Kinder lagen still an der Brust ihrer Mütter. Ältere Kinder rannten herum und spielten, dass sie Krieger wären.

Mit kühler Effizienz schnitt Mama Bee mit einem kurzen, dicken Messer das Lederband für einen der Perlen-Untersetzer durch, die sie für Touristen anfertigte. »Ich teile alles mit diesen Frauen hier.« Sie breitete die Arme aus und beschrieb einen weiten Bogen.

Ich betrachtete Mama Bees eigene Perlen. Der Schmuck einer Samburu-Frau erzählt ihre Lebensgeschichte. Wenn ein Krieger sich eine Ehefrau nimmt, schenkt er ihr keinen Ring. Stattdessen kauft er beim heimischen Speermacher eine Kette. Sie schlingt die Kette durch einen ihrer vielen Ohrringe und um ihren Hals und trägt sie, bis ihr Mann stirbt. Dann nimmt sie diese ab und legt sie nie wieder an.

Die Samburu-Frauen gaben Nick eine Kette für mich und

fertigten einen Ohrring aus einem herumliegenden Stück Kupfer.

Nick bemühte sich, ihnen zu helfen, doch sie schoben ihn kichernd weg. Die Kette war zwar ein Symbol für *unsere* Ehe, doch die Frauen fühlten sich dafür verantwortlich, dass ich sie auch richtig trug.

»Nun musst du eine Kuh schlachten«, sagte eine Frau zu meinem Ehemann.

Nick versicherte mir hartnäckig, dass er keine Kuh schlachten wolle.

»Das ist okay, Liebling«, sagte ich. »Du kannst in San Francisco zu diesem lächerlich teuren Bioladen gehen und mir etwas von dem hormonfreien Weiderind kaufen, wenn wir wieder zu Hause sind.«

Wenn eine Frau zwei lange Perlenstränge an einer Kette an einem ihrer Ohren trägt, weiß man, dass sie die Mutter eines Kriegers ist. Wenn sie Kaurimuscheln in der breiten Perlenkette um ihren Hals trägt, ist sie Mutter von Zwillingen. An unterschiedlichen Perlen erkennt man, ob sie eine Steißgeburt zur Welt gebracht hat, eine Fehlgeburt hatte oder unfruchtbar ist. Die Perlen verraten sogar, ob bei ihrer Hochzeit der Bulle richtig geschlachtet wurde. Aber sie erzählen auch persönlichere Dinge. Unter den dekorativen Perlen befinden sich Schnüre aus blauen oder grünen Gebetsperlen, eine für jedes Kind, die je ein Stück der Nabelschnur enthalten. Am Tag ihrer Hochzeit trägt die Braut eine Kette, die von den anderen Frauen des Dorfes aus Giraffenschwänzen hergestellt wird und ein Symbol dafür ist, dass sie ihr Leben in der Stammesgemeinschaft, insbesondere in der Gemeinschaft der Frauen, verbringen wird.

»Die Frauen kümmern sich alle umeinander«, sagte Mama

Bee. »Wenn ich ein Kind zur Welt bringe, kümmern die anderen Frauen sich um meine Kinder. Sie verrichten meine häuslichen Pflichten. Sie kochen für mich. Sie sind für mich da. Ich liebe diese Frauen.«

»Was ist mit deinem Ehemann?«, fragte ich. »Liebst du ihn?«

Mama Bee überlegte.

»Wenn du Kinder bekommst, beginnst du, deinen Ehemann zu lieben. Davor kennst du ihn gar nicht. Wenn du die Kinder hast, sagst du: ›Okay, jetzt kenne ich dich. Jetzt liebe ich dich.‹«

Ich konnte mir gut vorstellen, dass diese Frauen Zeit brauchten, um ihren Ehemann lieben zu lernen. Ich liebte Nick jetzt. Ich liebte ihn sehr. Doch obwohl wir uns entschieden hatten zu heiraten, war diese Liebe noch so neu, dass sicher ein Teil Verblendung dabei war. Es waren nicht die guten Zeiten, die mich Nick noch inniger lieben ließen, es waren die schlechten. In den vergangenen Monaten hatte sich unsere Liebe verändert, war aufrichtiger geworden.

Wenn eine junge Samburu-Frau zum ersten Mal in das Dorf ihres Ehemannes gebracht wird, gibt man ihr ein Baby, um das sie sich kümmern muss. Es ist das Baby einer anderen Frau, aber sie behandelt es für einige Zeit wie ihr eigenes, und das hilft ihr dabei, sich mit ihrer neuen Gemeinschaft zu verbinden. »Sie wechselt sofort von der Rolle der Tochter in die der Mutter«, erklärte Mama Bee. Sie lebt mit dem Baby und der Mutter ihres Ehemannes zusammen, manchmal sogar ein Jahr lang. Im Stamm der Samburu entscheidet die Mutter des Mannes, wann eine neue Frau so weit ist, die Ehe mit ihrem Mann zu vollziehen.

»Alle Kinder sind die Kinder von allen. Sie nennen uns

alle Mama«, sagte Mama Bee nüchtern, was angesichts der Tatsache, dass ein Krippenplatz in San Francisco dreitausend Dollar kostete, in meinen Ohren himmlisch klang. Für diese Frauen war es so klar, dass ihr Ehemann nicht der Nabel der Welt war. Sie hatten ihre Kinder, ihre Arbeit, und sie hatten einander. Die Männer standen ganz unten auf dem Totempfahl. Ich dachte darüber nach, wie viel Druck eine Liebesheirat und das monogame Leben auf eine Ehe ausübt und wie sehr derjenige, den man heiratet, alles sein soll: Geliebter, Beschützer, bester Freund. Vielleicht war es einfacher, wenn eine Ehe ein Geschäft war.

Mama Bee fasste mich am Ellbogen, um mir eine Gruppe Kinder zu zeigen, die draußen spielten.

»Sie alle nennen uns Mama.« Ich zog fragend die Augenbrauen hoch, und sie erklärte es mir. Wenn eine Samburu-Frau ein Kind bekommen hat, erhält sie den Namen Mama sowie den Namen ihres Erstgeborenen. Mama Bee hat ihren Namen von ihrem erstgeborenen Sohn Beesus.

Ich sagte Mama Bee, dass ich ihren Namen mochte. Tatsächlich wollte ich unser kleines Mädchen Bee nennen, sollten wir je eines bekommen. Bee war die Kurzform von Beatrix, so hieß Nicks Großmutter, und von Beatrice, der älteren Schwester in meinem Lieblingskinderbuch, *Bisus und Ramona*.

»Also, wenn ich eine Tochter habe, werde ich dann auch Mama Bee sein«, sagte ich.

»Das ist ein guter Name«, versicherte mir Mama Bee, als sie sich von Nick und mir verabschiedete.

»Ich möchte für einige Zeit nach Hause fahren«, sagte ich später am Abend zu Nick.

»Nicht nach San Francisco. Nach New York. Nur für eine

Woche oder so. Ich möchte mit meiner Familie und meinen Freunden zusammen sein.«

»Du weißt, dass wir leben können, wo immer du willst. Wir müssen nicht in San Francisco bleiben.«

Ich nickte. Ja, das wusste ich. Aber wir hatten eine Wohnung gekauft, und Nick hatte einen Job in San Francisco. Dennoch, es war schön zu wissen, dass wir dort vielleicht nicht für immer bleiben würden. Dass wir, sollten wir einmal Kinder haben, vielleicht an einen Ort zurückgehen würden, wo wir unsere Kinder mithilfe einer Gemeinschaft großziehen konnten. Später in dieser Woche, als wir im Flugzeug saßen, um die 36-stündige Heimreise anzutreten, schrieb ich eine E-Mail an meine fünf engsten Freundinnen.

Hallo, du und du und du und du und du.

Ich bin echt schlimm. Es tut mir leid, dass ich mich nur so selten gemeldet habe, seit ich weggegangen bin. Eine Hochzeit zu planen, zu heiraten, ans andere Ende des Kontinents umzuziehen, eine Wohnung zu kaufen … fordert einem vieles ab, aber das ist keine Entschuldigung.
Ich vermisse euch, Mädels. Ich vermisse euch so sehr.
Und ich brauche euch.
Letzten Monat habe ich erfahren, dass ich das gleiche Gen in mir trage, das für die Muskeldystrophie von meinem Vater verantwortlich ist. Dreht jetzt nicht durch. Es geht mir gut, Nick ist großartig, und wir kriegen das hin. Wir wissen nicht viel darüber, aber wir wissen, dass es keinen Grund gibt, sich jetzt schon Sorgen zu machen.
Vielleicht geht es mir nicht gut, aber ich liege nicht mehr weinend auf dem Boden … Kleine Schritte.

Ich komme damit zurecht, aber es ist beängstigend, und egal, was passiert, ich möchte, dass ihr es wisst, weil ich euch brauche.
Jo

PS: Ich bin ganz aufgeregt wegen der ganzen neuen Babys in unserem Leben. Eure Kinder sind alle herzlich eingeladen, mich Mama zu nennen.

10 Holland

Du hast nicht deinen Job geheiratet

Wir flogen gerade über das kabbelige, eisige Wasser der Arktis hinweg, als Nick begann, sich auf YouTube einen Clip des Comedians Chris Rock anzusehen. Für Rock, der achtzehn Jahre verheiratet war, bevor er sich 2014 scheiden ließ, ist das Wichtigste, dass ein Ehemann jeden Morgen aufwacht und dafür sorgt, dass seine Frau glücklich ist.

Natürlich drückte er das deutlich eleganter aus.

> Jungs, wenn ihr am Morgen aufwacht, solltet ihr euch im Spiegel ansehen und euch sagen: »Scheiße! Scheiß auf deine Hoffnungen, scheiß auf deine Träume, scheiß auf deine Pläne … Scheiß auf alles, was du dir von diesem Leben erhofft hast. So, jetzt gehst du da raus und machst diese Bitch glücklich.«

Nick lachte so laut, dass die Leute in unserer Umgebung sich gestört fühlten, während er sich die Tränen aus dem Gesicht wischte.

»Du lenkst mich ab«, murmelte ich, während ich aus dem Flugzeugfenster auf eine Ansammlung von Eisbergen starrte. »Ich versuche, Eisbären zu entdecken.« Wenn ich die Augen stark genug zukniff, war ich sicher, sie dort unten sehen zu können, wie sie jeder auf seiner eigenen Eisscholle nach Fischen jagten. Aufmerksam blickte ich in das weißblaue Nichts, dann verdunkelte sich das Fenster.

»Empfindest du das genauso?«, fragte ich Nick und lehnte mich an ihn, als er sich den Spot ein zweites Mal ansah. »Hast du das Gefühl, dass es deine Aufgabe ist, mich glücklich zu machen?«

Nick zögerte. »Manchmal. Ja. Manchmal fühlt es sich so an, als sei es meine Hauptaufgabe, dich glücklich zu machen.«

Ich hatte keine große Lust, über Chris Rock zu lachen. Ich hatte überhaupt keine Lust, über irgendetwas zu lachen. Die Wahrheit war, dass ich aggressiv war und nichts, was Nick tat oder tun konnte, es besser machen würde. Aus mir war ein Mensch geworden, mit dem man unmöglich leben konnte, die Art von Mensch, dem man auf der Straße möglichst aus dem Weg geht, weil er oft die Stirn runzelt und vor sich hin murmelt. Der arme Nick hatte keine andere Wahl, als weiterhin neben mir aufzuwachen, und im Augenblick saßen wir zusammen in einem Flugzeug fest und waren auf dem Weg zu einer Konferenz in Holland. Es war Nicks Konferenz, nicht meine, aber er wollte mich dabeihaben – wieder ein offensichtliches Beispiel dafür, dass er sich bemühte, mich glücklich zu machen.

Bei einem, wie es die Presse nannte, »Blutbad von Entlassungen« war ich kürzlich arbeitslos geworden! Zuerst erfuhr ich von meiner Kündigung bei *Yahoo!* durch eine SMS, was vermutlich immer noch besser war als ein Post-it. Die Vorgesetzten sagten Dinge wie: »Ihr sollt wissen, dass das dem Wohl der Firma dient.« Als wären wir kein altmodischer Internet-Konzern, der seine Aktionäre zufriedenstellen wollte, sondern Greenpeace und würden um das Überleben der Wale kämpfen. Der einzige Kontakt, den ich nach der Kündigung zur Firma hatte, bestand in einem gepolsterten Karton, in dem ich das Handy und den Laptop zurückschicken sollte.

Arbeitslos zu sein, war aus vielen Gründen beängstigend. Wir hatten gerade eine Wohnung gekauft, und ich steuerte die Hälfte zur Abzahlung des Kredits bei. Nick und ich waren beide über meine Krankenversicherung bei *Yahoo!* versichert gewesen. Die war verdammt teuer, und ich hatte eine merkwürdige genetische Krankheit, was bedeutete, dass wir lieber eine verdammt teure Versicherung haben sollten. Wir hatten uns eine neue, billigere Versicherung besorgt, die für uns beide zusammen nur fünfundsechzig Dollar kostete und einen Verfügungsrahmen von zehntausend Dollar bot. Wie wir allerdings bald feststellen mussten, übernahm sie nicht die Kosten für die Spezialisten, die ich bald brauchen würde. Hinzu kam, dass ich mich über meine Arbeit definierte. Darüber sprach ich, wenn ich neue Leute kennenlernte. Damit beschäftigte ich mich an den meisten Tagen. Seit ich Nick kennengelernt hatte, arbeitete ich fünfundachtzig Stunden die Woche, was sich allmählich normal anfühlte. Das haben wir dem Internet zu verdanken. Es gab uns allen das Gefühl, wir müssten die ganze Zeit erreichbar sein. Studien zufolge arbeiteten sich mehr und mehr Frauen zu Tode – buchstäblich. Untersuchungen des Staates Ohio und der Mayo-Klinik haben ergeben, dass Frauen, die mehr als vierzig Stunden in der Woche arbeiten, ein größeres Risiko haben, am Herzen, an Krebs, Arthritis und Diabetes zu erkranken.

Ich umklammerte mein Telefon noch im Schlaf und bekam eine Panikattacke, sobald ich mich irgendwo ohne es befand. Das galt einschließlich der Toilette, was ziemlich schlimm war. Dies war das dritte Unternehmen, für das ich gearbeitet hatte und das Mitarbeiter entließ, weil es Pleite machte. Ich fragte mich unwillkürlich, warum ich mich immer wieder aufopferte und bis zum Umfallen für Firmen arbeitete, wenn ich und die Firmen austauschbar waren. Doch im Moment tat ich nichts und hatte keine Ahnung, was ich als Nächstes tun sollte.

Alle, denen ich von meiner Entlassung erzählte, sagten so ungefähr das Gleiche: »Du findest bestimmt schnell einen besseren Job.« Mit besser meinten sie, mehr Geld und mehr Arbeitszeit. Ich nickte höflich, weil sie es nur gut meinten und weil sie Vertrauen in mich hatten. Doch es kamen keine Angebote, und in Wahrheit hatte eine Woche gar nicht mehr genug Stunden für etwas Besseres.

Nick wollte, dass ich mir eine Auszeit nahm und darüber nachdachte, was ich als Nächstes tun wollte.

»Ich freue mich ein bisschen über deine Entlassung«, sagte er, ruderte jedoch sofort zurück. »Für dich. Auf lange Sicht gesehen. Wie lange kannst du dich noch so auspowern? Ich fände es gut, wenn du weniger arbeitest, dich entspannst, Radtouren machst und lernst, dein Leben neben der Arbeit mehr zu genießen. Such dir einen Job, bei dem das Verhältnis zwischen Arbeit und Freizeit ausgewogener ist.«

Was ein ausgewogenes Verhältnis zwischen Arbeit und Freizeit anging, mangelte es mir an Vorbildern. Die meisten meiner Freunde widmeten ihr Leben dem Beruf, zumindest bis zum Burn-out. Auf Kosten meiner Gesundheit und früherer Beziehungen hatte ich meine Arbeitstitel oft wie Medaillen getragen und geglaubt, wenn ich mich nicht weiterhin anstrengte, wäre ich eine Versagerin.

Ich googelte Dinge wie »Arbeit UND Glück UND Erfüllung«. Googles Antwort waren die Niederlande.

Genau wie Dänemark zählen die Niederlande ständig zu den fünf glücklichsten Ländern der Welt, und ihre Paare führen mit die befriedigendsten Langzeitbeziehungen. In einem Artikel der *New York Times* stand: »Laut einer Studie des Professors Ruut Veenhoven, der die gesellschaftlichen Bedingungen für menschliches Glück an der Erasmus Universität in Rotterdam untersucht, rangieren die Niederlande ganz vorne unter den glücklichsten Ländern der Welt. Auf einer Skala von 1 bis 10, wobei zehn für die größte Zufriedenheit im Leben steht, erreichten die Holländer 7,5 Punkte und schlugen die Franzosen mit 6,5 und die Japaner mit 6,2 Punkten. Sie lagen auch vor den Amerikanern mit 6,4, den Briten mit 7,1 und den Italienern und Spaniern, die je auf 6,9 Punkte kamen.«

Ich hatte auch gehört, dass ein Grund für diesen hohen Glückswert sei, dass Holländerinnen sich nicht um das Besitzdenken anderer Leute scherten. Sie lassen nicht zu, dass der Beruf ihre Freundschaften oder ihr Familienleben bestimmt. Die Mehrzahl der Holländerinnen, ob verheiratet oder nicht, arbeiten lieber in Teilzeit, um mehr Zeit für ihre Familie, ihre Hobbys und ihr persönliches Wohlergehen zu haben. 2011 waren fast 75 Prozent der weiblichen Erwerbstätigen in Holland in Teilzeit beschäftigt. Viele meiner amerikanischen Freundinnen spotteten darüber. Sie würden im Traum nicht auf die Idee kommen, Teilzeit zu arbeiten. Aber holländische Frauen bezeichnen das System als »befreiend« und sehen in ihrer Entscheidung keinen Verrat ihrer feministischen Überzeugungen. »In Holland kann jede Frau mit ihrem Leben machen, was sie will«, erklärte die

52-jährige Marie-Louise van Haeren in einem Interview mit der Zeitschrift *Maclean's* die Tatsache, dass Holländerinnen als die glücklichsten Frauen der Welt gelten.

Van Haeren beschrieb eine idyllische Lebensweise voller Alternativen, bei der sie dreimal die Woche mit dem Fahrrad zur Arbeit fährt. Sie und fast alle ihre Freundinnen arbeiten ihr ganzes Berufsleben über in Teilzeit, damit sie »Zeit haben, Dinge zu tun, die mir wichtig sind, so zu leben, wie ich es möchte. Um geistig und körperlich gesund und glücklich zu bleiben … Vielleicht entwickelt sich daraus eine vierte Welle der Frauenbewegung. Frauen denken an die Möglichkeit, dass wir eines Tages aufwachen und feststellen, dass es im Leben nicht nur darum geht, mehr Wohlstand, Macht und Ansehen anzuhäufen. Viele Holländerinnen, die ich kenne, wollen seelisch gesund, glücklich und entspannt bleiben.«

Es ist wichtig, darauf hinzuweisen, dass die Niederlande über ein starkes Sozialsystem verfügen, das Dinge wie Gesundheitsvorsorge, Rentenversicherung und Kinderbetreuung erschwinglich macht. So ist es für Frauen leichter, eine Teilzeitstelle anzunehmen. Vielen Amerikanerinnen bleibt dagegen keine andere Wahl, als mindestens einen Job anzunehmen, manchmal auch mehrere, um ihre Rechnungen zu bezahlen, ihre Familie zu ernähren und ein Dach über dem Kopf zu haben.

Doch viele Frauen und Männer in den Vereinigten Staaten entschließen sich auch freiwillig dazu, ihr Leben von ihrem Beruf bestimmen zu lassen – wo wir leben, wie wir leben, wie oft wir unsere Partner sehen, unsere Kinder und sogar, wie wir uns definieren. Das passiert oft, nachdem wir eine bestimmte Sprosse auf der Karriereleiter erreicht haben oder weil wir mit bestimmten Privilegien geboren worden sind. Unter meinen eigenen Freunden aus der Mittelschicht würde man als Versagerin gelten, wenn man nicht versuchte, alles zu erreichen.

Wegen unserer Arbeit kommen wir oft erst spätabends nach Hause, sind launisch und reizbar. Wegen unserer Arbeit bleibt uns nicht genug Zeit, Sport zu treiben oder anständig zu essen, was auf lange Sicht zu chronischen und teuren Gesundheitsproblemen führt. Wegen unserer Arbeit leben wir oft Tausende Kilometer von unseren Familien und unserem sozialen Umfeld entfernt, die uns unterstützen könnten. Meine Eltern leben in Philadelphia, Nicks in Milwaukee.

Die beste Entscheidung für unsere Arbeit ist oft wichtiger als das Beste für unsere Ehe.

Was, wenn das nicht so sein müsste? Was, wenn wir in unserem Leben Platz für uns, unsere Ehen und unseren beruflichen Erfolg hätten?

Nick gefiel Amsterdam sofort.

»Ich führe dich ein bisschen aus. Es wird regnerisch, aber nett. Wir könnten hier leben, Spatz. Es ist ein sehr kultiviertes Land.« Nick ist überaus optimistisch, dass wir überall zusammenleben könnten, ich hingegen glaube, wenn wir New York oder San Francisco dauerhaft verlassen, würden wir eingehen.

»Die fahren hier alle Fahrrad. Sieh dir diese Windräder an. Und das Bahnsystem ist ausgezeichnet.«

Bei meinen ersten Schritten durch Amsterdam begegnete ich als Erstes den Austauschstudenten, die *stoned* aus den vielen Coffee-Shops stolperten (wobei die nichts mit Kaffee zu tun haben, dort raucht man Haschisch), und Horden betrunkener Männer mit Bierbäuchen und Glatzen, die bei ihren Junggesellenabschieden in den Straßen herumgrölten. Fast wäre ich mit einem betrunkenen britischen Kerl zusammengestoßen, der einen roten Lederbikini trug und dann Heineken in den Rinnstein erbrach, wobei seine Kumpel ihn anfeuerten und für die Nachwelt filmten.

»Ihr wollt sexy Zeit?«, fragte ein seltsamer türkischer Mann, der uns in eine Sex-Show locken wollte, in der Frauen oben ohne kunstvolle und verwirrende Dinge mit Bananen anstellten, wie er versprach. Nach unserem dreizehnstündigen Nachtflug von San Francisco hierher konnte ich mir nicht mehr vorstellen, dass ich wie jemand aussah, der »sexy Zeit« suchte, aber was wusste ich schon?

»Nein, danke! Wir wollen ins Anne-Frank-Museum«, sagte Nick fröhlich.

Ich mochte Amsterdam auch. Es war wie Paris, nur kleiner, cooler und weniger protzig. Sobald wir der touristischen Gegend entkommen waren und klassische holländische Straßen erreichten, die alle unaussprechliche Namen hatten, die nach warmem, köstlichem Gebäck klangen, glaubte ich unwillkürlich an das Versprechen eines idyllischen Lebens in diesem Land. Nick und ich hatten großen Spaß daran, all die Wörter mit einem Übermaß an Vokalen und lautlosen Konsonanten auszusprechen. Mir gefiel es, dass die Mauern frei von Graffiti waren und die Stadt sauber – regelrecht makellos –, bis auf den Kerl, der sich in den Rinnstein erbrochen hatte. Aber sogar der war dabei noch sehr höflich gewesen.

Überall in der Stadt stößt man auf kleine Zeichen, die auf die Gleichheit der Geschlechter hindeuten. Die gelben Schilder, die davor warnen, dass hier Kinder die Straße überqueren, zeigen einen Mann, der ein Kind an der Hand hält, nicht von einer Frau. Auf allen Toiletten, selbst in kleinen Restaurants, gibt es Schachteln mit kostenlosen Tampons. Wenn das nicht geradezu schreit: *Wir respektieren eure Gleichheit und eure Weiblichkeit*, weiß ich es auch nicht. Ein bekannter T-Shirt-Laden verkaufte gerade ein Shirt mit der Aufschrift »Er bot ihr die Welt. Sie sagte, sie habe ihre eigene«. Kellner gaben mir genauso oft wie Nick die Rechnung.

Frauen mögen in Holland nicht der Hauptverdiener in der Familie sein, aber sie sind oft die Entscheider in einer Beziehung. Gleichheit stellt in Holland, anders als in Amerika, weniger einen Kampf dar, da sie stärker in der Kultur verwurzelt ist. Frauenrechte bestehen hier von Alters her, der Anteil der Frauen an der erwerbstätigen Bevölkerung ist hoch, und das Rechtssystem garantiert Frauen dieselben Möglichkeiten wie Männern. Dieses System bringt unabhängige Frauen hervor, die weniger abhängig von der Institution Ehe sind. Doch neben dieser starken Unabhängigkeit gibt es eine noch stärkere Liebe zur Familie und einen Sinn fürs Praktische, mit dem Ziel, die Familie zu stärken. Wie auch in Dänemark hat der Ehevertrag in Holland einen anderen Wert als in den meisten anderen Ländern, insbesondere in Amerika. Für die Holländer ist es normal, zusammenzuleben und Kinder zu haben, lange bevor man heiratet. Wie die Dänen feiern sie selten ein großes Hochzeitsfest mit viel Tamtam. Wenn zwei Menschen heiraten, geschieht es keinesfalls aus irgendeiner Verpflichtung heraus. Es ist eine äußerst bewusste Entscheidung, da es genauso akzeptiert wird, wenn ein Paar zwanzig oder dreißig Jahre zusammenlebt, ohne sich legal zu binden.

»Wenn wir hier leben würden, hätten wir ein Boot«, sagte Nick, während wir an den Grachten entlangschlenderten.

»Ein Partyboot mit Grill und Bar oder – oooooh! – ein Hausboot. Wir könnten auf einem Boot wohnen.« Holländische Hausboote gibt es in allen Formen und Größen – winzige grüne und rote, die nicht größer sind als ein Schlepper, und kunstvolle schwimmende Villen in schickem Design. Amsterdams Grachten sind wunderschön, wie aus dem Bilderbuch. Wie Burggräben winden sie sich um die vierhundert Jahre alten Stadthäuser, die sich wegen ihres Alters und des absinkenden Bodens in bedenklichem Winkel neigen. In den Straßen waren mehr Fahrräder als Autos unterwegs. Aber nicht die knallharten Rennradler, an die ich mich in San Francisco gewöhnt hatte. Holländische Fahrräder sind hoch und schwer und ermöglichen einem, ganz gerade und bequem auf ihnen zu sitzen. Holländische Frauen sehen überwältigend aus, wenn sie damit fahren und ihr langes blondes Haar hinter ihnen her weht.

»Die tragen alle vernünftige Schuhe«, stellte Nick bewundernd bei den Frauen fest, die vermutlich zur Arbeit oder von dort nach Hause fuhren. »Und sieh nur, wie hübsch sie aussehen.«

Ich verdrehte die Augen. »Ich kann auch mit hohen Schuhen Fahrrad fahren«, sagte ich, was nicht ganz stimmte.

Sie sahen tatsächlich wunderhübsch aus, und selbstsicher. Und glücklich.

»Holländerinnen sind schrecklich«, warnte uns Alice, eine von Nicks Kolleginnen, die in Holland lebt, als wir in einer Bar an der Amstel helles Bier tranken. Alice ist zur Hälfte Holländerin und zur Hälfte Britin. Sie wohnt in Haarlem, einer kleinen Stadt ganz in der Nähe von Amsterdam. »Ich bin auch Holländerin, deshalb darf ich das sagen. Sie sind herrisch, resolut und extrem unabhängig.« Das hörte sich ganz nach der Sorte Frau an, die mir gefiel.

Nick ebenso. »Das macht mir keine Angst«, sagte er über die energischen Holländerinnen und bestellte bei einer besonders resoluten Barfrau ein zweites Bier. »Ich mag selbstsichere Frauen. Ich möchte eine Frau, die mir sagt, wo es langgeht!« Die Barfrau grinste.

Ich fragte Alice, ob sich die Durchsetzungskraft der Holländerinnen auch auf den Arbeitsbereich auswirke. Sie dachte eine Weile darüber nach. Alice arbeitete sehr erfolgreich als Managerin in einem niederländischen Unternehmen.

»Es gibt nicht so viele weibliche Führungskräfte, wie es sie geben könnte. Ich hätte gern mehr«, sagte sie. »Aber den meisten Frauen hier ist ihr Leben außerhalb der Arbeit wichtiger, als ein Titel oder Karriere zu machen.« Alice zuckte mit den Schultern. Sie war geschieden und hatte zwei Kinder. »Es ist gut, dass Frauen hier die Wahl haben. Aber ich fürchte, dass wir ihren Ehrgeiz nicht genug anstacheln.«

Alice hat mich nicht einmal gefragt, was ich beruflich mache. Den Rest des Abends sprachen wir über meinen letzten Versuch, Saisongemüse anzupflanzen, die bevorstehende Wahl in Amerika und darüber, ob Hot Yoga normalem Yoga vorzuziehen sei.

Es war anders als die Cocktailparty-Gespräche, die ich von zu Hause kannte. Kurz bevor wir nach Amsterdam aufgebrochen waren, hatten Nick und ich an einer Veranstaltung seiner Firma teilgenommen. Arbeitslos zu sein, fühlte sich in San Francisco komisch und fremd an.

»Was machen *Sie* beruflich?«, fragten die Leute höflich, weil das das Erste ist, was jeder auf einer amerikanischen Party fragt. Ich fing an zu stottern. Ich hatte immer gern über meine tolle Arbeit gesprochen. Jetzt wusste ich nicht, was ich sagen sollte.

»Ich befinde mich gerade zwischen zwei Jobs, schreibe ein wenig, bringe die Wohnung in Ordnung«, sagte ich leise. Nick stellte mich einer der PR-Vorstände vor, mit dem er zusammenarbeitete. Sie hatte große Ähnlichkeit mit den PR-Frauen, die ich aus New York kannte – ganz in Schwarz gekleidet, mit glattem, glänzendem Haar und einem selbstsicheren Gang. Sie plante eine Hochzeitsreise nach Afrika und fragte nach Tipps, deshalb bot ich ihr an, mich mit ihr zum Mittagessen zu treffen, um darüber zu sprechen. Lachend warf sie den Kopf in den Nacken.

»Ha, ha. Sie glauben, ich hätte Zeit für eine Mittagspause. Oh Gott, ich habe nie Zeit für eine Mittagspause.« Plötzlich tat mir eine Frau leid, die keine Zeit für eine Mittagspause hatte. Und ich dachte daran, dass ich selbst so eine Frau gewesen war.

Wenn man in den Niederlanden abends ausgeht, egal ob in eine Bar an einer der Grachten oder zu einem Abendessen, und sich mit den Holländern unterhält, fragt einen niemand, was man beruflich macht. Ich glaube nicht, dass mich in der ganzen Zeit, die ich in Holland verbracht habe, irgendjemand nach meiner Arbeit gefragt hat, außer wenn ich das Thema von mir aus ansprach.

»Für die Holländer haben Arbeit und Geld einen anderen Wert als für Briten und Amerikaner. Sie sind etwas weniger materialistisch. Familie und Freizeit sind ihnen deutlich wichtiger, und darüber unterhalten sie sich auf Partys. Es kümmert sie nicht, womit man sein Geld verdient«, erzählte mir Ben Coates, Autor des Buchs *Why the Dutch Are Different*. Als ich in Amsterdam war, verkaufte sich sein Buch gerade wie verrückt, und ich nahm unweigerlich auch eins von den hohen Stapeln im WHSmith am Flughafen Schiphol mit. Coates kommt ursprünglich aus Großbritannien, verliebte sich jedoch in eine Holländerin und blieb.

Als ich einer Holländerin gegenüber erwähnte, dass ich bei meiner letzten Stelle fünf bis sechs Tage die Woche gearbeitet und manchmal am Sonntag noch ein paar Extrastunden eingelegt hatte, sah sie mich entsetzt an und runzelte ungläubig die Stirn, die frei von Botox war. »Ihr Amerikaner redet gern darüber, wie viel ihr zu tun habt. Fühlt ihr euch dadurch wichtig?« Sie sagte das nicht böse, sondern fragte es eher aus Neugier. Ich hatte mich schon an die schonungslose Offenheit der Holländer gewöhnt, seit die Frau bei der Passkontrolle am Flughafen mir erklärt hatte, blond würde mir besser stehen. »Wann siehst du deinen Mann?«, fragte diese Holländerin. Dann fügte sie mit größerem Ernst hinzu: »Oder machst du Yoga?«

»Die halten uns für verrückt«, sagte ich später an jenem Abend zu Nick. Obwohl keiner von uns beiden sich besonders für das Rauchen von Hasch interessierte, hatte unsere Neugier gesiegt, und wir wollten einen legalen Joint in einem der Coffee-Shops in der Stadt rauchen. Da ich von Natur aus ängstlich bin, war ich sehr wählerisch, als es darum ging, welcher Coffee-Shop für unser Unterfangen taugte. Er sollte sauber und angenehm beleuchtet sein, an den Wänden sollten keine Bilder oder Fotos von Bob Marley hängen, und er sollte nicht wie eine osteuropäische Jugendherberge eingerichtet sein.

»Findest du nicht, dass wir ein bisschen verrückt sind?«, fragte Nick, während er sich das Angebot auf der Karte ansah, das individuelle Joints für fünf Euro anbot und einen

Space-Cake für sieben. »75 Prozent von unserem Stress und unseren Streitigkeiten haben ihre Ursache irgendwie in der Arbeit. Meinst du nicht, dass es sinnvoller wäre, tatsächlich ein Gleichgewicht zwischen Arbeit und Freizeit zu schaffen, anstatt nur die ganze Zeit darüber zu reden?«

Wir rauchten ungefähr einen halben Joint, stellten fest, dass wir vielleicht zu alt für diesen Mist waren, und gingen zu unserem Airbnb zurück, einem Dachboden, den man über zwei steile, schmale Treppen erreichte, zwei richtige Leitern. Nachts war es dort so kalt, dass wir uns unter zwei Bettdecken aneinanderkuschelten, damit uns warm wurde. Ich rückte so nah wie möglich an Nick heran. Die nächsten Stunden unterhielten wir uns über das Konzept der Work-Life-Balance und stellten fest, dass die Amerikaner zwar ziemlich viel über das Thema redeten, aber selten konkrete Schritte unternahmen, um das Gleichgewicht zu verbessern. Wir schreiben und lesen Artikel darüber, wir kaufen Bücher, die uns helfen sollen, unsere viel zu vollen Terminkalender neu zu ordnen, wir haben sonntags schon schlechte Laune, weil uns der Montag bevorsteht. Doch wir tun selten etwas dafür, das Problem zu lösen.

Am nächsten Tag unterhielt ich mich mit der holländischen Freundin einer Freundin, die Marieke hieß. Sie war seit fünfzehn Jahren verheiratet und hatte zwei wunderschöne Töchter. Als ihre Mädchen jünger waren, tüftelten sie und ihr Mann ein System aus, bei dem sie beide vier Tage die Woche arbeiten konnten.

»Es war die beste Art zu leben. Es ermöglichte uns, sowohl für unsere Familie da zu sein als auch für uns selbst«, erklärte mir Marieke. »Holländische Männer haben keine Angst, minderwertig zu sein, wenn sie nicht fünf Tage die

Woche arbeiten. Das ist völlig in Ordnung. Vielmehr ist es mehr als in Ordnung. Wir wissen, dass es besser für uns ist, das Leben zu genießen. Wir mögen zwar weniger Geld verdienen, aber damit kommen wir zurecht, und der Gewinn ist viel größer. Wir definieren uns nicht über unsere Arbeit. Wir definieren uns über unsere Beziehungen und über das, was wir tun, um erfüllt zu sein.«

Jetzt, da ihre Mädchen etwas älter sind, arbeitet Marieke dreieinhalb Tage die Woche und ihr Mann fünf, da sein momentaner Job weniger Flexibilität zulässt.

»Da ich jetzt weniger arbeite, bin ich die Managerin zu Hause. Ich kümmere mich um einen Großteil der Hausarbeit und um die Mädchen, aber dennoch teilen wir uns vieles. Mein Mann übernimmt noch immer einen Großteil der Lebensmitteleinkäufe und beim Putzen. Ich habe mich für meinen Mann entschieden, weil er keinen Unterschied zwischen Männern und Frauen sieht. Wir werden unsere Töchter zusammen zu unabhängigen Frauen erziehen. Für mich bedeutet Feminismus, dass man die richtigen Entscheidungen für sich und für seine Familie trifft.«

Meine beste Freundin Jackie überraschte mich mit ihrer Reaktion auf die Holländer. Jackie ist eine der ehrgeizigsten Frauen, die ich kenne, eine Juristin, die in die Spitzenpositionen einer angesehenen Law School aufgestiegen war. Als sie mit ihrem dritten Kind schwanger war, fragte sie ihren Vorgesetzten, ob sie nach ihrem (äußerst kurzen) Mutterschaftsurlaub vielleicht ein paar Tage die Woche von zu Hause aus arbeiten könne.

»Mein Chef hat mir ein schlechtes Gewissen gemacht, dass ich überhaupt danach gefragt habe«, sagte Jackie. Daraufhin kündigte sie. Sie war im achten Monat schwanger, als sie ihre eigene Firma gründete, die Menschen juristische Beratung bot, um ihre Arbeitszeit flexibel zu gestalten.

»Ich glaube, Holland würde mir gefallen«, schrieb sie mir, als ich in Amsterdam war. »Uns ist das Gefühl eingeimpft worden, dass Feministinnen arbeiten, Erfolg haben und andere Leute mit ihren Titeln und mit dem, was sie erreicht haben, beeindrucken müssten. Warum kann Feminismus eigentlich nicht bedeuten, dass ich die Freiheit habe, selbst zu entscheiden, was mir wichtig ist, ohne dass andere (ehrgeizige) Damen darüber urteilen? Was ist Ehrgeiz überhaupt? Kann ich nicht ehrgeizig sein, was meine Kinder und meine Ehe betrifft?«

Ein Paar meiner amerikanischen Freunde hat einen anderen Weg hinsichtlich seiner beruflichen Laufbahn gefunden, der für beide funktioniert. Als sie schwanger wurde, war sie ein aufsteigender Star in der Computerbranche, und er hatte eine Stelle, die er verabscheute. Deshalb kündigte er und blieb zu Hause, um sich um das Baby zu kümmern. Etwa zwei Jahre später ging ihre Firma allmählich den Bach runter, und er erhielt ein fantastisches Angebot. Sie tauschten die Plätze und die Ambitionen bezüglich der Arbeit. Sie betreute nun ihr kleines Kind und arbeitete an einem Buch. Seitdem haben sie immer wieder die Plätze getauscht, damit ein Partner sich einen Traum erfüllen oder aber sich um die Familie kümmern konnte, während der andere inzwischen für das Einkommen sorgte.

Holländische Frauen sind tatsächlich willensstark, unabhängig und ehrgeizig. Nur nutzen sie ihren Ehrgeiz dazu, ihr ganzes Leben zu gestalten anstatt nur eine Karriere. Das wirkte auf mich wie ein feministischer Ansatz.

Es wird viel darüber geredet, dass Frauen versuchen, alles

zu haben. Was dieses »Alles« ist, bleibt jedoch unklar und ändert sich ständig. Es kann die perfekte Ehe bedeuten, erfolgreich in einem erfüllenden Beruf zu arbeiten, eine glückliche Familie zu haben und einen gesunden Verstand und Körper. Oft gehören Kinder dazu, aber nicht unbedingt.

Ich hatte keine Ahnung, was ich als Nächstes tun sollte. Es würde nicht einfach für unsere Familie sein, von einem Gehalt zu leben, eigentlich war es sogar so gut wie unmöglich. Außerdem wollte ich mich nicht nur als Ehefrau definieren. Ich arbeite sehr gern. Ich wollte nicht aus dem Arbeitsleben ausscheiden. Ich wollte neu anfangen. Und falls das jemals möglich war, wollte ich, dass Nick diese Möglichkeit ebenfalls bekam. Das Einzige, was ich wirklich wusste, war, dass meine nächste Arbeit nicht mein Leben oder meine Ehe bestimmen sollte. In Dänemark hatte ich gesagt, dass Nick und ich aufhören mussten, wie zwei Geschäftsreisende zu leben, die ab und zu am selben Ort landen. Ich wollte einen Beruf, den ich liebte, ohne dafür zwingend mich und meine Beziehung zu opfern. Es musste einen Weg geben, einem ausgeglichenen Verhältnis von Arbeit und Privatleben wenigstens näher zu kommen.

»Es ist nicht deine Aufgabe, mich glücklich zu machen«, sagte ich ebenso zu Nick wie zu mir selbst, als ich in einem Café an einer der Grachten Pommes frites von einem Teller pickte. »Ich sollte zumindest ein erfreuliches Hobby haben, so etwas wie Fantasie-Football oder Orientierungslauf.«

Nick nickte zustimmend. »Du hast recht. Weißt du, was ein Orientierungslauf ist?«

»Nein. Ich glaube, es hat etwas mit Kompass und Vögeln zu tun. Egal, es ist meine Aufgabe, mich glücklich zu machen. Ich versuche nur herauszufinden, was das bedeutet.«

11
Indien

Ein kleines Dankeschön wirkt Wunder

Boondi, eine kleine, schrumpelige Frau unbestimmten Alters mit ledriger Haut von der Farbe einer reifen Kokosnuss, hielt meine beiden Hände in ihren winzigen faltigen Händen.

»Als mein Ehemann starb, sagte er zu mir: ›Bye-bye. Ich gehe. Aber deinetwegen werde ich wieder zurückkommen‹«, erzählte Boondi grinsend, wobei ihre Lippen von den Betelnüssen, die sie unentwegt kaute, orangefarben gefleckt waren. Das »Bye-bye« hatte sie in einem hell klingenden Singsang gesagt. Boondi heiratete ihren Ehemann, als sie fünfzehn war. Als ich sie kennenlernte, meinte sie, sie sei neunzig, war sich aber nicht sicher.

Wir standen auf einer matschigen Straße in Boondis ländlichem Dorf im Nordosten von Indien am Ufer des Flusses Brahmaputra; und sie gab meine Hand nicht wieder her. Die Berührung war warm und angenehm. Das Einzige, was mich nervös machte, war, dass das Boot, mit dem ich an diesen abgelegenen Ort gelangt war, in weniger als zwanzig Minuten abfuhr. Ich musste dieses Boot nehmen, um nach Neu-Delhi zurückzukommen. Nachdem ich den bescheidenen Tempel des Ortes besichtigt hatte, war ich auf dem

Rückweg zu diesem Boot Boondi begegnet, die mich sofort fasziniert.

Ich war durch den Regen gelaufen, wobei mich alle paar Schritte eine freche Kuh anstieß, als ich Boondis Lachen hörte. Das Lachen war zu groß für eine so kleine Person und erschütterte ihren Bauch, der unter ihrem dunkelvioletten Sari hervorlugte. Ich bedeutete meinem Dolmetscher stehen zu bleiben. Boondi und ihre beiden Freundinnen, beide ungefähr in ihrem Alter und genauso krumm wie sie, wollten sofort mit meinem Smartphone ein Selfie von sich und mir machen. In Indien wollen alle Selfies von sich zusammen mit einem weißen Fremden machen. Ich tat ihr den Gefallen und versprach, das Foto via Facebook an ihren Urenkel zu schicken. Boondi war sehr stolz auf ihren Urenkel und darauf, dass er sich mit den sozialen Medien auskannte. Sie fragte mich, ob ich verheiratet sei, ob ich Kinder hätte, ob ich Kinder haben wollte und ob mein Ehemann zusammen mit mir in Indien sei. Ich nickte: Ja, nein, ja und nein. Dann erzählte sie mir von ihrer eigenen Ehe.

Boondi spuckte eine Betelnuss aus, bevor sie fortfuhr.

»Mein Ehemann und ich waren sehr glücklich. Ich war sehr glücklich, weil mein Mann mich geliebt hat. Er liebte mich, und wir hatten genug zu essen, und wir hatten viele Kinder. Wir hatten niemals einen schlechten Moment. Wenn Sie einen Ehemann haben, der Sie liebt, müssen Sie dankbar dafür sein. Eine funktionierende Ehe erfordert Dankbarkeit.« Was Boondi mir erzählte, musste erst vom einheimischen Assamesisch in Hindi und dann von Hindi in Englisch übersetzt werden, aber ich war mir ziemlich sicher, dass ich es richtig verstanden hatte. Als sie lächelte, sah ich, dass sie kaum noch Zähne im Mund hatte, ihr Zahnfleisch schimmerte zart und rosa wie das eines Babys. Falten gruben sich wie Schluchten in ihr Gesicht und erzählten von Weisheit und den Leiden des Alters.

»Jeden Tag, wenn er nach Hause kam, sorgte ich dafür, dass er etwas zu essen bekam, und ich massierte ihn, wenn er Schmerzen hatte und müde war. Massieren Sie Ihren Mann?«

Nein, das tat ich nicht. Fast immer frage ich Nick, ob er meinen Kopf oder meine Schultern massiert, wenn ich unleidlich und müde bin. Er weiß genau, wo er mit dem Daumen zwischen meine Schulterblätter drücken muss, um die Anspannung zu lösen, die ich vom stundenlangen Hocken vor dem Laptop bekomme.

Ich nahm mir vor zu lernen, wie man eine gute Schultermassage gibt.

»Wie haben Sie Ihren Mann kennengelernt?«, fragte ich sie.

Sie blinzelte, als wäre das eine dumme Frage. »Meine Eltern haben mit seinen Eltern gesprochen, und wir beschlossen zu heiraten.« Ganz einfach. Aber Boondi war kein Dummchen. Sie hatte einen Urenkel, der ein Meister des Internets war. In ihrem Dorf stand auf fast jedem Dach eine Satellitenschüssel.

»Ich weiß, was Sie denken«, sagte sie. »Aber ich habe ihn sehr geliebt. Es war wahre Liebe. In einer guten Ehe stellt sich die Liebe immer erst später ein, und es kümmert mich nicht, was die anderen sagen.«

Boondi drückte nachdrücklich meine Hand. »Sie sind jung, kräftig und gesund. Wenn Sie einen guten Ehemann haben und der eine gute Familie hat, sollten Sie das wertschätzen. Wenn Sie diese Dinge haben, müssen Sie dankbar sein. Dankbar zu sein, ist das Wichtigste. Sagen, dass Sie dankbar sind, und es auch so meinen. *Teekay?*« *Teekay* ist das indische Äquivalent zu »Okay« oder »Verstanden?«. »*Teekay*«, antwortete ich. Nick und ich hatten vieles, worüber wir glücklich sein konnten. Wir hatten ein Dach über dem Kopf und Essen, und wir liebten einander sehr. Wir sollten dankbar sein.

Die alte Frau umarmte mich, sie schlang die Arme fest um meine Taille, ihr Kopf reichte kaum bis zu meiner Schulter. Vorsichtig erwiderte ich ihre Umarmung, ich fürchtete, wenn ich sie zu fest drückte, würde ich ihr die zarten Knochen brechen.

»Mein Ehemann und ich waren so glücklich!« Sie sah zu mir hoch, und ihre hellen Augen in der Farbe des schlammigen Brahmaputra blitzten. »Sie sind auch glücklich. Das weiß ich.«

Hatte ich erst in eine der entlegensten Gegenden Indiens fahren müssen, um zu verstehen, wie wichtig Dankbarkeit in einer Ehe ist? Es fühlte sich ein wenig lächerlich an, in Autos, Zügen, Flugzeugen und Booten Tausende von Kilometern zu reisen, nur um festzustellen, dass mein Leben bereits ziemlich schön war und dass ich das würdigen sollte. Doch das Gefühl von Dankbarkeit, zu dem ich in meinem Alltag so schwer Zugang fand, tauchte in fast allen Gesprächen auf, die ich in Indien führte.

Nicht, dass ich in San Francisco nicht bereits vom Wert der Dankbarkeit gehört hatte. Eigentlich immer und überall. Tatsächlich so häufig, dass ich des Gedankens an Dankbarkeit etwas überdrüssig war. Nicht wegen der Dankbarkeit an sich, sondern wegen des ungewollten Missbrauchs des Wortes. Innerhalb der letzten zehn Jahre hatte praktisch jeder in San Francisco begonnen, wie ein Yogalehrer zu reden. Es gab kaum noch ein Abendessen, bei dem der Gastgeber nicht einen tiefen Seufzer ausstieß und verkündete: »Ich möchte dieses Mahl mit Dankbarkeit beginnen.« Der Kassierer, der uns Biogemüse verkaufte, lächelte aus Dankbarkeit über die Radieschen, die wir ihm gerade abgekauft hatten, und mein Hundesitter hinterließ mir einmal eine Liste mit fünf Gründen, warum er dankbar für Lady Piazza war. San Francisco ist auch eine Stadt, in der einem Leute frei von jeglicher Ironie erzählen, Sauerkraut habe ihr Leben verändert, sodass ich das alles nicht zu ernst nahm. Schließlich haben sie das Herz am rechten Fleck. Aber ich war auf der Suche nach etwas, das noch echter, unmittelbarer, authentischer war: Dankbarkeit zu empfinden und auszudrücken, statt sich damit zu brüsten.

Forscher meinen, Dankbarkeit oder Wertschätzung zu zeigen, Danke zu sagen, eine SMS zu schreiben mit: »Was du getan hast, war spitze«, sei ein wesentlicher Bestandteil jeder guten Beziehung, insbesondere, wenn Paare allmählich aus dem Hoch der Flitterwochen im schnöden Alltag ankommen. Wissenschaftler der University of Georgia haben 468 Paare befragt und herausgefunden, dass anhand der Dankbarkeit zuverlässig vorausgesagt werden konnte, wie zufrieden jemand in seiner Beziehung war. »Auch wenn ein Paar Kummer und Schwierigkeiten in anderen Bereichen hat, wirkt sich Dankbarkeit positiv auf die Ehe aus«, sagte Allen Barton, der Leiter der Studie und Postdoktorand am Center for Family Research an der University of Georgia. In einer anderen Studie bat Dr. Amie Gordon, eine Psychologin von der University of California Berkeley, 50 Paare,

Dankbarkeitsprotokolle zu führen. Bei jenen Paaren, die es schafften, einander regelmäßig Wertschätzung entgegenzubringen, waren die Chancen geringer, dass sie sich innerhalb der nächsten neun Monate trennen würden. Die Forscher berichteten, dass dieses gegenseitige Stärken Vertrauen und Respekt fördert.

Dr. Gordon fand heraus, dass die »besonders wertschätzenden« Paare ihre Dankbarkeit offen ausdrückten, sich gegenseitig zuhörten und einander dankbar berührten. Sie stellte auch fest, dass Dankbarkeit in einer Beziehung nichts Statisches ist. Nichts, was man einfach hat oder eben nicht hat. Dankbarkeit ist eine Fähigkeit, die man erlernen und pflegen kann.

Peter Pearson vom Couples Institute in Palo Alto gibt seinen Patienten eine Dreißig-Tage-Aufgabe, die er das Tägliche Doppel nennt. Es ist ganz einfach. Jeder muss seinem Partner zweimal am Tag etwas sagen, das bei dem anderen ein gutes Gefühl erzeugt oder sein Leben verbessert. Dies können kleine Dinge sein wie »Schatz, ich finde es toll, dass du den Müll rausbringst« oder »In diesem grauen T-Shirt siehst du sexy aus«. Es kann ein Dankeschön oder Ausdruck von Bewunderung sein, und man kann sie dem anderen persönlich mitteilen, per E-Mail, Skype oder SMS. Ich fragte, ob ein Daumen-hoch- und ein Kussmund-Emoji ausreichen würden, woraufhin Pearson widerstrebend mit Ja antwortete.

Das Prinzip der Dankbarkeit findet sich in fast allen Aspekten der indischen Kultur und den dortigen Beziehungen wieder. Das heißt aber nicht, dass die Inder ständig allen für alles danken. Vielmehr geht es bei dem Prinzip der Dankbarkeit, das sich in vielen indischen Traditionen wiederfindet, darum, aufrichtigen Dank zu empfinden, Demut zu zeigen und das eigene Ego zugunsten von mehr Glückseligkeit und Freude für alle zurückzustellen. Es geht darum, Dankbarkeit zu *empfinden*, nicht darum, über sie zu *sprechen*.

Was Dankbarkeit in einer Ehe angeht, hat es der Hindu-Mönch Radhanath Swami meiner Meinung nach am besten ausgedrückt: »Ich habe erlebt, dass so etwas Kleines wie ein Dankeschön eine Ehe vor dem Zusammenbruch retten kann … wenn es überzeugend ist. Es ist nur eine Kleinigkeit, macht aber einen größeren Unterschied als all die großen Dinge, um die man sich bemüht hat.«

Nach fast einem Jahr Ehe liebte ich noch immer das meiste an Nick Aster, aber während wir uns anstrengten, finanziell über die Runden zu kommen, und von einem Arzttermin zum nächsten eilten, wurde es immer schwieriger, das nicht aus den Augen zu verlieren.

Der letzte Arztbesuch vor meiner Abreise nach Indien war besonders herausfordernd gewesen. Nick und ich hatten einen Termin bei einem Neurologen, um herauszufinden, ob die Muskeldystrophie meine Muskeln bereits angriff.

»Können Sie pfeifen?«, fragte mich der Arzt.

»Nein. Aber das konnte ich schon als Kind nicht«, erwiderte ich.

»Können Sie Ihre Augen ganz fest schließen und sie dann ganz schnell wieder öffnen?«

»Ja.«

Um festzustellen, wie ernst meine Krankheit war, musste ich einen Haufen Tests machen, bei denen ich meist seltsame Grimassen schneiden musste.

»Weil diese Form der Muskeldystrophie die Gesichtsmuskeln betrifft, fällt es den Betroffenen häufig schwer zu lächeln. Darum denken andere Menschen oft, sie wären unglücklich«, sagte der Neurologe. »Denken die Leute oft von Ihnen, Sie wären unglücklich?«

»Wollen Sie damit sagen, diese Form der Muskeldystrophie äußert sich unter anderem dadurch, dass man ständig mit einer sauertöpfischen Miene herumläuft?«, fragte ich. Ich spürte, wie sich hinter meinen Augen ein Druck bildete und dass ich die Fassung verlor, woraufhin ich tiefer in meinem Sessel versank. In diesem Sprechzimmer in Tränen auszubrechen, war das Letzte, was ich tun würde. Forderten mich Fremde auf der Straße nicht dauernd auf, mehr zu lächeln? Ich hätte schon lange wissen müssen, dass irgendetwas mit mir nicht stimmte, doch ich biss mir auf die Innenseite meiner Wange, um meinen Sarkasmus und meine Tränen in Schach zu halten. Nick merkte, dass ich aufgewühlt war, und warf mir einen Blick zu, der sagte: *Halte durch, anschließend gehen wir Eis essen.*

»Wie sieht es mit der Kraft Ihrer Arme aus?«, fragte der Arzt.

»Ich kann Handstand machen. Beim Yoga habe ich gestern 45 Sekunden lang einen gemacht. Okay, vielleicht 30 Sekunden.« Ich bemühte mich eifrig, ihm Informationen zu liefern, damit er aufsprang und ausrief: *Mein Gott, wie konnten wir uns alle nur so täuschen? Wenn diese Frau 30 Sekunden lang einen Handstand machen kann, dann kann sie ja gar keine Muskeldystrophie haben!*

Der Arzt kritzelte stumm etwas auf einen Notizblock.

»Aber ich bin total schlecht im Gewichtestemmen«, fügte ich hinzu. »Ist das ein Symptom?« Am Vorabend hatte ich im Keller hinter einem Stapel Kartons ein zehn Kilogramm schweres Gewicht ausgegraben, es mit beiden Händen gegriffen und es zwanzigmal über meinen Kopf gehoben. Dabei stöhnte ich wie ein *Martial-Art*-Kämpfer. Im Geiste nahm ich mir vor, die Übung täglich zu wiederholen. An dem Tag, an dem ich es nicht mehr schaffte – an dem zwanzigmal zehn Kilo zu stemmen zu viel war –, würde ich anfangen, mir Sorgen zu machen.

Im Sprechzimmer drückte Nick mein Bein, woraufhin ich auf meine Hose hinunterblickte. Nick nannte sie meine Rucksacktouristenhose. Sie war aus dünnem Baumwollstoff mit komplizierten weißen und blauen Elefanten drauf, solche, wie Touristen sie in heruntergekommenen billigen Verkaufsbuden in Thailand und Indien erstehen. Diese hatten wir in Afrika gekauft, aber wahrscheinlich war sie in China hergestellt worden. Warum hatte ich bei diesem wichtigen Arzttermin etwas angezogen, das wie ein Pyjama aussah? Plötzlich kam ich mir klein und kindisch vor. Ich kniff mir oberhalb des Knies in den Oberschenkel ... fest, meine Nägel gruben sich in die Haut. Ich musste es spüren.

»Ich denke, dass ist ein Symptom dafür, dass du eine 35 Jahre alte Frau bist, die es hasst, Gewichte zu stemmen«, flüsterte Nick mir zu, um mich zum Lächeln zu bringen, doch ich sah die Sorge in den Fältchen um seine Augen.

Ich tat so, als hätte ich ihn nicht gehört. »Gibt es irgendeine Möglichkeit festzustellen, wann sich die eigentlichen Symptome bei mir einstellen werden?«, fragte ich. Ich brauchte handfeste Antworten. »Werde ich gehen können? Werde ich einen Rollstuhl benötigen? Wann wird das sein? Werde ich starke Schmerzen haben? Gibt es irgendeinen Weg, das alles in Erfahrung zu bringen?«

»Nein«, antwortete der Arzt. Auf seinem Gesicht erschien ein merkwürdiger Ausdruck. So hatte mich noch keiner angesehen. Es war Mitleid.

Frustriert ob seiner Unfähigkeit, mir irgendetwas Konkretes über meine Krankheit mitzuteilen, brachte ich kein Wort mehr heraus.

»Das Beste, was wir Ihnen sagen können, ist, dass Sie es genau wie Ihr Vater erst später im Leben bekommen werden. Und dass Sie jetzt gesund sind«, fuhr der Arzt fort. »Mehr wissen wir nicht.«

»Was ist mit unseren Kindern?« Es wurde immer schwieriger, meine Tränen zurückzuhalten.

»Die Chancen stehen fünfzig zu fünfzig, dass sie es bekommen. Bei einem Embryo kann man es noch nicht feststellen, darum ist eine künstliche Befruchtung keine Lösung. Bei einem Fötus kann man es feststellen, allerdings erst ab der zwölften Woche. In dem Fall hat man die Möglichkeit, die Schwangerschaft abzubrechen.« Die Worte »Schwangerschaft abzubrechen« hingen in der Luft wie eine lilafarbene Gewitterwolke, die jede Sekunde bersten konnte.

An dem ersten Silvester nach unserer Hochzeit nahmen Nick und ich an einer Party teil, auf der Kinder herumrannten und die Eltern schon vor acht Uhr betrunken waren. Wir feierten Silvester, als es in den kanadischen Seeprovinzen Mitternacht war, damit alle vor 22 Uhr unserer Zeit ins Bett kamen. Alle liefen um den Tisch herum und machten Vorhersagen für das neue Jahr. Einige waren lustig (Justin Bieber wird im Knast landen), andere ernst (Karen wird ihren Job aufgeben, um ihren Hobbys nachzugehen). Nick und ich machten unsere eigenen albernen Prophezeiungen (Trump wird Präsident; wir schaffen uns eine Ziege an), doch als wir an jenem Abend im Bett lagen, flüsterte er mir ins Ohr: »Dieses Jahr werden wir ein Baby bekommen. Das wollte ich nur nicht vor allen anderen sagen.«

Nach unserer Hochzeit war eine Veränderung in mir vorgegangen. Die Freundinnen meiner Mutter und meine sehr alten Tanten nannten es »Baby-Fieber«, aber es war subtiler. Die meiste Zeit meines Erwachsenenlebens waren Kinder etwas, das ich zu vermeiden suchte – sowohl, welche zu machen, als auch Zeit mit ihnen zu verbringen. Doch das war jetzt anders. Schreiende Babys im Flugzeug störten mich nicht mehr. Ich wollte sie am liebsten streicheln und beruhigen, sie knuddeln, an ihrem Köpfchen riechen und an ihren Zehen knabbern. Ich spürte, wie sich alle meine Sinne in ihrer Gegenwart verschärften. Bis ich Nick kennenlernte, hatte ich mir noch nie meine eigenen Kinder vorgestellt, und danach konnte ich nicht mehr damit aufhören. Ich stellte mir ein kleines Mädchen mit Nicks Neugier und verschmitztem Blick vor, das mit verdrecktem Gesicht im Garten Lady Piazza hinterherjagte. Sie würde auf Bäume klettern und laut, aber falsch singen. Ich würde ihr alle Nancy Drews vorlesen und alles, was Laura Ingalls Wilder jemals geschrieben hatte. Doch seit Kurzem verschwamm das Bild dieses kleinen Mädchens. Ich hatte einen Traum, in dem sie mir zuwinkte, aber ich wusste nicht, ob sie mir Hallo sagte oder sich von mir verabschiedete.

Nick tat alles, um mich aufzuheitern, doch die Ungewissheit machte mich mürbe, ich war gereizt und überempfindlich. Ich wusste, dass ich dankbar für die wundervollen Dinge sein sollte, die ich in meinem Leben hatte – zurzeit war ich gesund, und ich hatte einen wunderbaren Ehemann –, aber es gelang mir nicht. Manchmal fiel es mir sogar schwer, auch nur ein Daumen-hoch- oder ein Kussmund-Emoji zustande zu bringen.

Etwas später in jener Woche suchte ich in einem Karton, der auf Nicks Seite unter das Bett geschoben war, meinen Reisepass. Dabei stieß ich auf ein Paar kleiner blauer Hefte, auf denen in goldenen schnörkeligen Buchstaben stand: Gründe, warum ich dich heiraten will. Ich hatte sie im Brautmodenladen gekauft, als ich dort im letzten Sommer mein Kleid abholte. In den Monaten vor unserer Hochzeit schrieben Nick und ich jeden Abend etwas hinein, egal, wo auf der Welt wir uns gerade befanden. Beide Bücher waren komplett gefüllt, auf Vorder- und Rückseiten.

Ich nahm mir einen Riegel dunkler Schokolade, schenkte mir ein Glas Rotwein ein und schlug die Seiten auf.

ICH:
Weil du mir das Gefühl gibst, gemeinsam könnten wir alles erreichen.
Weil du mir Burritos machst, wenn ich arbeiten muss.
Weil du dich so sehr bemühst, Lady Piazza zu mögen, obwohl sie ein echt furchtbarer Hund ist.
Weil mit dir abends zu Hause zu kochen besser ist als alles andere mit irgendjemand anderem.
Weil du dir alberne Lieder ausdenkst, um mich zum Lachen zu bringen.
Weil ich keine Scheu habe, vor dir zu weinen.

Mittlerweile weinte ich.

NICK:
Weil wir zusammen unglaubliche Dinge vollbringen.

Weil du einen süßen kleinen Bauchnabel hast.
Weil du vom Käse abgebissen und ihn dann wieder in den Kühlschrank gepackt hast, als du betrunken warst.
Weil du es erträgst, wenn ich in der Taqueria spanisch spreche.
Weil du beim Lachen prustest.
Weil du unendlich viel Energie zu haben scheinst.
Weil du mich für neue Dinge begeisterst.
Weil du mich selbst in schwierigen Lebenslagen beruhigst.
Weil die kleinen Details des Lebens klein sind und wir gemeinsam lernen, sie zu entdecken.

Die Hefte waren wundervoll, und ich las sie beide von vorne bis hinten durch. Es war, als hätte ich den Film zurückgespult und würde mir den Beginn unserer Beziehung noch einmal in Zeitlupe ansehen. Auch wenn das Leben in diesen Heften so vollkommen schien, wusste ich, dass die Dinge auch damals nicht einfach gewesen waren, als wir die Hochzeit geplant hatten und ich mit meinem ganzen Leben auf die andere Seite des Kontinents gezogen war. Doch jetzt sprach aus diesen Seiten nur, wie glücklich wir gewesen waren und wie dankbar dafür, einander gefunden zu haben. Ich liebte diese Hefte. Ich wollte einen Weg finden, immer wieder unseren Dank auszudrücken, unsere ganze Ehe hindurch.

Nick und ich waren beide vom indischen Tourismusministerium eingeladen worden, das Land als Journalisten zu bereisen, doch aufgrund eines geschäftlichen Notfalls musste Nick drei Wochen vor der geplanten Abreise abspringen.

»Das heißt, dass wir an deinem Geburtstag nicht zusammen sind. An deinem 42. Geburtstag!«, jammerte ich, nachdem er bei der Fluggesellschaft angerufen hatte, um seinen Flug zu stornieren. Nicks Geburtstag war gleichzeitig der Jahrestag unserer Verlobung.

Nick sah ehrlich bedrückt aus. »Ich weiß, mein Honigtöpfchen. Ich bin auch enttäuscht. Aber das wird zu stressig. Wir feiern meinen Geburtstag und unseren Jahrestag im Mai nach. Und bitte hör auf, mich daran zu erinnern, dass ich 42 werde.«

Ich reiste für drei Wochen ohne ihn ab, die längste Zeit, die wir seit unserer Hochzeit getrennt sein würden. Freunde warnten mich: »Indien ist anders. Fremde lieben oder hassen es, dazwischen gibt es nichts.« Noch bevor ich überhaupt losgefahren war, befürchtete ich, dass ich es hassen würde. Der Prozess, um ein Visum für Indien zu erhalten, ist lang und kompliziert. Im Grunde muss man ihnen sein erstes Kind versprechen, zusammen mit einer Blutprobe und einer Liste aller Personen, mit denen man jemals geschlafen hat. Ich habe gesehen, wie ein erwachsener Mann in Tränen ausbrach und aus dem Visa-Büro in San Francisco floh.

»Ich halte das nicht aus«, schrie er, als er aus der Tür stürmte. »Scheiß auf Indien. Dann fahre ich eben nicht hin.«

Nachdem ich Dutzende von Formularen und Fragen der Beamten über mich hatte ergehen lassen und 16 Stunden von San Francisco nach Neu-Delhi geflogen war, wo das Thermometer über fünfundvierzig Grad anzeigte, dann noch zwei Stunden nach Kalkutta unterwegs war und eine weitere bis in das kleine Dorf Jorhat, erwartete ich, genauso fertig zu sein wie der schreiende Mann aus dem Visa-Büro – das war ich jedoch nicht. Sobald wir gelandet waren, verliebte ich mich in Indiens üppige Farben und Gerüche und in die herzlichen und gastfreundlichen Menschen. Alles war leuchtender und intensiver. Es war heiß und schmutzig, schön und exotisch, alles zugleich.

Ich musste gar nicht erst danach suchen, alles drehte sich um die Ehe. Der indische Mann, der im Flugzeug neben mir saß, sah meinen Ehering und fragte mich, warum ich allein reiste. »Mein Mann ist zu Hause in den USA.« Er sah mich traurig an, als wollte er sagen: *Welcher Mann lässt seine Frau auf einer so langen Reise alleine*?

»Der Unterschied zwischen einer amerikanischen Ehe und einer indischen Ehe ist wie Himmel und Hölle«, informierte er mich (ich hatte ihn gar nicht danach gefragt). »In Amerika gibt es freien Sex. In Amerika glaubt man an Scheidung. Für uns ist eine Scheidung eine große Sache. Sie mögen uns für primitiv halten, aber wir haben nur eine Frau und einen Mann. Das ist uns wichtig. Wir schützen unsere Ehe.«

»Wir auch«, erwiderte ich höflich und schlug die Ausgabe der *Times of India* auf, um die Unterhaltung zu beenden. Was meinte er damit? *Wir schützen unsere Ehe*. Hielten wir die Ehe nicht auch für heilig, für eine große Sache? Mein Blick fiel auf die Heiratsanzeigen. Noch immer geben indische Mütter und Väter regelmäßig klassische Anzeigen auf, in der Hoffnung, für ihr erwachsenes Kind den passenden Ehepartner zu finden. Die Anzeigen sind unglaublich konkret verfasst, bis hin zur Kaste, zum Beruf, der Religion und der Sprache.

Die Familie einer hübschen, studierten Betriebswirtin 32/1,69m, sucht für sie einen gut situierten Geschäftsmann.

> Alteingesessene Geschäftsfamilie aus Bhopal sucht für ihren einzigen Sohn (MBA London). Klug. Gut aussehend. Kinderlos. Geschieden. 1,78 m/25 ½, der in einem florierenden Familienunternehmen tätig ist, eine hübsche, gebildete Frau (von passender Größe).

Die beste Heiratsanzeige, die ich in Indien sah, war derart klar, ehrlich und perfekt, wie man sie in keiner Partnerbörse finden würde.

> 27/1,86 m, MBA/Diplomingenieur mit einem guten Job in Mumbai sucht eine tamilische Brahmin als Braut. Hatte vor 5 Jahren epileptische Anfälle. Habe bei einem Unfall einen Hoden verloren. Ärzte bescheinigen, dass jetzt alles normal ist, keine Auswirkung auf die Ehe.

In Indien ist immer Heiratssaison, und da Hochzeiten sich über mehrere Tage erstrecken, kann man an jedem beliebigen Abend der Woche in eine Hochzeitszeremonie hineinstolpern. Später an jenem Abend, als ich in mein Hotel eincheckte, bewunderte ich die kunstvollen Hennazeichnungen auf den Händen einer Frau in der Lobby. Sie berichtete mir in einwandfreiem Englisch, dass sie gerade an der *Mehndi*-Feier ihrer Cousine teilnehme. *Mehndi* ist eines der zahlreichen Rituale, die während der wochenlangen indischen Hochzeitsfeierlichkeiten stattfinden. Bei der *Mehndi* treffen sich die Frauen, manchmal Hunderte, mit der Braut, um Hände und Füße mit Henna zu bemalen. Manche glauben, je dunkler das Henna die Hände der Braut färbt, desto mehr wird sie von ihrem Ehemann und ihrer Schwiegermutter geliebt werden. Andere glauben, je länger das *Mehn-*

di auf den Händen hält, desto länger darf das Paar seine Flitterwochen nach der Hochzeitszeremonie auskosten. Traditionelle indische Heiler erzählten mir, dass die Kräuter bis zu den Nervenenden der Hände und Füße vordringen und helfen, das Lampenfieber der Braut zu lindern.

Wer hätte gedacht, dass mein beiläufig geäußertes Kompliment über die Hennazeichnung zu einer Hochzeitseinladung führen würde? Aber das ist Indien! Die Cousinen und Tanten der Braut bestanden darauf, dass ich an der *Mehndi* teilnahm und meine Pläne für die nächste Woche über den Haufen warf, damit ich der gesamten Hochzeit beiwohnen konnte. »Das ist gut. Was haben Sie sonst vor?«, fragte die Schwester des Bräutigams in klagendem Ton. »Sie sind unser Gast. Sie kommen.« Das ist nicht ganz unüblich. Indische Familien aller Schichten laden oft das gesamte Dorf zu den Hochzeitsfeierlichkeiten ein, manchmal bis zu Tausend Personen.

Ich lächelte sie unsicher an. »Fangen wir erst mal mit der *Mehndi* an.« Sie führte mich in den Konferenzsaal des Hotels. Der Raum war voll mit Frauen, die im Schneidersitz auf dem Boden hockten und die Arme auf Kissen ausstreckten, während Künstler ihre Hände und Füße mit Blumen, Sonnen, Pfauen und Schmetterlingen bemalten. Weil die Zeichnungen mehrere Stunden zum Trocknen brauchen, sind die weiblichen Familienmitglieder beider Seiten bei diesem Ereignis über einen längeren Zeitraum zusammen, in dem sie ausgiebige Gespräche führen, scherzen und der zukünftigen Ehefrau Ratschläge erteilen.

Während ich auf das Trocknen meiner eigenen *Mehndi* wartete, wurde ich der Braut vorgestellt. »Sind Sie aufgeregt?«, fragte ich sie.

Sie schüttelte den Kopf, flüsterte jedoch: »Ich habe ein bisschen vorhochzeitliches Lampenfieber.«

Ich lächelte. »Das ist so normal«, versicherte ich ihr. »Ich brauchte zwei, vielleicht sogar zweieinhalb Gläser Sekt, nur damit ich überhaupt den Mittelgang hinuntergehen konnte. Sie müssen nur atmen und es genießen. Und lassen Sie sich an diesem großen Tag nicht allzu sehr von Ihrer Schwiegermutter herumkommandieren.« Sie kicherte mädchenhaft. Manche Dinge waren universell.

Die Frauen in dem Raum wollten alles von mir wissen. Nachdem wir viele Selfies gemacht hatten, erklärte ich, dass ich selbst erst kürzlich geheiratet hätte. Eine ältere Frau in einem kunstvoll mit Perlen bestickten, bonbonrosafarbenen Sari bestand darauf, dass ich Tante zu ihr sagte. Sie kniff mir in den Hüftspeck, wobei ihre Armreifen klimperten, und schüttelte den Kopf. »Zu dünn.« In Indien glaubt die ältere Generation, eine dicke Braut sei eine glückliche Braut. Gott schütze sie. »Kochst du gut für deinen Mann?«, fragte sie in einer Mischung aus Englisch und Hindi, und ich musste an die alte Frau in Israel am Strand vom Toten Meer denken.

Ich nickte. »Zu viel.« Dann deutete ich mit dem Arm einen dicken Bauch an. »Ich mache ihn fett.« Das gefiel ihnen.

»Haben Sie ein gutes Biryani-Rezept? Ich kann Ihnen eins geben. Damit wird Ihr Mann ganz sicher glücklich, fett und stark«, sagte sie. »Sorgen Sie für ein schönes Zuhause.«

»Unser Zuhause sieht toll aus. Überall liegen Kissen herum. Den Dänen sei Dank«, sagte ich und erntete verwirrte Blicke.

Bei den meisten dieser Vorschläge rollten die jüngeren Frauen mit den Augen. Die Ehe erlebt in Indien gerade einen grundlegenden Wandel. Lange Zeit war der indische Subkontinent eine Welt, in der Frauen ihren Vätern und Ehemännern untergeordnet waren. Kindsmord (das Töten von Mädchen, weil man lieber einen Jungen haben wollte) und der Frischvermählten Brandwunden zuzufügen (also sie körperlich zu entstellen, um eine neue Ehefrau zu bekommen, die eine höhere Mitgift einbrachte), waren jahrhundertelang Realität. Noch bis 1988 verbrannten sich verzweifelte Witwen zusammen mit dem Leichnam ihres Ehemannes auf dessen Scheiterhaufen, eine Selbstmordmission, die *Sati* hieß, was in alten Hindu-Texten mit »gute Ehefrau« übersetzt wird. Dahinter stand die Auffassung, dass das Leben einer Frau ohne ihren Ehemann nicht lebenswert ist, sodass sie genauso gut gleich sterben kann. Die Praxis ist mittlerweile verboten, aber etwas von dieser Haltung ist geblieben: dass eine Frau ohne Ehemann kein erfülltes Leben haben kann.

Fast alle älteren Tanten im Raum lebten in einer arrangierten Ehe. Indien verfügt weltweit über eine der niedrigsten Scheidungsraten. Studien zeigen, dass indische Ehen, die aufgrund von gesellschaftlichen Verbindungen, Kasten, Bildung, Geschäftsbeziehungen und potenzieller Gemeinsamkeiten der Ehepartner arrangiert werden, langfristig häufig zu hoher Zufriedenheit führen.

»Es ist besser, wenn die Familie beteiligt ist«, sagte mir eine der Tanten.

»Wir suchen nur die Besten aus«, schaltete sich eine andere ein.

»Junge Menschen sind zu sehr auf die Liebe fixiert. Liebe ist nicht rational. Wenn die Familie einen Ehemann aussucht, geht sie nach seinem Charakter«, meinte die erste.

Aber was ist, wenn du mit seinem Charakter keinen Sex haben möchtest?, dachte ich, biss mir jedoch auf die Zunge und sprach es nicht laut aus. Mein Gesichtsausdruck muss mich allerdings verraten haben, denn alle älteren Frauen brachen gleichzeitig in Gelächter aus.

»Die Eltern geben sich große Mühe, jemanden zu finden, mit dem die Frau gern zusammen ist«, erzählte mir eine von ihnen. Etwas Ähnliches hatte ich von den Massai gehört. Eine arrangierte Ehe war eine Verbindung zwischen zwei Familien, in der dem Bräutigam und der Braut die Rollen von Ehemann und Ehefrau zugeteilt wurden. Bei der Wahl der beiden Partner spielten für die Älteren Charakter, Familienverbindungen, Bildung und die allgemeine Kompatibilität eine Rolle – Dinge, auf die man im ersten Liebesrausch eher nicht achtet. Diese sorgfältigen Überlegungen, versicherte mir die ältere Generation, sorgten dafür, dass so viele arrangierte Ehen hielten. Das mag aber auch etwas mit Erwartungen und mit Alternativen zu tun haben. Es gibt massenhaft Verbraucherbefragungen (und in westlichen Industrieländern erinnert die Partnersuche häufig an einen Autokauf), die behaupten, dass eine zu große Auswahl zu Unzufriedenheit mit der getroffenen Entscheidung führen kann, selbst wenn jemand eine gute Wahl getroffen hat. »Psychologen und Wirtschaftswissenschaftler haben eine weitere Folge von zu vielen Wahlmöglichkeiten ignoriert: Je mehr Auswahl, desto mehr Zeit und Mühe erfordert die Entscheidungsfindung, und das kann zu Ängstlichkeit, Reue, überhöhten Erwartungen und Selbstvorwürfen führen, selbst wenn jemand eine gute Wahl getroffen hat«, schreibt Barry Schwartz, Professor für Psychologie am Swarthmore College in Pennsylvania und Autor von *Anlei-*

tung zur Unzufriedenheit: warum weniger glücklich macht. Das geht auf das Salatexperiment zurück. Wenn die Erwartungen niedrig sind, und oft sind sie das bei einer arrangierten Ehe, ist die Zufriedenheit oft höher.

Dennoch traf ich keine Frau meines Alters, deren Ehe arrangiert war. Das hieß nicht, dass ihre Eltern es nicht versucht hatten. Ich hörte eine Geschichte von einer alleinstehenden Frau, deren Mutter sich gemeinsam mit dem ortsansässigen Priester verzweifelt bemühte, einen passenden Ehemann für sie zu finden. Sie gab ihnen einen Vertrauensvorschuss, als sie einen studierten Mann aus Mumbai fanden, der jetzt im Ausland arbeitete. Er behauptete, in den USA als Geheimdienstagent für Obama tätig zu sein. Das Paar schrieb sich drei Monate lang E-Mails, bevor die Frau erfuhr, dass alles gelogen war. Er war ein gewöhnlicher IT-Berater, der Obama bisher auch nur auf CNN gesehen hatte. Die reißerische Geschichte hatten sich der Freier und seine Mutter ausgedacht, um ihn für Frauen zu Hause in Indien attraktiver erscheinen zu lassen.

»Frauen sind heutzutage unabhängiger«, erzählte mir meine Freundin Narayani, Redakteurin bei der Tageszeitung *Times of India* in Neu-Delhi. Narayani hat zwei Töchter großgezogen, ist geschieden und reist fröhlich mit ihren beiden Schwestern in der Welt umher.

»Was die Frauen lange Zeit vor einer Scheidung zurückschrecken ließ, war nicht allein die gesellschaftliche Ächtung. Auch finanzielle Unsicherheit. Jetzt arbeiten mehr Frauen, und das heißt, dass sie nicht in einer unglücklichen Ehe bleiben müssen. Sie können das Heiraten aufschieben. Sie können sich für eine Liebesheirat entscheiden oder sogar dazu, überhaupt nicht zu heiraten.«

Meine andere Freundin Sunitta Hedau, die mich auf meiner Reise durch Indien begleitete, ist ein perfektes Beispiel dafür, wie sich die Ehe für junge Inderinnen heutzutage verändert hat. Sunitta ist frech und sieht aus wie ein Bollywood-Star; sie hat dunkle Haare, die bis zur Mitte ihres Rückens reichen, und die längsten Wimpern, die man jemals bei einem Menschen gesehen hat. Sie wurde als jüngste von vier Schwestern in Mumbai geboren und wuchs in einer konservativen Familie auf. Weil sie unbedingt reisen und die Welt sehen wollte, zog sie nach London, später dann in die USA, wo sie als erfolgreiche Beraterin für Luxusreisen arbeitete und sich schließlich mit ihrem eigenen Unternehmen, Kora Journeys, selbstständig machte. Jahrelang versuchte ihre konservative Mutter, Sunitta mit einem netten jungen Mann zu verkuppeln, indem sie ihr heiratswürdige Hochschulabsolventen präsentierte, sobald sie zu Besuch nach Mumbai kam.

»Zuerst wollte sie, dass ich einen jungen Mann aus der gleichen Kaste heirate. Dann wurde sie etwas nachgiebiger und meinte, ich solle einen netten jungen Mann heiraten, der in Indien geboren ist. Ein paar Jahre später sagte sie, ich könne auch einen Amerikaner heiraten, solange er aus Indien stamme. Inzwischen hat sie aufgegeben und mir gesagt, ich solle einfach jemanden heiraten, der mich glücklich macht«, erzählte Sunitta und beauftragte mich, ihr bei der Suche nach einem passenden Mann für eine Liebesheirat zu helfen.

Diana Hayden, eine ehemalige Miss India, hat kürzlich, im Alter von 42 Jahren, ein Baby aus einer tiefgefrorenen Eizelle bekommen. »Eine Karrierefrau muss nicht über ihre biologische Uhr nachdenken und unter Druck geraten, früher zu heiraten, als sie eigentlich möchte, oder ein Baby bekommen, bevor sie sich reif dafür fühlt«, sagte Hayden nach der Geburt. Und während meines Aufenthalts in Indien war ein neuer Bollywood-Film namens *Ki & Ka* in aller Munde. Darin macht die weibliche Protagonistin erfolgreich Karriere, während ihr Ehemann zu Hause ist und die Hausarbeit erledigt. Überall in den Städten sieht man Plakate, die Frauen teure Produkte anpreisen – Autos, Motorräder und sogar Häuser. Eine Anzeige warb bei Frauen für einen Immobilienkredit: »Kredite für ein Zuhause, für diejenigen, die das Zuhause schaffen.«

Ich vermutete, dass diese Liberalisierung des traditionellen Ehesystems sich auf die modernen urbanen Zentren des Landes wie Mumbai, Delhi oder Kalkutta beschränkte. Orte, die am stärksten von westlichen Medien beeinflusst sind, in denen frisch verlobte Frauen Verlobungsringe mit Diamant tragen und statt leuchtend bunten Hochzeitssaris weiße Hochzeitskleider. Ich überlegte, was ich wohl vorfinden würde, wenn ich die Städte verließ und in ländliche Dörfer und Stammesregionen fuhr.

Und so kam es, dass ich später in jener Woche (den Rest der Hochzeitszeremonie, zu der man mich eingeladen hatte, musste ich auslassen) in den Bundesstaat Assam im Nordosten Indiens fuhr, eine urwüchsige, unberührte Gegend, um genau das herauszufinden.

Sunitta und ich wurden in einem traditionellen Zuhause einer Frau willkommen geheißen, die dem Mishing-Stamm angehörte. In dem assamesischen Bauern- und Fischerdorf stehen die Häuser auf hohen Stelzen, um sie vor den häufigen Überschwemmungen zu schützen. Es ist nichts Ungewöhnliches, dass in der Monsunzeit ganze Städte am Ufer des Flusses komplett von den Fluten weggerissen werden.

Hier waren Frauen auf einen Ehemann angewiesen, um trotz der rauen Gegebenheiten – Monsun, Bränden, Angriffen von Tieren und Hungersnöten – zu überleben. Das Privileg der Unabhängigkeit war hier keine Option. Die Männer bauten Nahrung an, fischten und suchten in Nachbarstädten nach Gelegenheitsjobs, während die Frauen meist zu Hause blieben und sich um die Kinder und die Tiere kümmerten.

Die Hühner und Schweine lebten unter den Hütten, und als wir ankamen, rannten mehrere Ferkel vor Freude quiekend auf mich zu. Die Kinder waren zurückhaltender und versteckten sich hinter den Beinen ihrer Mutter. Ein kleiner Junge fiel mir besonders auf. Ihm fehlten die beiden Vorderzähne, und er trug ein T-Shirt mit dem Aufdruck: »Sei ein guter Mensch, aber versuch nicht, es zu beweisen.« Sicher eine Spende aus dem Westen.

Ich stolperte, als ich versuchte, die schmale Leiter in die Hütte hinaufzuklettern, und stützte mich mit einem langen Bambusstab ab, um das Gleichgewicht zu halten. Der einfache Raum war peinlich sauber, Saris lagen sorgfältig gefaltet auf dem Bord über dem Bett, Töpfe und Pfannen waren ordentlich in einer Ecke gestapelt. Hier gab es weder Schmutz noch Unordnung. Dieser eine Raum bildete das Zuhause von sechs Menschen. Wie die Massai und die Samburu ist dies ein Stamm, bei dem die Frauen füreinander sorgen. Der ganze Schmuck sowie die Seidenwaren sind Gemeinschaftseigentum des Dorfes, Privatbesitz existiert praktisch nicht. Die schönen Dinge werden an jene weitergegeben, die gerade Hochzeit oder ein anderes besonderes Ereignis feiern.

Lae, eine 45 Jahre alte Frau mit kleinen Augen und einem breiten Gesicht, bot mir Tee an. Eine Gruppe von Frauen stellte sich Sunitta und mir vor. Wir lachten und klatschten in die Hände, als wir erfuhren, dass die Jüngste der Anwesenden ebenfalls Sunitta hieß. Das Sunitta-Pärchen umarmte sich sofort und machte ein Selfie von sich.

Jene Sunitta war zwanzig Jahre alt und hatte das Dorf Mishing verlassen, um aufs College zu gehen. Sie hatte gerade zwei Monate vorher einen jungen Mann geheiratet, den sie sich selbst ausgesucht hatte.

»Ich habe ihn kennengelernt, ihn mit nach Hause zu meinen Eltern genommen und gesagt: ›Das ist der Mann, den ich heiraten will‹«, erzählte sie mir. »Meine Mutter war wütend. Sie hat mich geschlagen.«

Ihre Mutter rollte mit den Augen, doch dann strahlte sie, sie war stolz auf die Kühnheit ihrer Tochter. »Es war nicht so schlimm. Ich habe mich an die Idee gewöhnt. Ich freue mich für sie. Ich will, dass sie glücklich ist.«

»Aber was heißt das, glücklich verheiratet zu sein?«, hakte ich nach.

Lae schielte zu mir herüber. »Ihr Menschen aus dem Westen macht die Ehe zu kompliziert. Seid glücklich über das, was die Ehe euch bringt. Wir haben unsere Ehemänner. Ich vertraue meinem Ehemann. Wir haben unsere Schweine und unsere Ziegen. Wir haben unsere Kinder. Wir sind glücklich. Ihr wollt zu viel. Seid dankbar, denn man weiß nie, was morgen sein wird.« Das waren starke Worte einer Frau, die am Ufer eines Flusses lebte, der regelmäßig innerhalb eines Augenblicks ganze Dörfer wegriss.

Ich lächelte meiner Freundin Sunitta verlegen zu und dachte an all die Dinge, die wir von einer Ehe erwarten – großartigen Sex, perfekte Kameradschaft, innige Freundschaft.

Wir gehen mit der Vorstellung in die Ehe, unser Partner

wird all unsere Probleme lösen und unsere Leere füllen. Viel zu häufig nehmen wir unsere unbefriedigten Bedürfnisse und Sehnsüchte, verpacken sie in ein schönes Kleid und einen Smoking und präsentieren sie unserem Partner dann vor dem Traualtar.

Wir wollen, dass uns jemand unsere Wünsche von den Augen abliest, ehe sie uns selbst bewusst sind, genauso soll derjenige aber die leere Klopapierrolle austauschen. Er soll selbstlos sein, fürsorglich und unendlich unterhaltsam, während er uns sagt, dass wir in unserer engen Jeans toll aussehen.

Die Frauen in Mishing hatten bescheidene Erwartungen an ihre Ehe. Sie waren unverdorben, weil sie nicht ihr Leben lang Filme mit Meg Ryan gesehen und Artikel in Frauenzeitschriften gelesen hatten, die wie eine ganze Litanei herunterrattern, was wir in einer Beziehung »verdienen«. Die Rolle des Ehemannes in diesem Dorf war nicht die eines Retters, Lebensberaters, Fans oder besten Freundes. Sie war Ehemann, schlicht und ergreifend.

Vielleicht erwarten wir zu viel.

Die amerikanisierte Sunitta war ganz angefixt. »Das stimmt total, findest du nicht auch? Wir sind wirklich verzogene Gören. In Amerika heulen wir wegen der Dinge, die wir nicht haben, statt uns an den Dingen zu erfreuen, die unserere Beziehung bietet.«

Da musste ich an meine Freundin Raakhee denken. Solange sie denken konnte, hatte Raakhee eine feste Vorstellung von ihrer zukünftigen Familie: ein Ehemann, drei Kinder, ein Leben voller Lachen, Reisen und mit einem Sommerhaus am Strand. Dann entdeckte man bei ihrer ersten Tochter Satya, als diese gerade einmal zehn Monate alt war, ein Neuroblastom im ersten Stadium – Krebs. Es folgten zwei Operationen, monatelange Krankenhausaufenthalte und Ungewissheit. Es war ein Albtraum, doch Satya überlebte und ist inzwischen ein gesunder, glücklicher und quicklebendiger Hosenmatz, der Animal-Print noch mehr liebt als ihre Mutter. Später sagte Raakhee, dass der Albtraum sie angeregt habe, darüber nachzudenken, wofür sie dankbar sein sollte.

»Es geht nicht nur darum, dass wir genießen, was wir zusammen haben – obwohl es wirklich schwer ist, geduldig zu sein, wenn dein Kind auf dem Töpfchen sitzt oder es bei einer Schule auf der Warteliste steht, nachdem es bereits ein Krebsleiden überlebt hat. Den Krebs durchzustehen, war wie einen Hochschulabschluss in Dankbarkeit zu machen. Agan und ich sind dankbar, dass sie lebt; wir sind dankbar, dass wir einander haben … Ich möchte die Dinge entschleunigen. Sie genießen. Eine Bestandsaufnahme dessen machen, was wir haben, anstatt uns vorzustellen, was wir haben wollen.«

Und auf den Rat eines Freundes hin führt Raakhee ein Tagebuch, in das sie täglich drei Dinge schreibt, für die sie dankbar ist. »Der erste Eintrag lautet an jedem einzelnen Tag: Satyas Gesundheit. Es hört sich einfach und klischeehaft an, aber ich muss mich daran erinnern, das niemals als selbstverständlich hinzunehmen.« Nun, ich kenne Raakhee schon sehr lange, und sie ist kein Mensch, der leicht mit Dankbarkeit um sich wirft. Sie versteht, dass es schwierig ist, dankbar zu sein. Aber sie versicherte mir, dass es ihr in ihrer Ehe geholfen habe. »Eine Ehe kann nervig sein, übermächtig, erdrückend, sie kann einen ersticken. Aber wie es mit den meisten schwierigen Situationen ist, sind diese Gefühle von kurzer Dauer. Meistens ist die Ehe schön, ein Garant dafür, dass du immer jemanden an deiner Seite hast. Jemanden, der dich nicht nur liebt, sondern der mit dir zusammen der Welt und allem Quatsch darin die Stirn bietet. Dankbarkeit ist also wichtig, um mit dem ganzen nervigen kleinen Mist fertigzuwerden, sodass er nicht an einem zu nagen beginnt, wächst und allmählich all das Gute infiziert. Es hilft mir, Agan als den Mann zu sehen, der er für mich, für die Welt und für Satya ist, anstatt als den Blödmann, der die Geschirrspülmaschine mal wieder nicht ausgeräumt hat«, erzählte mir Raakhee.

Diese Geschichte erinnerte mich daran, dass ich Wege finden sollte, dankbar zu sein, damit ich mein Leben mit Nick niemals für selbstverständlich hielt, sogar dann, wenn wir uns einer Situation gegenübersahen, die wir niemals geplant hatten.

»Wie zeige ich, dass ich dankbar bin?«, fragte ich Lae in Mishing.

Sie sah mich an, als hätte sie die Frage nicht verstanden, und ich wiederholte sie für den Dolmetscher. Lae schüttelte knapp den Kopf. »Du fühlst es einfach.«

Die Frauen, die ich in Assam kennenlernte, sagten mir immer und immer wieder, dass ich im Kamakhya Devi Tempel in Guwahati um Segen für meine junge Ehe bitten und mich für meinen Ehemann bedanken sollte. Für Indiens 830 Millionen Hindus, insbesondere für die Frauen unter ihnen, ist dies ein heiliger Ort, eine Pilgerstätte. Einer der Spitznamen für den Tempel, den man niemals in Gegenwart von Männern benutzt, ist Tempel der Menstruation. Laut Hindu-Mythologie war Shiva, der Gott der Veränderung, so verzweifelt über den Selbstmord seiner Frau Sati, die manchmal auch Parvati genannt wird, dass er 108 ihrer Körperteile auf Tempel in der ganzen Welt verteilte, damit man ihr überall huldigen konnte. Kamakhya ist der Ort, an den ihre *Yoni*, also ihre Vagina, fiel, und manche Hindus glauben, dass der Tempel tatsächlich blute. Es ist einer der wenigen Tempel in Indien, wo Tieropfer noch zugelassen sind. Männer, Frauen und ganze Familien kommen in den Tempel, um sich segnen zu lassen. Man erzählte mir jedoch, dass insbesondere viele Hindu-Frauen hierherkommen, um eine lange und glückliche Ehe und Fruchtbarkeit zu erbitten. Gleichzeitig verleihen sie ihrer Dankbarkeit für ihren Ehemann und ihre Familie Ausdruck. Es war früh am Morgen, als Sunitta und ich uns auf den Weg zum Tempel machten, der hoch auf einem Hügel thront. Wir kamen an Frauen vorbei, die in farbenfrohen Saris auf dem Weg zur Arbeit waren, an Bettlern, die nackt auf der Erde lagen, und an Jungen, die im Dreck mit einem Stock und einem kaputten Tennisball Cricket spielten. Überaus selbstbewusste Straßenhunde schoben sich an uns vorbei, als hätten sie etwas äußerst Wichtiges vor, und überall nahmen die heiligen Kühe so viel Platz wie nur möglich ein, während sie den Passanten mit ihren wunderschönen Wimpern zuzwinkerten. Ein Astrologe mit hinduistischen Tarotkarten hockte mit nacktem Oberkörper auf der Erde neben einem Käfig, in dem grüne Sittiche zwitscherten. In der Nähe des Tempels packten Pilger lebendige weiße Tauben an den Flügeln, und frischgebackene junge Bräute mit wunderschönen *Mehndi*-verzierten Händen und Armen führten struppige schwarze Ziegen, die mit Girlanden aus Ringelblumen geschmückt waren, die beeindruckende Treppe hinauf. Die Opferziegen tänzelten von Stufe zu Stufe und ahnten anscheinend nichts von dem Schicksal, das sie hinter den Toren des Tempels erwartete.

In Kamakhya tragen die Priester rote statt der sonst üblichen weißen oder safranfarbenen Roben, um das Blut zu symbolisieren. Purpurfarbene Hand- und Fingerabdrücke, teils aus Zinnober, teils aus Blut, bedecken jede freie Stelle an den Wänden. Im Tempel sind Schuhe nicht erlaubt, und meine Fußsohlen sollten noch lange, nachdem ich in die USA zurückgekehrt war, rot bleiben.

Hindus bringen den Göttinnen und Göttern Geschenke mit, wenn sie einen Tempel besuchen. Weil ich zu Parvati, einer weiblichen Göttin, beten wollte, hatte man mir gesagt, ich solle goldenen und roten Stoff für ihren Sari besorgen, Kohle für ihr Augen-Make-up, Betelnüsse für ihren Lippenstift und eine Menge Armreifen. Armreifen symbolisieren in Indien eher als ein Ring, dass eine Frau verheiratet ist, und nur verheiratete Frauen dürfen der Göttin überhaupt Armreifen schenken.

Ich fragte Nilambar, einen der Tempelpriester mit kahlem Kopf, Brille und ruhigem Auftreten, um was die meisten Frauen die Göttin bitten. Waren das sehr spezielle Wünsche?

»Man kann die Göttin um alles bitten«, sagte er mit einem breiten Lächeln, während er sich zu einem todgeweihten Zicklein hinabbeugte und es am Kopf streichelte. »Die meisten bitten um eine lange und glückliche Ehe.«

»Das ist alles?«

Er lachte. »Was braucht man mehr?«

Um meinen Segen zu erbitten, gab man mir noch zwei kleine Terrakotta-Töpfchen mit Kerzen darin und zwei Räucherstäbchen. Es sei unbedingt erforderlich, sagte mir der Priester, dass ich zwei Kerzen anzündete, eine für Nick und eine für mich. Der süßliche Geruch nach Tierblut und Rauch war widerlich. Im Tempel war es so dunkel, dass ich mit den nackten Zehen den Rand der nächsten Stufe ertastete, um nicht hinzufallen. Bis zu diesem Moment hatte ich nicht bemerkt, dass meine Hände zu zittern begonnen hatten. Ich wollte das hier richtig machen. Ich wollte mich aufrichtig für all die wundervollen Dinge in meinem Leben bedanken. Ich wollte es ehrlich so meinen. In meinem Bauch spürte ich ein Ziehen und hinter meinen Augen ein Brennen, als würde ich jeden Moment in Tränen ausbrechen. Ein Zicklein berührte mich mit ihrer kleinen Schnauze am Fuß, ich stolperte, ließ eine meiner Kerzen fallen und hörte, wie das Terrakotta auf dem Steinfußboden zerschellte. Eine Frau hinter mir legte ihre Hand auf meine Schulter und stieß in gebrochenem Englisch hervor: »Nein. Das nicht benutzen. Nein. Schlecht.« Ich wusste nicht, was ich tun sollte. »Ich habe gerade meine Ehe dem Untergang geweiht«, flüsterte ich Sunitta zu. Sie schüttelte den Kopf. »Sei nicht albern.« Sie blickte hinter sich. »Die Götter sind ziemlich nachsichtig und können gut verzeihen. Die sind cool. Versprochen.« Ich blinzelte in die Dunkelheit und durch den Rauch, der den Priester umgab, und sah, dass er ein Lachen zu unterdrücken schien. »Zünde eine an und denke an zwei«, flüsterte er.

Ich schloss die Augen und fasste mich. *Zünde eine an und denke an zwei. Zünde eine an und denke an zwei.* Ich dachte an all die Male, wenn Nick sich von der Arbeit freigenommen hatte, um mich zu meinen Arztterminen zu begleiten. Ich dachte an die langen Nächte, in denen er mich gehalten hatte, wenn ich weinte, weil ich Angst hatte, bald krank zu werden. Manche Dinge entwickeln sich nicht so, wie man sie sich vorgestellt hat, und keine Ehe ist ohne Mängel, aber alles in allem war meine ziemlich gut.

Als ich die einzelne Kerze näher an den heiligen Ort schob, überlief eine Gänsehaut meine Arme. Der Docht teilte sich, und es wurden zwei kleine Flammen daraus, die umeinander herum flackerten.

12
Meghalaya*

Money, Money, Money

Indien ist eine Zwiebel. Eine dieser saftigen, wie man sie auf guten Bauernmärkten findet. Als ich gerade dachte, ich hätte alle Schichten abgeschält, kam darunter noch eine hervor, und dann noch eine, bis ich begriff, dass ich das Land niemals ganz verstehen würde.

Hätte ich mich nicht mit diesem *Tuk-Tuk*-Fahrer über die Ehe unterhalten, wäre mir eines der interessantesten indischen Ehemodelle entgangen. Ein *Tuk-Tuk* ist im Grunde ein Fahrrad mit einer Ladefläche, auf der Personen befördert werden. In Indiens überfüllten Städten ist es mit Abstand die beste Möglichkeit, um irgendwo hinzukommen. Aber selbst *Tuk-Tuks* können in einen Stau geraten (der in der Regel durch heilige Kühe verursacht wird). Nachdem wir erst fünf Minuten im Stau standen, dann zehn, fing ich an, mit Chittesh, unserem Fahrer, über die Ehe zu plaudern.

»Sie dürfen Indien nicht verlassen, ohne Meghalaya besucht zu haben«, behauptete er. Inzwischen war ich es gewohnt, dass man mir sagte, ich dürfe Indien nicht verlassen, ohne irgendwas Bestimmtes gesehen zu haben – das konnte

* an der Grenze zwischen Indien und Bangladesch

der Tadsch Mahal oder auch das neue Taco Bell in Delhi sein.

»Was ist so besonders an Meghalaya?«

»Dort haben die Frauen das Sagen«, antwortete er. Mehr sagte er dazu nicht.

So kam ich nach Shillong, in die Hauptstadt des nordöstlichen Bundesstaates Meghalaya, der so nah an der Grenze zu Bangladesch liegt, dass die beiden Kulturen ineinanderfließen. Es ist ein Schmelztiegel, in dem Muslime, Hindus und Christen mit dunkler Hautfarbe und breiten Gesichtszügen leben.

Die Bergstämme der Khasi und Jaintia in Meghalaya sind matrilinear organisiert. Das bedeutet, Besitz und Vermögen werden an die jüngste Tochter einer Familie weitergegeben. Alle Kinder nehmen den Namen der Mutter an, nicht den des Vaters. Der Ehemann zieht in das Heim der Frau, häufig hat er nur einen Koffer mit seinen persönlichen Sachen dabei – einige Kleidungsstücke zum Wechseln, vielleicht noch seine Gitarre oder seinen Cricket-Schläger. Die Frau steht dem Haushalt vor, hat die Finanzen unter Kontrolle und entscheidet weitestgehend über teure Anschaffungen. Die Männer arbeiten, aber oft geben sie ihr verdientes Geld den Ehefrauen.

Meghalayaische Stämme sind seit Menschengedenken matriarchal. Also schon lange bevor die Briten kamen, schon als das, was wir heute Indien nennen, nur aus ein paar Stämmen bestand, die durch ihre geografische Lage miteinander verbunden waren. Niemand konnte mir mit Gewissheit den Ursprung der matriarchalen Tradition erklären. Sie ist so alt wie die ältesten Geschichten, die man sich dort erzählt. Natürlich gibt es Theorien. Einheimische Männer erklärten mir, dass die Tradition aus einer Zeit stamme, in der so viele Männer in Kriegen kämpften, dass es notwendig wurde, Namen und Eigentum durch die Frauen weiterzugeben. Andere behaupteten, dass die Tradition aus vor-monogamen Zeiten stamme, als die Khasi mehrere Partner hatten und es einfacher war, die Mutterschaft als die Vaterschaft festzustellen.

In den letzten zwei Jahren hatte ich mehr als dreißig Länder bereist, war bis dahin jedoch niemals irgendwo gewesen, die Vereinigten Staaten eingeschlossen, wo Frauen institutionell über den Männern standen.

»Ist das nicht unglaublich, dieses Matriarchat?«, sagte ich zu Nick, als wir über eine immer wieder unterbrochene Skype-Verbindung miteinander sprachen, kurz bevor ich von Guwahati nach Meghalaya aufbrach. Für mich war es Morgen, für ihn spät in der Nacht. Ihm fielen schon die Augen zu, während ich mir eine zweite Tasse Kaffee eingoss und bereit war, mit meinem Ehemann eine engagierte Diskussion über kulturelle Gender-Normen zu führen.

»Wieso meinst du, dass die Dinge dort besser wären, nur weil sie matriarchal organisiert sind, nur weil die Frauen Besitz und Finanzen kontrollieren?«, gähnte Nick. Er hatte nichts gesagt, aber ich wusste, dass er mürrisch war, weil ich an seinem Geburtstag in Indien gewesen war. Er hatte ihn mit Freunden in Los Angeles verbracht, die ihn zu einer Strandparty mit Fremden mitgeschleppt hatten, die auf Fotos immer nach großem Spaß aussahen, im Grunde aber anstrengend und nervig sind. »Vermutlich gibt es dort beides, gute und schlechte Dinge. An deiner Stelle würde ich nicht vorschnell annehmen, sie wären nur wegen dieser Geschichte mit den Frauen großartig. Nimm dir etwas Zeit, sie kennenzulernen.«

»Ach, Liebling«, sagte ich. »Weißt du nicht mehr, was in *Herr der Fliegen* passiert ist? Das wäre nicht passiert, wenn in dem Flugzeug kleine Mädchen gewesen wären.« Nick hatte schon unzählige Male mein Herr-der-Fliegen-Argument zu hören bekommen, wenn ich dafür plädierte, dass Frauen mehr Staaten und mehr Unternehmen leiten sollten.

»Sei einfach unvoreingenommen«, meinte er und schaltete das Licht aus. Er begann schon zu schnarchen, bevor die Skype-Verbindung sich endgültig verabschiedete.

Wie Frauen in Meghalaya über Geld und Besitz bestimmten, brachte mich dazu, über meine eigene Ehe und die Dynamik zwischen Geld und Macht nachzudenken. Als Nick und ich uns kennenlernten, war ich diejenige, die mehr verdiente, wodurch ich automatisch das Recht zu haben meinte, unsere Finanzen zu regeln und wichtige Entscheidungen zu treffen. In Amerika gehörte ich damit eindeutig zur Minderheit. 1970 hatten nur 4 Prozent der Ehemänner eine Frau, deren Einkommen über ihrem eigenen lag. 2016 verdienten laut einer Untersuchung der Webseite Refinery29 nur 24 Prozent der Frauen mehr als ihr Lebensgefährte.

Es gibt viele Hinweise darauf, dass es in einer Ehe größere Konflikte verursacht, wenn die Frau mehr verdient als der Mann. Untersuchungen an der University of Chicago haben ergeben, dass ein ungleiches Einkommen, insbesondere wenn die Frau mehr verdient als der Mann, eher zu einer Scheidung führt, weil es häufig beide Seiten unzufrieden macht. Der Mann kann es der Frau übel nehmen, dass sie mehr verdient, und die Frau hat vielleicht den Eindruck, ihr Ehemann wäre ein Taugenichts.

Seien wir mal ehrlich, die Beziehung zwischen Macht und

Geld ist ein Thema, unabhängig davon, wie oder wo wir leben und wie wohlhabend wir sind. Ich habe darüber mit Wednesday Martin gesprochen, einer Autorin und Sozialforscherin, die für ihr Buch *Die Primaten von der Park Avenue* einen ganz besonderen Stamm von Frauen untersucht hat, den der eleganten und (sehr) reichen Ehefrauen an der Upper East Side von Manhattan.

»Ich habe das häufig beobachtet, wenn die Frauen auf der Upper East Side, nachdem ihre Kinder in einer Ganztagsschule untergebracht waren, wieder anfingen zu arbeiten. Nicht wenige von ihnen berichteten von seismografischen Veränderungen in ihrer Ehe. Manchmal zum Guten, aber bei einigen führte es auch zur Scheidung«, sagte Wednesday. Sie erzählte mir die Geschichte von einer Frau, die keiner bezahlten Arbeit nachging und das Gefühl hatte, keine Macht und keinen Einfluss in ihrer Beziehung zu haben. Wegen der vier Kinder hatte sie eine ganze Weile nicht gearbeitet und war zu Hause geblieben. Als die Kinder schließlich alle zur Schule gingen, fing sie wieder an zu arbeiten. Zuerst war ihr Mann skeptisch, doch dann machte sie einen guten Deal, und er lenkte ein.

»Er wurde netter zu ihr, bezog sie mehr in finanzielle Entscheidungen ein«, erzählte Wednesday.

Doch kurz nach der Wirtschaftskrise begann sie, mehr zu verdienen als er. Und da wollte er, dass sie ihren Job aufgab.

»Ihr Mann war ein netter, engagierter Typ, aber sein Ego war empfindlich. Sie sagte: ›Unter keinen Umständen. Ich will ganz bestimmt nicht, dass es wieder so wie vorher wird‹«, erzählte Wednesday mir. »In jeder Ehe geht es um Macht, und Geld gibt einem diese Macht.«

Es ist schwierig, sich von der Verbindung von Geld und Macht zu lösen. Nun, da ich viel weniger Geld als mein Ehemann verdiente, fühlte ich mich völlig machtlos. Ständig sorgte ich mich, dass ich nicht genügend zum Haushalt beisteuerte, wodurch sich das Gefühl noch verstärkte.

Ich wusste nicht, inwiefern sich die Veränderung meines Einkommens auf die Dynamik unserer Ehe auswirken würde.

Wir hatten kein gemeinsames Girokonto, noch nicht. Die Hypothek lief auf unser beider Namen, und wir zahlten sie monatlich jeder von seinem eigenen Bankkonto ab. Mein Bankkonto lief sogar noch auf meinen Mädchennamen. Es musste mir nicht erst mein Therapeut sagen, was mein Widerstand gegen das Zusammenlegen unserer Finanzen bedeutete. Ich hatte das Gefühl, mein Girokonto war das Letzte, was mir allein gehörte. Dabei spielte es keine Rolle, dass sich der Kontostand gegen null bewegte, da es ja nun nicht mehr monatlich aufgefüllt wurde. Ich würde mich daran klammern wie formende Unterwäsche an eine Kardashian, bis es vollkommen überzogen wäre.

Umfangreiche Untersuchungen belegen, dass Themen rund um die Finanzen häufig die Hauptursache für Konflikte in einer Ehe sind. Laut einer Studie der Utah State University lag die Wahrscheinlichkeit einer Scheidung bei einem Paar, das sich einmal in der Woche über Finanzielles stritt, um 30 Prozent höher als bei Paaren, die sich nur einmal im Monat darüber in die Haare gerieten. Studien des National Institute of Health besagen: »Im Vergleich zu anderen Konflikten waren Ehestreitigkeiten über Geld allgegenwärtig, problematisch, kehrten immer wieder und blieben ungelöst.«

Es gibt sogar eine sogenannte finanzielle Therapie, die zunehmend gefragt ist. Und sie ist genau das, wonach es sich anhört: eine Therapie, die Paaren dabei hilft, sich über ihre finanziellen Probleme zu verständigen anstatt über ihre emotionalen Konflikte.

Laut Finanzberatern, Therapeuten und Eheexperten liegt der Schlüssel zur Lösung darin, kontinuierlich über Geld zu reden, darüber, was es Gutes bewirken kann, und über den Stress, den es bedeutet, nicht genug davon zu haben. Es ist wichtig, dass Geld kein unangenehmes Tabuthema zwischen den Ehepartnern wird. Man sollte ständig darüber im Gespräch bleiben, damit das Geld keinen Keil zwischen die Partner treibt.

Erst nach dem dritten Glas Wein konnte ich mich dazu durchringen, mit Nick über Geld zu sprechen, was niemals ein guter Zeitpunkt ist, um über etwas zu sprechen, außer vielleicht darüber, ob man einen zweiten Hund adoptieren sollte.

Gespräche über Geld sind in einer Ehe am ergiebigsten, wenn sie nicht spontan geführt werden, und auch nicht mit Chianti. Das hatte ich von Jean Chatzky gelernt, einer Finanzjournalistin, die als Geld-Guru in schicken Kleidern und einem perfekt darauf abgestimmten Nude-Lippenstift in der Sendung *Today* praktische Finanztipps gibt. Als Erstes riet sie mir, mit Nick Zeiten zu verabreden, zu denen wir über Geld sprachen, wenn wir beide nüchtern waren. Wir sollten einen richtigen Termin vereinbaren und ihn in unsere Kalender eintragen.

»Mein Ehemann und ich legen Grundsatzregeln fest, bevor wir anfangen, über Geld zu sprechen, um zu verhindern, dass wir uns streiten«, berichtete mir Jean. »So etwas macht ja keinem Spaß! Hilfreich ist es auch, mit einer Liste von Fragen in das Gespräch zu gehen, denn wenn man mittendrin ist, weiß man oft gar nicht mehr, worüber man überhaupt sprechen wollte.«

»Aber was ist, wenn einer der beiden sehr viel mehr Geld verdient als der andere?«, hakte ich nach. »Gerät dadurch nicht alles in Schieflage?«

Jean nahm kein Blatt vor den Mund.

»Geld verschafft einem eindeutig Macht in einer Beziehung. Darum ist es wichtig, in einem regelmäßigen Austausch darüber zu bleiben, inwiefern die Herkunft des Geldes die Beziehung beeinflusst. Öffnen Sie die Schleusen! Haben Sie keine Angst, darüber zu reden.«

Als die Briten im frühen 19. Jahrhundert zum ersten Mal nach Meghalaya kamen, gaben sie der Gegend den Spitznamen Schottland des Ostens – wegen der starken Regenfälle, der stattlichen Kiefern, der gluckernden Bäche und der sattgrünen Hügel. Während der Großteil Indiens hinduistisch geblieben ist und die nahe gelegenen Dörfer Bangladeschs muslimisch sind, konvertierten viele Angehörige der Stämme in Meghalaya zum Christentum.

Heutzutage zieren Statuen von Maria und Josef die sanften Hügel. Häuser in leuchtendem Gelb, Orange, Rot, Grün und Blaugrün liegen terrassenförmig neben Palmen, Bambus, sattgrünen Jackfruchtbäumen und roten Hyazinthen. Salbäume, deren Holz zum härtesten der Welt gehört, sodass es unmöglich ist, einen Nagel hineinzuschlagen, recken ihre Äste gen Himmel. Diese widerstandsfähigen Bäume erinnerten mich an die Frauen, die hier lebten – hart wie Stahlnägel.

Ich fuhr in die geschäftige Hauptstadt, wo ich einen Dolmetscher namens Sukher treffen sollte, einen kleinen, leise sprechenden, bescheidenen Mann in den Zwanzigern. Er zog ständig seine Schultern ein, als wolle er dadurch noch weniger Raum einnehmen.

»Selbstverständlich akzeptieren die Männer es, dass die Frauen hier mehr Macht haben. Das ist einfach so«, erklärte er mir sachlich in so leisem Ton, als würde er flüstern. »Es ist wichtig, auf meine Frau zu hören. Sie trifft gute Entscheidungen.« Seine Frau ist die zweite Tochter in ihrer Familie, aber nicht die jüngste. Das bedeutet, dass sie nichts von dem Besitz ihrer Familie erben wird. Ich fragte weiter, warum die Jüngste alles erbt und nicht die Älteste. Die Antwort war ziemlich einleuchtend. Die jüngste Tochter würde am längsten leben, also konnte sie den Familienbesitz und das Geld dazu nutzen, um für ihre Eltern zu sorgen, wenn diese alt waren, und anschließend auch für ihre Geschwister.

Sukher war kürzlich in das angestammte Zuhause seiner Frau im Nachbardorf Mawlynnong gezogen und pendelte jeden Tag nach Shillong, um dort als Dolmetscher und Touristenführer zu arbeiten. Er und seine Frau hatten sich darüber gestritten, dass Sukher näher an die Stadt heranziehen wollte, um sich das Pendeln zur Arbeit zu erleichtern. Seine Frau blieb unnachgiebig, weil sie auf keinen Fall ihr Dorf verlassen wollte. Am Ende hatte sie gesiegt.

Sukher führte mich pflichtbewusst auf den Khasi-Markt von Shillong, der sich über eine feuchte, enge Gasse erstreckt, an einer Reihe gewundener Seitenstraßen, dunkler Teeläden und Ladentheken vorbei, wo man Wetten für professionelles Bogenschießen abschließen kann. In Shillong liebt man Profi-Bogenschießen, fähige Bogenschützen sind hier das Pendant zu NFL-Footballspielern in den Vereinigten Staaten oder Fußballstars in Europa. Der Khasi-Markt besteht aus einer nicht enden wollenden Reihe von Verkaufsständen, an denen die Frauen alles Mögliche verkaufen, von Betelnüssen und Bananenblättern bis hin zu Tabak und schicken Kleidern für unter fünf US-Dollar. Anderswo in Indien beherrschen die Männer die Märkte, doch hier sind die Frauen für Ein- und Verkauf zuständig. Die einzigen Männer, die ich sah, saßen still hinten im Laden, wechselten manchmal das Geld, fütterten ein Baby oder erledigten einen Botengang für ihre Chefin.

Ich unterhielt mich mit Daphi, einer jungen Frau vom Stamm der Jaintia und Besitzerin eines kleinen Kleidergeschäfts. Der Laden wurde seit drei Generationen von den Frauen der Familie geführt. Über dem Verkaufstresen hing eine Fotografie ihrer verstorbenen Mutter, auf der diese mit Stolz auf ihre Tochter hinabschaute. Die jüngere Schwester der Mutter führte den Laden gegenüber, und sie neckten sich, welcher Laden die hübscheren Kleider hätte und die besseren Umsätze machte.

»Meine Mutter traf alle Entscheidungen für unsere Familie«, erzählte mir Daphi. »Wenn ich heirate, werde ich diejenige sein, die alle großen Entscheidungen trifft. Das ist in unserer Kultur einfach so.« Daphi war die jüngste Tochter einer Familie mit zwei Töchtern, was hieß, dass die Verantwortung für den Laden beim Tod ihrer Mutter auf sie übergehen würde. »Das ist eine große Verantwortung«, erklärte sie. »Aber ich hoffe, ich werde einen Ehemann finden, der sie mit mir teilt.«

»Der sie mit mir teilt« war eine interessante Wortwahl. Ich fragte Daphi, ob sie glaube, es könne in ihrer künftigen

Beziehung Probleme geben, weil sie die Besitzerin des Ladens sei.

»Das glaube ich nicht. Ich glaube, ich werde mich immer mit meinem Ehemann beraten und mit ihm über all unsere Entscheidungen sprechen. So hat es meine Mutter gemacht, und so machen es meine anderen weiblichen Verwandten. Wir beziehen die Männer mit ein. Warum sollten wir das auch nicht tun?«

Ich bedankte mich bei Daphi dafür, dass sie so offen gewesen war, und kaufte bei ihr zwei farbenprächtige indische Nachthemden sowie ein schickes Kinderkleidchen bei ihrer Tante gegenüber.

Auf meinem Weg die Gasse hinunter traf ich eine Frau, die Diana hieß. Sie stand barfuß vor großen Kästen mit Betelnüssen und trug den in Khasi üblichen karierten Umhang, eine *Kyrshah*. Ihr Haar hatte sie fest am Kopf zu einem Pferdeschwanz gebunden, was ihre hohe majestätische Stirn betonte.

Sie erzählte mir, dass sie 42 Jahre alt und seit mehr als zwanzig Jahren verheiratet sei. Ihr Ehemann und sie hatten drei Söhne. Sie hätte liebend gerne eine Tochter gehabt, der sie ihren Besitz hätte hinterlassen können, aber sie war zu erschöpft, um es weiter zu versuchen. Stattdessen würden ihre Söhne das Erbe übernehmen, wenn ihr Ehemann und sie starben.

Diana lachte, als ich sie nach den Vorzügen des Lebens in einer matriarchalen Gesellschaft fragte.

»Dies ist der beste Ort zum Leben auf der ganzen Welt. Anderswo ist es schwer, eine Frau zu sein«, erzählte sie, und der Stolz auf ihre Kultur zeigte sich deutlich in ihren gestrafften Schultern und der nach vorn gereckten Brust. »Wir sind ein sehr besonderes Volk, wissen Sie.« In ihren Augen blitzte der Schalk. »Selbstverständlich haben die Frauen die Macht. Das ist doch sinnvoll, nicht?«, sagte sie lächelnd und zeigte dabei ihre von den Betelnüssen gefleckten Zähne.

»Zu Hause mache ich nichts. Mein Ehemann erledigt das Kochen, das Putzen, einfach alles. Er macht das, weil er es gern tut. In einer Ehe muss man eine Übereinkunft treffen. Die Ehe ist ein Kompromiss. Wenn er Hilfe braucht, dann helfe ich ihm.« Sie beugte sich näher zu mir. »Man muss dem Mann etwas Verständnis entgegenbringen. Man muss sich viel Mühe geben, um einander zu verstehen, aber die Männer brauchen das mehr.«

Die Frauen der Khasi und Jaintia haben die Kontrolle über Geld und Besitz und doch sprachen alle Frauen, die ich kennenlernte, von Verständnis und Kompromissbereitschaft. Sie erzählten mir, dass es ihnen nicht zustehe, ihre Männer zu etwas zu zwingen. Sie betonten, egal wer das Vermögen der Familie verwalte, das Wichtigste in einer Ehe sei, dass zwischen beiden Partnern Gleichberechtigung herrsche und man Kompromisse eingehe.

Ich würde Nick berichten, dass ich recht hatte. In einer matriarchalen Gesellschaft herrscht ein besseres Gefühl für eine faire und ausgeglichene Führung als in einer männlich dominierten.

Natürlich war diese matriarchale Welt nicht Utopia. Die Frauen in Meghalaya hatten ihren ganz eigenen Kummer mit der Ehe.

Ich erfuhr bald, dass bei Frauen und Männern der jüngeren Generation die matrilinearen Gebräuche nicht mehr als unantastbar galten, so wie es jahrhundertelang der Fall gewesen war.

Sogar mein Dolmetscher Sukher war sich nicht mehr sicher, ob er die traditionelle Erbschaftsfolge noch mittragen würde. »Ich hoffe, wir werden eine Tochter und einen Sohn haben und die Erbschaft gerecht auf beide aufteilen«, erzählte er. Und er fügte hinzu: »Wenn meine Frau das auch möchte.«

Es gibt noch andere, ernstere Schattenseiten.

»Können Sie sich vorstellen, was es für einen Schock bedeutet, sein Zuhause zu verlassen und plötzlich im Haus seiner Schwiegermutter ein Niemand zu sein?« Kaith Pariat, eine Art männliche Suffragette der Khasi, klagte 2011 in einem Interview mit dem *Guardian*: »Sie erteilt die Befehle, und man ist ihr nichtsnutziger Diener, Männer dürfen noch nicht einmal an Familientreffen teilnehmen. Der Ehemann sieht sich einer ganzen Sippe gegenüber: seiner Frau, seiner Schwiegermutter und seinen Kindern.« Vielleicht hatte Pariat übertrieben, um seinen Standpunkt zu verdeutlichen, oder die Lebensbedingungen für Männer hatten sich verbessert, seitdem er vor fünf Jahren mit der Zeitung gesprochen hatte. Als ich in Shillong war, traf ich jedenfalls keinen einzigen Mann, der schlecht behandelt wurde. Die Männer, denen ich begegnete, gingen einer Arbeit außer Haus nach, und ihre Frauen schienen sie freundlich und fair zu behandeln. Sogar Diana, die mir erzählt hatte, dass ihr Mann die ganze Hausarbeit leistete, betonte, dass er das nur tat, weil es ihm gefiel.

Eines der größten Probleme für die matriarchale Tradition der Kashi und Jaintia ist die moderne Massenkommunikation. Durch den Zugang zum Internet und zum Satellitenfernsehen haben die Männer der Kashi und Jaintia erfahren, dass ihre Geschlechtsgenossen in anderen Teilen der Welt nicht als Bürger zweiter Klasse behandelt werden, sondern im Gegenteil. Dass Männer den Großteil der Welt beherrschen. Warum sollten sie an dem einen Ort bleiben, wo Frauen höher angesehen sind als Männer?

»Die Männer bleiben nicht«, erklärte Patricia Mukhim, eine der leitenden Redakteurinnen der Tageszeitung *Shillong Times* und eine bedeutende Forscherin auf dem Gebiet matriarchaler Gesellschaften, als ich sie in ihrem geschäftigen Büro inmitten der Hügel besuchte. Patricia hat drei Kinder von drei verschiedenen Männern.

»Sie sagen, dass sie sich wie Zuchtbullen vorkämen, weil sie keinen Anspruch auf ihre eigenen Kinder hätten, und das macht es ihnen leicht zu gehen. Sie verlassen ihre Frauen und ihre Kinder und kehren nie mehr zurück.«

Unwillkürlich befiel mich ein Gefühl von Melancholie, dass diese matriarchale Gesellschaft nicht so idyllisch war, wie ich sie mir vorgestellt hatte. Doch wenn ich etwas aus den Gesprächen über die Ehe gelernt hatte, die ich auf der ganzen Welt geführt habe, und aus den Hochs und Tiefs während meines ersten Ehejahres, dann, dass nicht ein Konzept allein alle Antworten liefert.

Auch wenn die matriarchalen Stämme in Meghalaya ihre Probleme hatten, war es die Nachdrücklichkeit, mit der die Frauen darauf hinwiesen, wie wichtig Fairness und gegenseitiges Verständnis in einer Ehe seien, die mich auf der langen Reise zurück nach Kalifornien weiter beschäftigte. Frauen in Amerika kämpfen seit über einem Jahrhundert für ihre Gleichberechtigung, wir haben uns weit von der Hausfrauengeneration meiner Großmutter entfernt. Aber hier gab es eine Gesellschaft, in der Frauen von Geburt an nicht nur den Männern gleichgestellt waren, sondern sogar *mehr*

Privilegien besaßen, und auch dieses Konzept hatte seine Fehler. Die Frauen wollten ihre Männer in ihre Entscheidungen einbeziehen. Sie schienen nach Kompromissen und Gerechtigkeit zu streben, dennoch wollten die Männer weg.

Ich steckte mir eine Betelnuss in den Mund. Ich hatte Diana einen Beutel voll abgekauft, fand es aber noch immer befremdlich, wie sich die Bitterkeit der Nuss auf meine Zunge legte. Es gefiel mir, dass sie meine Lippen rot-orange färbte. Als ich sie zwischen meinen Lippen hin und her rollte und versuchte, das zähe Fleisch aufzuweichen, ging mir eine Frage immer wieder durch den Kopf: War eine wirklich gleichberechtigte Ehe, das Teilen von Macht und Verantwortung, überhaupt irgendwo auf der Welt möglich?

13 Schweden

Vertauschte Geschlechterrollen

»Entschuldigen Sie. Verzeihung. Entschuldigen Sie. Verzeihung.« Während ich in einer gemischten skandinavischen Sauna voller alter, nackter Schweden nach Nick suchte, bemühte ich mich, einen freundlichen Ton zu wahren.

»Es tut mir so leid. Ich wollte Sie nicht berühren. Oh, vielen Dank, dass Sie mir Platz machen.« Sobald ich am Ende einer warmen Zedernbank saß, suchte ich in der Menge das Gesicht meines Ehemannes, ohne dabei genauer auf irgendein Körperteil irgendeines Körpers zu blicken.

Zwanzig Minuten zuvor hatte ich es noch eine richtig gute Idee gefunden, sich in der gemischten Sauna zu verabreden. Da hatten Nick und ich uns am Eingang des Ribersborgs Kallbadhus in Malmö, einer lebendigen Stadt an der Südküste Schwedens, verabschiedet. Wir wollten vorher getrennt im eisigen, fast arktisch kalten Wasser des Øresund, der Meeresenge zwischen Ost- und Nordsee, schwimmen und uns dann hier in der Sauna wiedertreffen. Es war der einzige Ort im Ribersborgs Kallbadhus, an dem sich Männer und Frauen gemeinsam aufhalten durften.

Auf der Frauenseite des Bads hatten nackte Frauen jeden

Alters in allen erdenklichen Größen und Formen gelegen und gelesen, gelacht oder Sudokus gelöst. Einer Frau, die nachlässig ihr Sandwich-Eis aß, tropfte Vanilleeis auf den üppigen Bauch. Unwillkürlich starrte ich die Frauen an, ich konnte einfach nicht anders. Wann sehen Amerikaner schon einmal normale Frauen nackt in der Öffentlichkeit? Hier sah man große Brüste und kleine Brüste, Nippel wie Gummidrops und flache mit dem Umfang einer reifen Pflaume. Es gab straffe und dicke Bäuche sowie Bäuche, auf denen man einen Martini balancieren konnte (ja, ich habe eine Frau mit einem Martini auf ihrem Bauch gesehen).

Ich hatte mich dazu gezwungen, in das eisige Meer zu tauchen, und heulte auf, als das Wasser meine Haut berührte. Es lief in meinen Mund und schmeckte wie rostige Münzen. *Sei ein Eisbär. Du bist ein verdammter Eisbär*, hatte ich mir einzureden versucht, während meine linke Körperhälfte taub wurde.

Ich floh rasch aus dem Meer, um mich in der Sauna aufzuwärmen, und nahm an, dass Nick es genauso machen würde. Doch jedes Mal, wenn sich die Tür auf der Männerseite öffnete, betrat ein weiterer nackter Mann den Raum, der nicht mein Ehemann war, und zwang die Saunagäste auf den schmalen hellen Holzbänken noch näher zusammenzurücken.

Dass ich Amerikanerin war, erkannten die Schweden nicht an meinem Akzent oder meinen abrasierten Schamhaaren, sondern daran, dass ich meinen Körper konsequent in ein Handtuch hüllte und die Unterarme schützend vor meine Brüste hielt. Ich kam mit den einzigen beiden Frauen, die außer mir in der Sauna saßen, ins Gespräch – zwei Schwedinnen ungefähr meines Alters, die sich über meine Schüchternheit amüsierten. Ich erzählte ihnen, dass ich meinen Ehemann in der Sauna treffen wollte. Sie berichteten mir, nicht ohne eine gewisse Schadenfreude, dass sie ihre Ehemänner mit ihren Babys zu Hause gelassen hätten.

»Das ist aber nett von Ihren Männern, dass sie babysitten«, sagte ich. Die beiden sahen mich mit seltsamem Blick an. Ich wiederholte langsamer, was ich gesagt hatte, und entschuldigte mich, dass ich dazu neigte, viel zu schnell Englisch zu sprechen, doch die beiden schüttelten die Köpfe.

»Babysitten?«, sagte die eine Frau, die eine Narbe hatte. »Das ist kein Babysitten. Er ist einfach … Wie sage ich das auf Englisch? Er ist einfach Vater. Er ist ein Elternteil.«

Die zweite sprang ihr bei. »Das ist normal für meinen Ehemann. Er ist derjenige, der mit den Kindern zu Hause ist. Ich habe gleich wieder angefangen zu arbeiten.« Die beiden erklärten mir, wie die Elternzeit in ihrem Land funktioniert. In Schweden können sowohl Männer als auch Frauen nach der Geburt des Kindes Elternzeit in Anspruch nehmen. Es wird sogar gern gesehen, wenn Männer anstelle der Frau in Erziehungsurlaub gehen.

Bevor ich zu viele Fragen stellen konnte, betrat Nick die Sauna, ohne Handtuch, selbstsicher, dynamisch. Selbstbewusst schritt er durch die Ansammlung von blassem nacktem Fleisch.

»Was hast du so lange gemacht?«, flüsterte ich. »Ich bin schon seit einer halben Stunde hier drinnen. Ich bin schon ganz schrumpelig.«

»Bist du nicht ins Wasser gesprungen?«, fragte er verwirrt. Ich nickte. »Klar, bin ich. So kurz wie möglich.«

»Bist du etwa nicht bis zur Boje geschwommen?«, fragte er. »Da draußen ist es ganz schön kabbelig, aber es fühlt sich unglaublich an. Total befreiend. Niemand schert sich darum, dass du nackt bist. Es guckt dich noch nicht einmal jemand an. Das könnte ich jeden Tag machen. Vielleicht sollten wir hier leben.«

Dies war das fünfte Land, von dem Nick meinte, wir könnten uns hier glücklich niederlassen. »Nicht die schlechteste Vorstellung. Es wäre ein verdammt guter Ort, um ein Baby zu bekommen, so viel steht fest«, sagte ich, noch immer bibbernd. Ich war enttäuscht, dass ich so gar nichts von einem Eisbären hatte.

Nick betrachtete die Leute in der Sauna, überwiegend sehr alte Männer, die sich über das Wetter unterhielten. Er senkte die Stimme.

»Ich glaube nicht, dass es *diese Art* von Sauna ist.«

Was ich Nick in der Sauna zu sagen versucht hatte, war, dass Schweden ein großartiger Ort ist, um ein Kind aufzuziehen, für beide, Mann und Frau. Ganz im Gegensatz zu den Vereinigten Staaten, wo es für die meisten Paare immer schwieriger und kostspieliger wird, sich Kinder zu leisten.

Nick und ich hatten unsere Optionen, Kinder zu bekommen, mit meinen Ärzten von allen Seiten beleuchtet. Aus ihrer Sicht sprach nichts dagegen, dass wir versuchten, ganz natürlich Kinder zu bekommen. Sie versicherten uns, dass das Kind, sollte es das Muskeldystrophie-Gen in sich tragen (das Risiko lag bei 50 Prozent), bis zu seiner Lebensmitte unter keinerlei Symptomen leiden würde. Genau wie ich. Das Risiko einer Muskeldystrophie im Kindesalter oder anderer, durch meine Muskeldystrophie verursachter Komplikationen war ausgeschlossen.

Dennoch möchte man als Mutter seinem Kind die besten

Voraussetzungen bieten. Warum sollte man es von vornherein mit einem Nachteil belasten? Aber woher weiß man, was das Kind wollen würde? Wir konnten eine gespendete Eizelle nutzen. Wir konnten ein Kind adoptieren. All diese Möglichkeiten brachten allerdings ihre eigenen Risiken mit sich. Wenn man sich entscheidet, ein Kind zu bekommen, kann vieles schiefgehen. Wir wussten eben zufällig schon von einer Sache, die schiefgehen konnte.

Ich liebte mein Leben und auch seine beschissenen Seiten. Mit meinen verkorksten Genen hatte ich 35 wunderbare Jahre gehabt. Ja, die Zukunft war beängstigend, aber auch vielversprechend. Die Medizin konnte sich weiterentwickeln, das Fortschreiten meiner Krankheit eventuell aufhalten und die eines Kindes womöglich ganz heilen.

Gegen Ende meiner Reise durch Indien hatte ich im Wellnesscenter in Ananda, am Fuß des Himalaja, einen ayurvedischen Arzt aufgesucht. Ich erzählte ihm von der Muskeldystrophie, und er lachte.

»Es gibt keine genetische Erkrankung, solange sie nicht ausbricht. *Live your life, girl*«, sagte er und riet mir im selben Atemzug, keine scharfen Sachen mehr zu essen und mehr zu schlafen. Ich konnte nur nicken und die Tatsache ignorieren, dass er klang wie ein Song von Beyoncé.

Doch nicht nur meine Gene machten mir bei dem Gedanken an ein Kind Sorgen. Da war auch noch alles Mögliche andere – die turbulente Welt, in der wir lebten, die unter Terrorangriffen, Überbevölkerung, wirtschaftlicher Unsicherheit und Reality-TV litt.

Hinzu kam die Tatsache, dass sich unsere Ehe durch ein Kind grundsätzlich verändern würde.

Kürzlich hatte ich im *Wall Street Journal* gelesen, dass »die

Zufriedenheit von Ehepaaren nach der Geburt des ersten Kindes rapide sinkt. Schlaflose Nächte und Auseinandersetzungen darüber, wer mit Windelnwechseln dran ist, können einer Beziehung den Spaß rauben … Laut einer Untersuchung des *Relationship Research Institute* in Seattle meinen ungefähr zwei Drittel aller Paare, die Qualität ihrer Beziehung habe in den drei Jahren nach der Geburt eines Kindes nachgelassen … Ein Kernkonflikt unter jungen Eltern ist das Aufteilen der Aufgaben – und sich daran zu halten. Wer macht was für das Baby, wer übernimmt welche Pflichten im Haushalt.«

Ein paar Wochen zuvor hatte ich in den Staaten folgendes Gespräch mit einer Freundin geführt, die kürzlich in Mutterschaftsurlaub gegangen war:

»Willst du dein Leben ruinieren? Willst du eine Granate in deine Ehe werfen und sie sprengen?« Ich fragte mich, ob sie wusste, dass sie sich mit ihrer Äußerung auf ein Zitat aus Nora Ephrons *Heartburn* bezog, oder ob jede junge Mutter Nachwuchs mit militärischen Konflikten verglich.

»Nein, will ich nicht.« In diesem Moment hatte ich Angst vor dem, was sie mir erzählen würde. Aber das spielte keine Rolle. Sie würde es mir so oder so erzählen.

»Bekomm Kinder«, sagte sie und trank etwas Wein beziehungsweise leerte das Glas in einem Zug.

»Egal wie gut deine Ehe ist. Ein Kind ändert alles«, plapperte sie weiter und bedeutete dem Kellner, ihr noch ein Glas Wein und zugleich die Rechnung zu bringen, damit sie nach Hause zu ihrem Ehemann kam. Der bestand nämlich darauf, dass seine Zeit mit den Kindern Babysitten war und dass er es für dieses Opfer verdiente, einen geblasen zu bekommen.

Ich habe Nick und mich immer als gleichberechtigte Partner in unserer Ehe gesehen. Er macht die Wäsche besser als ich und wischt täglich den Boden. Einzukaufen macht ihm nichts aus, er fährt sogar gerne zu *Target*, wo er sich über die Vorrichtung amüsiert, mit der die Einkaufswagen die Rolltreppe hinaufbefördert werden.

Nick übernimmt auch die sogenannten Männeraufgaben wie Reifenwechseln und Dinge bauen. Als ich das letzte Mal ein paar Tage weg war, hat er zwei neue Bücherregale für mich gebaut und vor unserem Schlafzimmerfenster ein Podest für die Kolibris aufgestellt, damit ich den Vögeln nach dem Aufwachen beim Frühstücken zusehen kann. Wir zahlen beide Rechnungen, bringen das Auto zur Inspektion und kaufen Lebensmittel ein. Wenn einer von uns kocht, macht der andere den Abwasch. So war das bei uns. Und ich wusste, das war gut, sehr gut sogar. Es kann sogar zu einem besseren Sexleben führen. Laut einer Studie, die 2016 im *Journal of Marriage and Family* veröffentlicht wurde, hatten heterosexuelle Paare, die sich die Hausarbeit teilten, mehr Sex als Paare, die sich diese Pflichten nicht teilten. »Wenn Paare ähnliche Aufgaben übernehmen, anstatt sie geschlechterspezifisch aufzuteilen, scheint dies ihr Verlangen zu steigern«, behauptet die Studie.

Aber Freunde und professionelle Eheexperten warnten mich, all das könne sich ändern, sobald wir Kinder hätten. Eine andere Studie, die im *Journal of Personality and Social Psychology* veröffentlicht wurde und 218 Paare über einen Zeitraum von acht Jahren hinweg begleitete, kam zu dem Ergebnis, dass die Mehrheit der Paare weniger glücklich mit ihrer Ehe war, nachdem sie ein Kind bekommen hatten. Nur 15 Prozent der Väter und 7 Prozent der Mütter waren nach der Geburt des Kindes zufriedener mit ihrer Ehe.

In den letzten fünf Jahren erzählten mir immer mehr verheiratete Freunde, sie hätten sich entschieden, auf Kinder zu verzichten. Viele von ihnen verkündeten stolz: »Wir sind freiwillig kinderlos!« Andere waren da etwas zurückhaltender.

»Keiner von uns beiden wollte jemals Kinder haben. Theoretisch mögen wir Kinder, aber unsere Hunde mögen wir noch lieber. Wir wollen reisen, schöne Dinge haben und unser hart verdientes Geld für uns behalten, anstatt davon ein College zu bezahlen«, erklärte uns unsere Freundin Jess.

Für die Megs, zwei meiner ältesten und engsten Freundinnen, die geliebten Spender der vernünftigen Patagonia-Wanderunterwäsche, war die Entscheidung schwieriger.

»Lesben haben das Glück, dass sie ohne ein Wunder der modernen Wissenschaft und ohne finanziellen Aufwand gar nicht schwanger werden. Darum müssen wir uns schon sehr sicher sein, dass wir Kinder wollen, bevor wir uns darum bemühen«, sagte Little Meg zu mir. Die beiden Megs haben über Jahre hinweg immer wieder darüber gesprochen, ob sie Kinder haben wollten, bevor sie entschieden, dass es für sie nicht richtig wäre. Inzwischen sind sie fantastische Tanten für ein Dutzend Kinder und verwöhnen diese über alle Maßen, aber sie fliegen auch von jetzt auf gleich in ein Weinanbaugebiet und müssen sich lediglich darum kümmern, wo sie inzwischen Turbo, ihren alternden Mops, unterbringen.

»Sei vernünftig. Mach so was nicht, weil es der logische nächste Schritt ist«, sagte Big Meg. »Redet darüber. Macht euch klar, worauf ihr euch einlasst.«

Auf der Reise nach Schweden wollten wir herausfinden, wozu wir bereit waren und ob es eine Form der Elternschaft gab, die unsere Ehe unbeschadet überstehen konnte.

Wie ich in der gemischten Sauna lernte, gibt es kaum bessere Modelle gleichberechtigter Elternschaft als in Schweden. Der skandinavische Geburtsort von BabyBjörn, IKEA und ABBA wird aufgrund des staatlich finanzierten Erziehungsurlaubs auch als »Land des Bleib-zu-Hause-Papas« bezeichnet. Die Politik ist hier in dieser Beziehung so großzügig, dass die amerikanische Regierung sich schämen sollte.

Der schwedische Erziehungsurlaub für Väter hat eine stark propagierte und bunte Geschichte. Als das Land 1974 als Erstes weltweit den staatlich finanzierten Vaterschaftsurlaub einführte, startete die Regierung eine unglaublich wirkungsvolle Werbekampagne mit dem kräftigen Ringer-Star Lennart »Hoa-Hoa« Dahlgren, der ein ähnlich kräftiges Baby auf dem Arm trug. Das wäre so, als würde einer unserer berühmten Footballspieler eine Saison aussetzen, um Windeln zu wechseln, und dafür Werbung machen. Ragnar Bengtsson, ein 26 Jahre alter Wirtschaftsstudent und frischgebackener Vater, mag es 2009 zu weit getrieben haben, als er zu stillen versuchte. Er erklärte dazu, dass es »sich als sehr wichtig erweisen könnte, damit die Männer ihren Kindern schon in einem frühen Stadium deutlich näherkämen«. Nachdem er monatelang vergeblich versucht hatte, aus seinen Brustwarzen Milch zu pumpen, musste Bengtsson einsehen, dass er kein biologisches Wunder bewirken konnte. Heutzutage bevorzugen die meisten schwedischen Männer den einfacheren Weg und teilen sich die Elternzeit mit ihrer Partnerin.

Das funktioniert folgendermaßen: In Schweden dürfen junge Mamas und Papas den 14-monatigen Erziehungsurlaub untereinander aufteilen. Während dieser Zeit zahlt der Staat ihnen achtzig Prozent ihres Einkommens. Wenn ein Vater nicht mindestens zwei Monate mit dem Baby zu Hause bleibt, sind diese zwei Monate für das Paar verwirkt. Ungefähr 85 Prozent der schwedischen Väter nehmen die »Papa-Zeit«. Manche Väter nehmen sogar die gesamte Elternzeit alleine, sodass die Mutter gleich nach der Geburt des Kindes wieder in Vollzeit arbeiten kann.

Wie ist das im Vergleich dazu in den USA? Das Arbeitsministerium unterstützt den väterlichen Erziehungsurlaub … theoretisch. »Erziehungsurlaub für Väter – insbesondere eine längere Auszeit von mehreren Wochen oder Monaten – kann die elterliche Bindung stärken, den Kindern zugutekommen und sogar die Gleichberechtigung zwischen den Geschlechtern, sowohl zu Hause als auch im Berufsleben, fördern. Würden mehr Väter durch bezahlten Erziehungsurlaub gestärkt, könnten sie ihre beruflichen Ziele verfolgen und zugleich unterstützende, fürsorgliche Väter und Partner sein«, erklärte das Ministerium 2015 in einem Strategiepapier.

Doch in den Vereinigten Staaten obliegt es den Arbeitnehmern, dafür zu sorgen, dass die Väter in ihrer Erziehungszeit weiterbezahlt werden. Die Regierung findet die Idee gut, zahlt aber keinen Cent, um sie zu fördern. Und die meisten Unternehmen sind geizig, wenn es um die Elternzeit geht. Eine Studie des Arbeitsministeriums aus dem Jahr 2012 belegt, dass »nur 13 Prozent der Männer, die die Elternzeit in Anspruch nahmen, weiterhin ihr Gehalt erhielten. Bei den Frauen waren es im Vergleich dazu 21 Prozent.«

Der Sänger John Legend machte im Jahre 2016 Schlagzeilen, als er bekannt gab, er nehme nach der Geburt seiner Tochter Luna Erziehungszeit. Es ist leichter, in Elternzeit zu gehen, wenn man ein millionenschwerer Künstler ist oder in einem schicken modernen Unternehmen wie Facebook, Google oder Twitter beschäftigt ist, die alle Elternzeit für Väter bezahlen. Die meisten unserer Freunde, die Elternzeit nahmen, wurden nicht bezahlt und beanspruchten nur eine, höchstens zwei Wochen. Der Ehemann meiner Freundin Alice, der für das Außenministerium arbeitete, war von dort nach Europa geschickt worden. Er nahm seinen Urlaub um den Stichtag herum, an dem ihr Kind zur Welt kommen sollte. Ein Freund von uns, der keine Elternzeit bezahlt bekam, freute sich unglaublich über das Glück, dass sein Kind an einem Freitag zur Welt gekommen war. So konnte er zwei Tage mit seiner Frau und dem neugeborenen Baby verbringen.

Es mag am Fehlen staatlicher und privatwirtschaftlicher Unterstützung liegen, dass Paare mit Kindern weniger glücklich sind als Paare ohne Kinder. Kürzlich haben Forscher in 22 Ländern die Zufriedenheit von Eltern und kinderlosen Paaren untersucht. In Staaten wie Schweden, Norwegen und Ungarn, wo es flexiblere Arbeitsbedingungen, großzügige Regelungen in Bezug auf die Elternzeit sowie Fördermittel für die Kinderbetreuung gibt, waren Paare mit Kindern tendenziell zufriedener als Paare ohne.

Nicht so in den Vereinigten Staaten.

»Die schlechte Nachricht ist, dass von den 22 Staaten, die wir untersucht haben, in den USA der Unterschied zwischen dem Glücksempfinden von Paaren mit Kindern und dem von kinderlosen Paaren am eklatantesten war; erheblich größer als in Großbritannien und Australien«, schrieb Jennifer Glass, Soziologie-Professorin an der University of Texas in Austin und Mitherausgeberin der Studie. »Was wir feststellten, war erstaunlich. Die negativen Auswirkungen des Elternseins auf das Glücksgefühl von Paaren sind vollständig auf eine vorhandene beziehungsweise fehlende Sozialpolitik zurückzuführen, die es Eltern erlaubt, ihre Arbeit besser mit ihren familiären Pflichten zu vereinbaren. Und dies gilt für beide, für Mütter wie für Väter.«

»Ich bin mit einem modernen Mann und nicht mit einem Dinosaurier verheiratet! Natürlich hat er sich um unser Baby gekümmert, nachdem es geboren war«, erzählte Birgitta Ohlsson, Mitglied des schwedischen Parlaments, Nick und mir bei einem Kaffee in Stockholm. »Gleichberechtigung der Geschlechter ist einer der Eckpfeiler der schwedischen Gesellschaft. Sie trägt tatsächlich dazu bei, dass glückliche Familien zusammenbleiben.«

Nick und ich trafen Birgitta zu einer *Fika* im Parlamentsgebäude in Gamla Stan, dem kleinen mittelalterlichen Stadtkern Stockholms, wo es von Touristen wimmelt, die Elchfelle, Preiselbeermarmelade und Becher in Elchform kaufen. Birgitta hatte uns eingeladen, mit ihr über Schwedens wundervolle sozialpolitische Einrichtung der Elternzeit zu reden und darüber, inwiefern diese zu stabileren Ehen führte. Bevor wir das schwedische Parlament erreichten, hatte ich mir ein strenges, ernstes Gebäude vorgestellt, mit Wikinger-Abgeordneten in streng geschnittenen Anzügen. Ich dachte, wir würden uns mit Birgitta in einem mit dunklem Holz getäfelten Büro treffen und uns formell die Hände schütteln. Diese einladende Kaffee-Lounge mit pfirsichfarbenem Teppichboden und einer Auswahl an hervorragendem Gebäck hatte ich nicht erwartet.

Fika, diese erstaunliche Erfindung, kann man mit der britischen *Teatime* vergleichen, nur dass es Kaffee anstelle von Tee gibt und *Fikabröd*, köstliches schwedisches Gebäck, anstelle englischer Waffeln, die wie Pappe schmecken. Während unseres Aufenthalts in Schweden wurde ich Fan von *Chokladbiskvier*, einem Mandelkeks mit Schokoladencrème und einer knusprigen Schokoglasur, sowie von den *Kardemummabulle*, rosettenähnlichen Brötchen, die mit Butter, Zucker, Kardamom und Zimt überzogen sind. Die Schweden nehmen ihre *Fika* sehr ernst. Sie bietet ihnen an Arbeitstagen eine Pause, und manchmal machen sie davon sogar zwei am Tag.

Der Terminplan von Birgitta Ohlsson war gerade besonders voll, da ein Kollege kürzlich als Botschafter nach Jordanien gegangen war, um bei der aktuellen Flüchtlingskrise zu helfen. So waren wir froh, uns mit ihr zu einer *Fika* treffen zu können. Ich hatte Birgitta kennenlernen wollen, seit ich ein Zitat von ihr in der *Times* gelesen hatte, in dem sie die Vorzüge der bezahlten Elternzeit in Schweden hervorhob: »Jetzt können Männer alles haben – eine erfolgreiche Karriere und gleichzeitig ein verantwortungsbewusster Vater sein.« Birgitta hat sich lange für den Feminismus und die Gleichberechtigung in Schweden eingesetzt, doch als man sie zur schwedischen Europaministerin ernannte, während sie mit ihrem ersten Kind schwanger war, betraf die Elternzeit für Väter sie ganz persönlich.

In den schwedischen Medien regte man sich darüber auf, dass sie vielleicht nicht lange genug zu Hause bleiben würde. Sie stand ganz klar zu ihrer Entscheidung, den EU-Posten zu übernehmen, und erklärte der Presse, dass ihr Ehemann, ein Jura-Professor, sich genauso gut um das Baby kümmern könne wie sie selbst.

Ohlsson war so cool und entschlossen, wie ich sie mir vorgestellt hatte, aber lockerer und offener als die amerikanischen Politiker, die ich bisher persönlich kennengelernt hatte. Sie würden wohl niemals einen Fremden auf einen *Caffè Latte* und ein Törtchen in den Senat einladen. Birgitta trug ein leicht glitzerndes Oberteil und bequeme, aber schicke schwarze Lackleder-Ballerinas. Bevor wir zum Kern schwedischer Politik vorstießen, absolvierten wir den üblichen Small Talk über den Schrecken der aktuellen amerikanischen Politik. Ihre Beobachtungen hierzu waren so scharfsinnig, dass ich mich schämte, immer noch nicht sicher die Namen aller schwedischen Parteien zu kennen. Doch sie kritisierte das amerikanische Politiksystem nicht. Freundlich erklärte sie, dass auch Schweden lange Zeit gebraucht habe, um sich zur staatlich geförderten Gleichberechtigung hin zu entwickeln.

»In der Generation meiner Eltern war es nicht üblich, dass die Väter bei den Kindern zu Hause blieben. Damals wäre das eine abwegige Vorstellung gewesen. In meiner Generation ist es fast normal, dass Väter sich aktiv um ihre Kinder kümmern«, erklärte Ohlsson. »Schlechte Elternzeit-Politik heißt, dass brillante Frauen zu Hause bleiben, was schlecht für die Gesellschaft ist. Wir können es uns nicht leisten, die bestausgebildeten Hausfrauen der Welt zu haben.«

Ich zuckte zusammen und dachte an all die hoch qualifizierten Frauen, die ich zu Hause in den Staaten kannte und die aufgrund der astronomisch hohen Kosten für die Kinderbetreuung, der armseligen Elternzeit-Politik in den Unternehmen und des Mangels an flexiblen Arbeitszeiten ihre Jobs aufgegeben hatten.

Ohlsson fuhr fort. »Wenn die Männer zu Hause bleiben, entwickeln sie ein besonderes Gefühl für ihre Kinder und kümmern sich auch viel aktiver mit um die häuslichen Pflichten. Das führt zu einer größeren Zufriedenheit in der Ehe. Sehen Sie sich nur in Stockholm um. Hier ist es völlig normal, Väter zu sehen, die mit ihren Kindern unterwegs sind.«

Sie deutete mit dem Kopf in die Ecke des Raums, wo ein Vater fleißig mit einer Hand in seinen Laptop tippte, während er mit der anderen eine Babytrage sanft schaukelte.

Nick, ganz Wirtschaftsjournalist, der immer nach wirtschaftlichen Beweisen dafür sucht, dass eine Politik erfolgreich ist, lehnte sich zu Birgitta.

»Aber woher wissen Sie, dass es funktioniert? Gibt es Statistiken, die bestätigen, dass es sich am Ende für die Gesellschaft lohnt, die Zeche für die Elternzeit zu zahlen? Woher wissen Sie, dass es das Richtige ist?«

Sie sah ihn etwas befremdet an, dann entgegnete sie sachlich: »Es ist einfach besser.«

Es stimmte. Überall in Stockholm sahen wir Väter Kinderwagen schieben. Wir sahen sie auf der Insel Djurgården, als Nick sich darauf einließ, mit mir das ABBA-Museums zu besuchen – ein ganzes Gebäude, das ausschließlich der schwedischen Popgruppe gewidmet war, die der Welt »Dancing Queen« und »Mamma Mia« geschenkt hat. Wir sahen sie in den Friseursalons, die es an jeder Ecke gab. In Schweden gab es mehr Friseursalons als Coffee-Shops. Ich vermutete, dass das daran lag, dass sich jeder – Männer, Frauen und Babys – mindestens einmal in der Woche einen auffälligen, aber schicken asymmetrischen Haarschnitt machen ließ. Im schicksten Geschäft des schicksten Viertels der Stadt gab es einen Vater-Kinderwagen-Stau. Die Zeitschrift *Vogue* hatte das Viertel Södermalm kürzlich in den Stand des »weltweit coolsten Viertels« erhoben und das Geschäft *Grandpa* als Spitzenladen für Damen- wie für Herrenmode gepriesen. Es ist einer dieser Läden, in denen man sofort spürt, dass jeder andere hier cooler ist als man selbst. Und das, obwohl ich alle paar Schritte auf einen Kinderwagen mit einem bezaubernden schwedischen Baby stieß, das von einem gut aussehenden Vater geschoben wurde, der ganz unironisch Hosenträger, coole Sneakers und Moon-washed-Jeans trug.

An jenem Nachmittag war ich allein unterwegs. Nick musste zu einem Meeting, also war ich auf den Rat der schwedischen Väter angewiesen, welche der coolen schwedischen Sneakers ich erstehen sollte. Sie nahmen ihre Aufgabe ziemlich ernst, stellten die Kinderwagen in einer Reihe an die Seite und schenkten mir ihre ganze Aufmerksamkeit, während ich ein Paar nach dem anderen anprobierte.

»Zu langweilig«, urteilten sie skeptisch über ein schlichtes schwarzes Paar mit Plateausohle.

»Zu protzig«, über die schicken stahlblauen.

»*Underbar!*«, riefen sie, was auf Schwedisch wunderbar, fantastisch und großartig heißt, als ich ein Paar mit einem aufwendig gewebten Korbmuster und dicken schwarzen Sohlen anprobierte.

Die Begeisterung weckte die Babys auf, und plötzlich waren meine Berater eifrig mit der Zubereitung von Fläschchen und Windelnwechseln beschäftigt und verzogen die Gesichter zu lustigen Grimassen. In einem anderen Laden fand ich eine Reihe von Glückwunschkarten für Mütter und Väter zu Beginn ihrer Elternzeit. »Glücklichen Mama-Urlaub«, las ich auf einer Karte, die zwei Frauen vor ihrem Kinderwagen beim genüsslichen Kaffeetrinken zeigte. »Glücklichen Papa-Urlaub«, las ich auf einer anderen mit einem ähnlichen Kinderwagen, vor dem zwei Männer in einer Bar ein Bier tranken. Auf einer dritten Karte dieser Serie stand schlicht »Swede«, und eine Zeichnung zeigte einen Mann und eine Frau, die jeder den Henkel einer Frauenhandtasche hielten.

»Diese Sneakers habe ich mit Unterstützung schwedischer Papas gekauft«, erzählte ich Nick, als ich sie ihm abends in unserem Hotelzimmer vorführte. Ich war mit mir zufrieden, weil ich »vernünftige Schuhe« gekauft hatte. Er war gestresst, weil er für die Arbeit noch eine wichtige Präsentation fertig machen musste.

»Warum kaufen schwedische Papas ständig Sneakers?«, zischte er gereizt.

»In dem Laden gab es auch Hemden und Hosen. Die genießen ihre Papa-Erziehungszeit«, sagte ich entschuldigend.

»Ich glaube nicht, dass Elternzeit daraus besteht, shoppen zu gehen und Spaß zu haben«, erwiderte er knapp.

»Ich auch nicht.« Sorgsam packte ich meine neuen Sneakers und meine Mama-Erziehungszeit-Gratulationskarten in den Koffer.

Nick seufzte und rieb sich die Schläfen. »Ich werde nervös«, sagte er. »Wenn wir Kinder haben, wird sich alles ändern.« Ich weiß nicht, warum ich weniger Angst hatte als Nick. Wahrscheinlich hätte ich genauso viel Angst haben sollen. Aus irgendeinem Grund besaß ich diesen starken, wenn auch naiven Glauben, dass ich mir den richtigen Partner ausgesucht hatte, um Kinder zu haben, und dass das den entscheidenden Unterschied machte. Nick war der richtige Partner. Alles würde gut werden. Richtig?

Während wir in Schweden waren, musste ich immer wieder an ein Gespräch denken, das ich mit Jessica Valenti geführt hatte, der Gründerin des Blogs *Feministing* und Autorin des US-Bestsellers *Sex Object*. Jessica war seit sechs Jahren verheiratet, als ich mit ihr über meine Suche nach einem Modell für eine gleichberechtigte Ehe sprach. Sie erzählte mir, dass sie und ihr Mann sich darin einig waren, dass sie diese auf ihrem gemeinsamen Weg erst entwickeln müssten, insbesondere nach der Geburt ihres ersten Kindes.

»Wir machen das aus dem Bauch heraus«, erzählte mir Jessica. »Aber egal, wie feministisch man auch ist, nur zu leicht fällt man wieder in althergebrachte Rollenmuster zurück. Wir kümmerten uns beide gleichermaßen um unser Kind, aber irgendwie machte nur einer von uns die Termine beim Arzt und kümmerte sich um neue Kinderkleidung. Und darüber mussten wir reden. Für uns bedeutet es, ständig im Gespräch und so offen und aktiv wie möglich zu bleiben.«

Vielleicht war das leichter gesagt als getan.

Sollten Sie an einem verkaterten oder wolkenverhangenen Sonntag einmal Mäuschen spielen und in einen Schwedische-Papas-bleiben-zu-Hause-Porno eintauchen wollen, kann ich wärmstens den Fotoband *Swedish Dads* des Fotografen Johan Bävman empfehlen.

Als Johan, ein freiberuflicher Fotograf, seinen ersten Sohn bekam, nutzte er die Vorzüge der schwedischen Elternzeitregelung und blieb anstelle seiner Frau zu Hause, die ebenfalls Vollzeit als Autorin arbeitete. Schon bald fühlte Johan sich in der Elternrolle, insbesondere aber als frischgebackener Vater, isoliert.

»Von einem Tag auf den anderen war ich für ein anderes Leben verantwortlich und hatte kein Vorbild, an dem ich mich orientieren konnte. Ich brauchte andere Väter mit Kind, mit denen ich mich über meine neue Rolle austauschen konnte, ich musste Männer wie mich finden«, erzählte Johan Nick und mir bei einem Mittagessen in seiner Heimatstadt Malmö, kurz nach unserem Bad im Meer. Monatelang hatte ich versucht, Johan über Skype zu interviewen, aber mit einem Kleinkind und einem Neugeborenen war er ständig von seinen väterlichen Pflichten absorbiert. Telefongespräche wurden abgesagt, weil kranke Babys versorgt werden mussten, die Frau berufsbedingt nicht in der Stadt war oder wegen der allgemeinen Erschöpfung davon, zwei kleine Menschen zu versorgen.

»Im Fernsehen sieht man diese Super-Papas, die einfach alles können. Sie zaubern die perfektesten Cupcakes, schaffen es, das gesamte Haus zu saugen, bringen dann das Baby ins Bett, und ihr Zuhause sieht wundervoll aus; und dabei wirken sie kein bisschen gestresst oder frustriert«, fuhr Johan fort.

Das gibt es doch gar nicht!, dachte ich. Wann hatte ich das letzte Mal gehört, dass sich ein amerikanischer Vater darüber beklagte, dass er keine perfekten Cupcakes backen konnte. Im amerikanischen Fernsehen werden uns eine Menge Super-Mamas gezeigt, doch die Väter sind entweder tollpatschig und stopfen Windeln in den Müllzerkleinerer der Küchenspüle oder der coole Papa-Typ, der sich den BabyBjörn umschnallt und sich dann beim wöchentlichen Pokerspiel ein Sixpack Bier genehmigt.

Johan fuhr fort: »Ich war ziemlich frustriert. Ich habe mir Sorgen gemacht, dass ich kein guter Vater bin. Ich musste andere Väter finden, mit denen ich mich austauschen konnte.«

Also pflasterte Johan die ganze Stadt mit Flugblättern auf der Suche nach bereitwilligen Versuchspersonen. Er sprach sogar auf dem Spielplatz andere Väter an. Er wollte herausfinden, warum sich Väter entschlossen, mit ihren Kindern zu Hause zu bleiben, und wie sich dadurch ihre Beziehung sowohl zu ihren Kindern als auch zu ihren Partnerinnen veränderte.

»Das ist genau der Grund, warum ich dieses Buch schreibe«, unterbrach ich ihn. »Ich habe mir Sorgen gemacht, dass ich nicht wüsste, wie ich eine gute Ehe führe. Darum musste ich andere Paare finden, mit denen ich mich austauschen konnte.« Nick tippte mir auf den Oberschenkel, um mir zu bedeuten, dass ich unhöflich war. »Verzeihung. Erzählen Sie weiter.«

»Als ich anfangs herauszufinden versucht habe, wie ich Vater sein konnte, war das eine sehr persönliche Angelegenheit für mich«, fuhr Johan fort. »Aber zum Schluss wollte ich andere Väter dazu inspirieren, sich darüber Gedanken zu machen, was es eigentlich heißt, diese Zeit zu Hause mit dem Baby zu verbringen«, sagte er. »Ich wollte, dass mein Sohn genauso selbstverständlich zu mir wie zu meiner Frau kommt. Ich will für ihn da sein, und ich glaube, dass es wichtig ist, dass er das gleich von Anfang an so erlebt.«

Die Fotos in Johans daraus entstandenem Buch sind unverfälscht und faszinierend, und das nicht nur, weil schwedische Männer so verdammt fotogen sind. Auf einem hält Urban Nordh, ein 33 Jahre alter Infrastrukturberater, in einer braunen Hipster-Adidas-Jacke sein widerspenstiges Kleinkind ziemlich erfolglos über eine Toilette. Auf einem anderen trägt der 41-jährige Ola Larsson seinen Sohn Gustav als Bündel auf dem Rücken, während er anmutig das Wohnzimmer saugt. Loui Kuhlau, ein 28 Jahre alter Künstler, der ein ganzes Jahr mit seinem Sohn Eiling in Vaterzeit verbracht hat, sagte, er könne nicht verstehen, warum irgendjemand nicht mit seinem Kind zu Hause bleiben wolle. »Ich glaube, dass ich in der Zeit, in der ich mit Eiling zu Hause war, viel über mich gelernt habe, unter anderem wozu ich fähig bin – trotz des Schlafentzugs. Aber der größte Gewinn ist, die Freude zu erleben, die es bedeutet, mit meinem Kind zu Hause zu sein.«

Der schwedische Vaterschaftsurlaub hat das Land dafür sensibilisiert, dass Männer all das tun können, was Frauen tun. Das ist einer seiner größten Verdienste.

»Ich hoffe, die Vorstellung von Männlichkeit zu verändern«, sagte Johan. »Ich hoffe, dass ich zeigen kann, dass dies die Norm sein kann: Männer, die für ihre Kinder sorgen und Gefühle zeigen.«

Die andere Sache, die Johan während seines Vaterschaftsurlaubs gelernt hat, ist, dass es eine richtige Arbeit ist.

»Es geht nicht nur darum, die Kinder großzuziehen. Es geht auch darum zu lernen, wie man die ganze unbezahlte Arbeit im Haus verrichtet. Und es geht darum zu verstehen, was Frauen in den letzten tausend Jahren traditionellerweise geleistet haben, all die Arbeit, die als selbstverständlich hingenommen wurde.« Ich wollte Johans Hand nehmen und mitten in dem Café mit ihm auf den Tisch steigen, so wie Sally Field in dem Film *Norma Rae – Eine Frau steht ihren Mann*.

»Wir teilen uns beide die Hausarbeit, und wir kümmern uns beide um die Kinder. Und dabei geht es nicht um Lob. Sie muss mir nicht sagen, wie gut ich bin, und ich muss ihr nicht sagen, wie gut sie ist. Das wissen wir beide.«

»Und Sie würden das, was Sie tun, niemals als Babysitten bezeichnen?«, fragte ich, nur um das noch zu klären.

Johan brach in Lachen aus und stand auf.

»Tut mir leid, ich muss meinen Sohn jetzt aus der Kinderkrippe abholen.«

»Haben Sie schon Kinder?«, fragte uns Leffe Lindh, der Besitzer einer schwedischen Elchfarm.

»Bald. Eines Tages. Wir arbeiten daran.« Nick stieß ein leises Lachen aus und warf mir einen Seitenblick zu, um sich zu vergewissern, dass das die richtige Antwort einem Fremden gegenüber war. Ich deutete ein Nicken an.

»Es macht viel Spaß, daran zu arbeiten.« Ich setzte ein Lächeln auf. Das wollten die Leute hören. Es war leichter, als darüber zu reden, wie unerfreulich der Versuch, ein Baby zu bekommen, eigentlich sein konnte. Vom Tag unserer Verlobung an war die Besetzung meines Uterus *das* Thema von Freunden, Familie und völlig Fremden.

»Wann, wann, wann wirst du schwanger?«, fragten meine Tanten, fragte unser Hundesitter und fragte der Kassierer bei *Trader Joe's*. Niemand will hören: »Nun ja, es ist schwierig für uns …«

Leffe klatschte in die Hände, zog ein graues Elch-Plüschtier aus dem Regal und gab es mir. »Für danach, wenn Sie mit der Arbeit fertig sind.« Er lachte mit einem fröhlichen Schnauben. Wir waren zwei Stunden von Stockholm aus zu dieser Farm gefahren. An einen Ort, wo Menschen Schwedens berühmtestem Tier ganz nah kommen konnten. Seit wir in diesem Land waren, hatten wir in Restaurants mit Namen wie *Fliegender Elch* und *Elchkopf* gespeist. Wir hatten Elch-Frikadellen gegessen (die köstlich waren), Elch-Burger (ziemlich mittelmäßig), Dörrfleisch vom Elch (zu salzig), und Elch-Milch getrunken (besser als Kamel-Milch). Alles, was ich jetzt noch wollte, war, einen Elch zu sehen.

»Hier draußen sieht es aus wie in Minnesota«, bemerkte Nick, als wir auf dem Weg zu Leffes Farm gewesen waren, an großen rostroten Scheunen vor grünen Nadelwäldern vorbeikamen und uns durch Orte schlängelten, die Namen wie Skogstibble trugen.

»So soll man eine Stadt nennen«, bemerkte Nick. »Skogstibble. Der Ort bettelt doch geradezu darum, dass man einen Drink nach ihm benennt.«

Nur zwanzig Minuten, nachdem wir Skogstibble hinter uns gelassen hatten, erreichten wir die Farm von Leffe, der uns mit einer ungestümen Umarmung, einem Kaffee und Waffeln begrüßte, zu denen er uns seine Lebensgeschichte erzählte. Leffe Lindhs Weg zu seiner eigenen Elchfarm stand in Zusammenhang mit dem Ende seiner ersten Ehe. Fast zwanzig Jahre war es her, dass man den ersten Elch in seine Obhut gegeben hatte, ein Baby, dessen Mutter von einem Auto überfahren worden war. Leffe, der damals Jäger war, päppelte das Kleine Tag und Nacht, doch am Ende schaffte es der kleine Elch trotzdem nicht.

»Als er starb, weinte ich«, erzählte er. »Doch ab da wollte ich eine eigene Elchfarm haben. Ich habe es all meinen Freunden erzählt. Sie sagten, ich sei verrückt. Meine Frau sagte, ich sei verrückt.«

Und so ließ er sich von seiner Frau scheiden. Einige Jahre später fing er an, sich mit einer neuen Frau zu treffen, Ilona. Nachdem er sie zwei Wochen umworben hatte, nahm er ihre Hände, sah ihr in die Augen und sagte zu ihr: »Ich möchte dich heiraten und mit dir einen Elch-Park eröffnen.«

Manche Frau wüsste sicher nicht, was sie darauf erwidern sollte. Ilona sagte Ja.

2006 kauften die beiden zwei Elch-Babys und bauten eine über sechs Hektar große Farm. Mittlerweile hatten Ilona und Leffe zwei Menschenkinder zu versorgen und dazu dreißig Elche. Als jeweils gleichberechtigte Partner betrieben sie zwei Unternehmen, die Elchfarm und eine Apartment-Vermietung. In dem Jahr, bevor wir dort waren, hatte eine Elchkuh ihr Baby verstoßen und Leffe Ilona dazu überredet, das Kalb wie ein Haustier mit ins Haus zu nehmen. Olivia nahm mit der Familie am Tisch ihr Frühstück ein und ist bis heute scharf auf gebutterten Toast.

Als Mann, der einen Elch auf die Lippen küsst, brachte Leffe es zu bescheidenem Ruhm in Internet. Er gibt damit vor all seinen Gästen an, indem er Holger, einen großen männlichen Elch, vor ihren Augen küsst.

Vorsichtig näherte ich mich Holger, um sein gewaltiges Geweih zu streicheln. Ich beugte mich vor und roch an ihm, wobei ich etwas Pferdeähnliches erwartete, doch er roch süß, wie Ziegen.

»Sie möchte Ihren Elch küssen«, sagte Nick lachend zu Leffe. »Ganz bestimmt. Glauben Sie mir.«

Leffe hielt Holgers Kopf, während ich Holger ein Küsschen auf die Schnauze gab. Dafür leckte er meine Wange.

»Manchmal sage ich, er küsst besser als meine Frau«, bemerkte Leffe lachend. Doch als ich ihn fragte, warum seine zweite Ehe funktioniere und seine erste gescheitert sei, wurde er ernst. Der Grund war nicht allein, dass Ilona der Elchfarm zugestimmt hatte.

»Wir teilen alles. Man muss alles teilen. Das ist schwierig, aber man lernt es. Jeder steuert etwas dazu bei. Arbeit,

Schmerz, Stress, Freude, wir teilen all diese Dinge«, sagte Leffe. »Wir sind Partner.«

Auf der Fahrt zurück nach Stockholm redeten Nick und ich kaum ein Wort, und ich merkte, dass Nick etwas beschäftigte. Er redete leise mit sich selbst, bewegte die Hände und wirkte ein bisschen irre.

»Der Gedanke an Kinder macht dich ganz schön nervös, stimmt's?« Ich spielte gern Voodoo-Gedankenleserin, wenn er mit sich selbst sprach. In der Regel hatte ich recht.

»Ich denke nur nach, Spatz.«

»Worüber?« Ich knabberte an einem Gummi-Elch. Leffe hatte mir bei unserem Abschied eine Tüte geschenkt. (»Wie Weingummi. Aber eben in Elchform«, sagte er.)

»Über alles Mögliche.«

»Zum Beispiel?«

»Ja, ich bin nervös bei dem Gedanken an Kinder. Das ist ein großer Schritt. Sind wir so weit?«

Ich zog eine Augenbraue hoch.

»Ich mein's ernst. Sind wir so weit. Oder brauchen wir noch mehr Zeit?«

Ich wollte nicht schnippisch sein und antworten, dass mir nicht mehr unendlich viel Zeit blieb. Ich war 35. Drei meiner Freundinnen hatten im letzten Jahr eine Fehlgeburt erlitten und eine ein totes Kind zur Welt gebracht. Wenn man mit 35 zum Arzt geht und sagt, man möchte ein Baby bekommen, erntet man einen vernichtenden Blick und wird als Spätgebärende bezeichnet.

»Eigentlich heißt es ›geriatrische‹ Mutter«, hatte mein Genetiker während einer meine Besuche gesagt.

»Das ist überhaupt nicht lustig«, hatte ich geantwortet.

Er verzog keine Miene. »So bezeichnen wir sie nun mal.«

»Was macht dich so nervös?«, hakte ich im Wagen nach.

Mein hoffnungslos optimistischer Ehemann war niemals wegen irgendetwas nervös. Warum in Bezug auf diese eine Sache? Ich kannte die Antwort. Er wollte es richtig gut machen, wollte wirklich bereit dafür sein. Kinder zu haben, *ist* eine große Sache. Es kann jene Granate sein, die eine Ehe sprengt. Und für uns war es eine noch größere Sache, weil wir immer noch nicht wussten, wie wir damit umgehen wollten. Aber egal, wie wir uns entschieden – eigene Kinder bekommen, ein Spender-Ei nehmen, ein Kind adoptieren –, für jede dieser Optionen würden wir eine Menge Zeit, Energie und Geld benötigen. Ich bekam Kopfschmerzen. Leffes Idee von Teamarbeit hatte mich optimistisch gestimmt. *Ehemänner und Ehefrauen stellen sich als gleichberechtigtes Team gemeinsam der harten Realität des Lebens*. Nun war ich ernüchtert, weil Nick nicht so begeistert von dem nächsten Schritt war wie ich.

»Es ist nur … Manchmal wird es mir zu viel … Manchmal sprechen wir über nichts anderes mehr, das Thema beherrscht jedes unserer Gespräche. Und ich fühle mich ausgeschlossen«, sagte Nick. »Ich möchte mich mehr einbezogen fühlen.«

Wann hatte er das vorher schon einmal gesagt? Als ich ihn bei unserer Hauskauf-Auktion übergangen hatte. Er hatte recht. Ich bin eine Planerin. Wenn ich mich entscheide, etwas zu tun, dann lege ich los. Ich hatte viel über Schwangerschaft gesprochen und darüber, was es bedeutet, Kinder zu haben. Und ich hatte das Gefühl, als würde Nick bei diesen Gesprächen abdriften. Wenn es der eigene Körper ist, der schwanger werden soll, kann daraus eine sehr egozentrische Entscheidung werden.

Nick fuhr fort. »Und manchmal mache ich mir Sorgen, dass es zu früh ist. Haben wir genug Dinge zusammen durchgestanden? Haben wir genug zusammen gemacht?«

Ich fühlte ein Ziehen in meiner Kehle, und Tränen schossen mir in die Augen. Ich hatte auch Ängste, wenn ich ans Kinderkriegen dachte, aber Nicks Zweifel verursachten mir noch größere Angst als meine eigenen.

»Ich liebe dich, meine Kleine. Vielleicht bin ich albern«, sagte er und lenkte den Wagen an den Straßenrand, sodass er meine Hand halten und mich ansehen konnte. Ich blinzelte die Tränen weg.

»Es gibt noch eine Sache, die wir zusammen tun können.«

14
Tansania

Gemeinsam die Welt erobern

Bevor Nick und ich San Francisco verließen, um den Kilimandscharo in Tansania zu besteigen, erstellte ich eine Liste von Dingen, die ich mir für uns auf dieser Reise wünschte:

Zusammen sein
Glücklich sein
Nicht sterben
Vielleicht einen kleinen Elefanten streicheln

Und wir schlossen einen Pakt. Wenn einer von uns es aus irgendeinem Grund nicht ganz bis zum Gipfel schaffte, würde der andere alleine weitergehen.

»Im Ernst«, sagte ich zu Nick, »wenn ich müde bin oder verletzt oder krank oder wenn ich meine, ich müsste ein Kätzchen retten, gehst du weiter.« Mir war klar, dass, wenn es einer nicht bis zum Gipfel schaffte, ich diejenige sein würde.

»Wir nehmen nicht noch ein Haustier bei uns auf. Das haben wir doch besprochen«, sagte Nick. »Und wenn ich es nicht bis zum Gipfel schaffe, wenn ich scheitere, dann gehst du auch weiter.« Nick würde nicht scheitern. Er scheitert nie.

Mit 5895 Metern ist der Kilimandscharo ein sehr, sehr hoher Berg. Und obwohl der Aufstieg technisch gesehen nicht schwierig ist (man braucht keinen Eispickel oder Seile oder so etwas), ist es eine viertägige Herausforderung, die unglaublich anstrengend für den Körper ist. Jedes Jahr besteigen rund 25 000 Menschen den Berg, und von diesen schaffen es nur 40 Prozent bis zum Gipfel. Ein höhenbedingtes Lungenödem, bei dem sich Flüssigkeit in den Lungen sammelt, was schlimmstenfalls tödlich wirken kann, ist eine echte Bedrohung, wenn Menschen sich in diese Höhen wagen. Man kann nicht abschätzen, wie sich die Höhe auf den Körper auswirkt, und das hat nichts damit zu tun, wie fit jemand ist. 2010 musste die Grand-Slam-Gewinnerin Martina Navratilova von Trägern den Berg hinuntergebracht werden, kurz bevor sie den Gipfel erreicht hatte, weil sie lebensgefährlich erkrankt war. Die Frau, die laut der Zeitschrift *Tennis* von 1965 bis 2005 die beste Tennisspielerin der Welt war, musste von dem Berg evakuiert werden!

Fast jeder erlebt irgendeine Form der Höhenkrankheit – heftige Muskelschmerzen, Übelkeit, Atemnot, Schwindel, Schlaflosigkeit oder vielleicht bewusstseinsverändernde Kopfschmerzen.

Warum wollten wir das doch gleich machen?

Mein Vater nimmt täglich 17 verschiedene Medikamente gegen seine Muskeldystrophie ein. Er kann nicht mehr alleine atmen und würde ohne die Unterstützung des Sauerstoffapparats ersticken. Ihm ist oft übel, und er leidet oft unter heftigen Schmerzen, beispielsweise Kopfschmerzen. Mir war nicht entgangen, dass die Symptome der Höhenkrankheit, die bei mir auf dem Kilimandscharo auftreten konnten, sein Alltag waren.

»Du bist nicht er«, sagte meine Mutter in einem unserer vielen Gespräche über die Diagnose meiner Muskeldystrophie.

Ungefähr einen Monat, bevor wir nach Afrika aufbrachen, ging es meiner Mutter allmählich besser. Sie nahm an einer Verhaltenstherapie teil und war medikamentös eingestellt. Sie wirkte wie ein ganz neuer Mensch – fröhlich, heiter und optimistisch. Sie simste Nick und mir mehrmals am Tag, um uns zu sagen, wie lieb sie uns hatte und wie viel Spaß sie bei ihrem Kardiotraining und beim Yoga mit ihrem neuen Trainer hatte.

Wäre ich nicht so erleichtert gewesen, wäre es erschlagend gewesen. Ihr Glück brachte sogar etwas Leichtigkeit in die Beziehung zu meinem Vater. Sie war zufriedener, weniger gereizt. Beim Anblick ihrer massiven Veränderung erinnerte ich mich an Chanas Ratschlag: Kümmere dich zuerst um dich selbst.

»Im Ernst«, wiederholte meine Mutter. »Deine Zukunft sieht ganz anders aus als die von Dad. Wir haben gewartet, bis es viel zu spät war, um aktiv etwas dagegen zu unternehmen. Du tust, was du kannst, um gegen die Krankheit zu kämpfen, bevor sie überhaupt ausbricht.«

Ich tat auch alles Mögliche, um mich gegen ein Scheitern am Berg abzusichern. Mein Freund Mikey Sadowski arbeitet bei Intrepid Travel, einer der führenden Agenturen für die Besteigung des Kilimandscharo. Bevor ich die Reise dort buchte, sprach ich stundenlang mit Mikey über die besten Routen und Führer. »Gibt es einen Führer, der mich tragen kann, wenn nötig?«, fragte ich. Offenbar war ich nicht die Einzige, die diese Frage stellte. Die Antwort lautete Nein.

Bevor Nick und ich nach Afrika reisten, nahmen wir

Eisentabletten und schluckten in den USA nicht zugelassene Chlorophylltropfen, die den Körper angeblich befähigen, mehr Sauerstoff aufzunehmen. Wir erhielten ein Rezept für Diamox, ein Mittel, durch das angeblich die Wahrscheinlichkeit sinkt, die Höhenkrankheit zu bekommen, obwohl es heftiges und schmerzhaftes Kribbeln in den Gliedern, Schwindel und Ohrensausen sowie Sehstörungen verursacht. Man muss davon alle zwanzig Minuten pinkeln, und Bier schmeckt davon wie rostiges Kupfer.

»Die Höhenkrankheit kann gar nicht so schlimm wie diese Nebenwirkungen sein«, beklagte ich mich bei Nick, als wir das Arzneimittel zu Hause testeten und ich geradewegs vor eine Wand rannte. Meine Hände und Füße brannten eine Stunde lang wie von tausend Nadelstichen.

»Nein«, sagte er voller Überzeugung. »Bei der Höhenkrankheit hast du das Gefühl, sterben zu müssen.«

Um den Kilimandscharo von San Francisco aus zu erreichen, fliegt man elf Stunden bis nach Amsterdam, acht Stunden bis Nairobi und eine Stunde bis zum Flughafen Kilimandscharo, dann fährt man zwei Stunden bis Marangu, ein Dorf, das im Dschungel am Fuß des Bergs liegt.

Als wir schließlich im Hotel Kibo in Marangu ankamen, war es regnerisch und kühl. Das baufällige, von Deutschen errichtete Haus wirkte verlassen. Ein gebeugter Mann namens Isaac, der mindestens 110 sein musste, hievte unsere zwei riesigen Rucksäcke aus dem Auto. Ich hatte Angst, er würde unter dem Gewicht zusammenbrechen, aber er schob uns einfach in den Schutz der Halle.

»Ich sterbe vor Hunger!«, sagte ich eindringlich zu Isaac.

»Möchten Sie Pommes frites haben?« Am liebsten hätte ich ihn geküsst.

Ein Schild über der Tür des Hotels begrüßte stolz Jimmy Carter.

»Meinst du, Jimmy Carter ist hier?«, flüsterte ich Nick zu.

»Mr. Carter, der Präsident der Vereinigten Staaten, war 1988 hier«, schaltete sich Isaac stolz ein. Das Schild hing seit 28 Jahren über der Tür.

»Nun, wenn Jimmy und Rosalynn diesen Berg erklimmen konnten, dürfte es für mich ja kein Problem sein«, sagte ich. »Sie kommen mir nicht gerade wie die geborenen Bergsteiger vor!«

»Mr. Carter, der Präsident der Vereinigten Staaten, hat ihn per Hubschrauber erklommen«, sagte Isaac und machte sich in der Küche zu schaffen, um die Kartoffeln zu frittieren. Isaac war ein Einmannbetrieb.

In unserem Zimmer standen zwei Einzelbetten. Die zerschlissene Bettwäsche war limonengrün mit pinkfarbenen Giraffen. Ich hatte noch nie zuvor eine elektrische Dusche gesehen, aber Nick war ganz aus dem Häuschen, als er sie in unserem Badezimmer entdeckte. Es sah wie ein Duschkopf aus einer postapokalyptischen Zukunft aus, wurde von dickem Klebeband gehalten, und in alle Richtungen standen zerfaserte Drähte ab.

»So eine habe ich seit Jahren nicht mehr gesehen! Nicht seit ich mit dem Rucksack durch Südamerika gereist bin. Das wird dich total schockieren«, sagte Nick etwas beunruhigt und aufgeregt zugleich, als er die bloßen Drähte untersuchte. »Im Ernst! Berühr nichts Metallisches, solange du nass bist. Gott, ist das cool! Ich wette, ich könnte so eine bauen.«

Wir quetschten uns in eins der sehr schmalen Betten und starrten an die Decke auf eine einsame fluoreszierende Birne, die dort oben hing.

»Es ist ein bisschen eng, findest du nicht?« Ich wollte nicht unromantisch sein, aber wir passten nicht zu zweit in ein Einzelbett.

»Das ist eine gute Übung«, erwiderte Nick.

»Wofür?«

»Für den Fall, dass wir je in einem U-Boot übernachten.«

Schließlich stellten wir beide unsere Smartphones aus. Auf dem Berg gab es weder WLAN noch ein Mobilfunknetz. Das letzte Mal länger als vierundzwanzig Stunden offline war ich auf den Galapagosinseln gewesen, als wir uns kennenlernten. Ich dachte an die letzten Momente, die ich auf jener Reise noch ein Netz gehabt hatte. Mit dem letzten schwachen Signal verschickte ich wie wild eine E-Mail an alle, die mich kannten, um ihnen zu sagen, dass ich die nächsten acht Tage nicht erreichbar sein würde. Mittendrin streckte dieser Typ aus Kalifornien mit den strohigen Haaren mir über den Bussitz hinweg seine Hand entgegen.

»Hallo, ich bin Nick«, sagte er. Seine Augen hatten ein tiefes Blau.

»Ja. Hallo. Weißt du, dass wir auf der ganzen Reise kein Internet haben werden?«

»Ich weiß. Teufel! Aber ich habe meinen Frieden damit gemacht«, sagte er und lehnte sich bequem in seinem Sitz zurück.

»Schön für dich! Ich nicht … Lässt du mich also bitte hier noch ein paar Dinge erledigen? Ich habe zu tun.« Ohne das Internet war der Lauf meines Lebens für immer unterbrochen.

Ich lächelte bei der Erinnerung. Sie half mir, die Beklommenheit im Hinblick auf die kommenden Tage zu lindern.

»Ich bin nervös«, sagte ich schließlich. »Ich habe Angst, dass ich nicht fit genug bin, um es den Berg hinaufzuschaffen.« Um Nick machte ich mir keine Sorgen. Mit seinen 42 konnte Nick immer noch ein Sixpack am Abend trinken, am nächsten Morgen aufstehen und dann ohne Training einen Halbmarathon laufen.

Ich konnte sein Gesicht nicht sehen, aber ich wusste, dass mein Mann gerade einschlief. Er legte noch den Arm um mich und murmelte: »Wenn es sein muss, trage ich dich.«

In Afrika riecht es anders – so, wie die Erde roch, bevor die Menschen überall Deo benutzten – eine angenehme Mischung aus verbrannter Erde, Tieren, menschlichem Schweiß und Leben, die echt und beruhigend wirkt. Wir befanden uns nur gute 300 Kilometer unterhalb des Äquators, aber die Luft am Fuß des Kilimandscharo war kühl und frisch.

Wir brachen früh an einem Sonntagmorgen auf. Die Geräusche des Dorfes verblassten allmählich in der Ferne. Andere Bergsteiger dehnten sich und aßen Bananen und Energieriegel, während ich zaghaft an einem Cadbury-Schokoladenriegel knabberte.

Erst als wir am Fuß des Bergs standen, wurde die Idee, den Kilimandscharo zu besteigen, wirklich greifbar.

»Er sieht viel größer aus als auf den Postkarten«, stellte ich beim Anblick der wolkenverhangenen Erdmasse fest, die so hoch vor uns aufragte, dass ich nur einen kleinen Teil davon sehen konnte.

Einer der Bergführer namens Jos versicherte mir, dass es Leute, die in viel schlechterem Zustand gewesen waren als ich, zum Gipfel geschafft hatten.

»Die Russen trinken den ganzen Weg bis nach oben Wodka«, sagte er. »Denen geht's gut.«

Ich erklärte ihm, dass Wodka mich ebenfalls dazu bringt, lustige Dinge zu tun.

»Und ein anderer Mann, er hieß Helmut. Ich glaube, der war Österreicher. Er war 72. Der hat den ganzen Weg über Gin getrunken. Auf 5000 Metern holte er eine Flasche Johnny Walker hervor. Er trank sie, brach zusammen und starb. Seine Frau fing an zu lachen. Sie erklärte mir, wir müssten weitergehen und jemanden verständigen, der sich um seine Leiche kümmere. ›Er wollte auf dem Kili sterben‹, sagte sie. Aber sie hat es zum Gipfel geschafft, und sie war sehr alt.«

»Das ist ja eine schreckliche Geschichte, Jos.«

»Aber sie hat es geschafft«, beharrte er.

Unser Hauptführer war Justaz, was man wie »Justice« aussprach. Er sah aus wie eine fittere und aufgeschlossenere Version von Jamie Foxx und hatte den Kili schon mehr als 250 Mal erklommen. Obwohl jünger als Nick und ich, war er verheiratet und hatte vier Kinder.

Justaz warnte mich, er habe schon bei mehr als zwanzig Paaren erlebt, dass sie sich auf dem Weg zum Gipfel getrennt hätten. Am besten war ihm ein Paar in den Flitterwochen in Erinnerung geblieben. Die Frau fühlte sich mies, hatte Kopfschmerzen und fror, als sie den Aufstieg begannen. Am Ende des ersten Tages hatte ihr Mann sich an die Spitze der Gruppe gesetzt, während sie hinten lag. Die Spannung zwischen den beiden war so groß, dass er am dritten Tag ihre Sachen aus dem gemeinsamen Zelt warf und erklärte, er habe ihr Gejammer satt.

Die Frau saß weinend auf dem Boden. Justaz versuchte, sie zu beruhigen.

»Können Sie singen?«, fragte sie ihn. Er nickte.

»Können Sie etwas auf Englisch singen?« Er nickte etwas

weniger überzeugt und summte eine Melodie der britischen Popband Westlife.

Als sie das Basislager für den Aufstieg zum Gipfel auf 4572 Metern erreichten, bat der Ehemann um Erlaubnis, den Gipfel ohne seine Frau besteigen zu dürfen. Er eilte mit einem Führer zur Spitze und verschwand danach eiligst zurück nach Marangu. Sie ging später mit dem Rest der Gruppe hinauf.

»Er hat sie einfach zurückgelassen?«, fragte Nick ungläubig.

»Ich dachte, wir würden ihn sehen, wenn wir alle wieder vom Berg herunterkämen«, erinnerte sich Justaz, während er neben mir Schritt hielt. »Aber er hat seinen Flug umgebucht und sie sitzen gelassen.«

Ich glaube, er merkte, dass die Geschichte auf meine Stimmung drückte.

»Aber ich habe auch schon eine Hochzeit auf dem Gipfel organisiert. Wir waren auf 5895 Metern mit einem Priester, Trauzeugen, Brautjungfern und zwölf weiteren Gästen!«, sagte er, um die Stimmung zu heben.

»Der Aufstieg auf den Berg ist tatsächlich ein gutes Bild für den Erfolg einer Ehe«, sagte er zu uns. »Man muss sich ins Gedächtnis rufen, dass sowohl der Berg als auch eine Ehe nachmittags ganz anders aussehen können als noch am Morgen. Man kann nicht vorhersagen, was jeder einzelne Tag bringen wird. Wenn man das versucht, wird man nur unglücklich. Man muss versuchen, die schönen Abschnitte zu genießen.«

Schmetterlinge, so groß wie meine Hand, flogen ganz dicht an meinem Gesicht vorbei – manche waren lavendelblau gesprenkelt, andere schwarz mit makellosen weißen Tupfen. Violette Affen von der Größe großer Hunde sprangen auf den Weg und stießen bei unserem Anblick markerschütternde Schreie aus.

»Affen auf der Flucht!«, rief Nick und jagte hinter ihnen her, um ein Bild zu machen.

Riesige Baumwurzeln und moosbedeckte Felsen versperrten uns den Weg. Wir wanderten durch einen nicht mehr aktiven Vulkankrater mit sich wiegendem hüfthohem Elefantengras. Gletscherbäche rauschten über Felsen hinweg und wanden sich durch Beete mit roten Berggladiolen.

Der Anblick der steilen, felsigen Steigung machte mir Angst, und ich war davon überzeugt, dass ich es niemals über den nächsten Bergrücken schaffen würde. Deshalb blickte ich lieber hinunter auf meine Füße und setzte einfach einen vor den anderen. Es gab Strecken, auf denen ich gar nicht nachdachte, und Passagen, auf denen mein Affenhirn von Ast zu Ast sprang. Wenn mein Körper zu schmerzen begann, summte ich leise ein persönliches Mantra vor mich hin: »Dein Körper ist stark. Dein Körper ist stark. Dein Körper ist stark. Danke, dass ich diesen Berg erklimmen kann. Danke. Danke. Danke.« Häufig blieb ich stehen und tat, als würde ich mit meinem Smartphone Bilder machen, nur um zu Atem zu kommen.

Mit der Zeit wusste ich die flachen Abschnitte zu schätzen – die einfachen Strecken, die entspannt und glatt liefen. Es war schön, dass es leichte Abschnitte gab. Das erinnerte mich an die Teile einer Ehe, die man als langweilig bezeichnet – die langen Perioden, in denen man in der Alltagsroutine versinkt: einkaufen, Wäsche waschen, stundenlang *The Wire* gucken, jeden Abend früh schlafen gehen, aufwachen und alles wieder von vorne beginnen. Früher wollte ich unbedingt Berge, die Achterbahn, den ständigen Adrenalinrausch des Neuen. Zu viele Jahre hatte ich Dinge genossen, die schwer waren. Ich wollte die schwierigsten Jobs ergattern, die entlegensten Teile der Welt erforschen, die Männer zähmen, von denen alle anderen sagten, man könne sie nicht bändigen. Jetzt wollte ich einfach nur die flachen Abschnitte meiner Ehe genießen.

Nick überholte mich, und oft führte er unsere kleine Gruppe an. Ich hätte gern nach ihm gerufen, aber ich wollte ihn nicht aufhalten. Wurde ich zu der Frau, die in ihren Flitterwochen sitzen gelassen wurde?

Auf dem Berg verliert man das Zeitgefühl. Wanderer auf dem Weg vom Gipfel nach unten stapften durch die Felsen an uns vorbei wie Zombies und mieden unseren Blick. Wahrscheinlich hatten sie ihren Aufstieg zum Gipfel vor weniger als 24 Stunden geschafft. Ernst zu nehmende Bergsteiger beschrieben den letzten Tag einer Kilimandscharo-Besteigung als die »Hölle auf Erden« und als »das Mühsamste, was ich je getan habe«. Sogar Wanderer, die in der Arktis schon Temperaturen von minus 30 Grad erlebt hatten, berichteten, sie hätten noch nie eine Kälte erlebt wie die auf dem Weg zur Spitze des Kilimandscharo. Am letzten Tag beginnt der Aufstieg kurz nach Mitternacht, nach ungefähr drei Stunden Schlaf. Wenn man die Führer fragt, warum man diese verrückte Sache in der Dunkelheit macht, erklären sie einem, dass es psychologisch besser für einen ist, wenn man nicht sieht, wie steil und weit die Strecke bis zum Gipfel ist. Das steinige Geröll, das den Boden auf dieser Höhe bedeckt, macht das Klettern zu einer Sisyphusaufgabe. Zwei Schritte vor werden mindestens mit einem Schritt zurück belohnt. Der Weg ist voll mit Bergsteigern, die ohnmächtig geworden sind oder heftige Übelkeit von der Höhenkrankheit erleben. Während des Aufstiegs nagt der Gedanke an diesen letzten Tag ständig an mir.

Den Berg zu besteigen, ist schwierig, aber auf ihm zu schlafen, ist unmöglich. In den a-förmigen Schlafhütten, die entlang des Wegs stehen, gibt es weder Feuer noch Heizung, die Holzwände schützen einen lediglich vor dem scharfen Wind. Auf dem Dach sitzen Raben und heulen, als wollten sie einen warnen und auffordern in den Schutz des Hotels Kibo, zu Isaac und seinen Pommes frites zurückzukehren. In den Hütten schlafen immer fünf Personen, drei mit Isomatten auf dem Boden und zwei in Kojen. Die einzige Wärme stammte von meinem Schlafsack, einem geliehenen Ganzjahres-Daunenschlafsack, der behauptete, mich gegen bis zu minus 22 Grad zu schützen.

Als alle anderen nach einem endlosen ersten Tag eingeschlafen waren, begann ich zu weinen. Ich fror, und die Tür zu unserer Hütte blieb nur zu, wenn man drei Paar Bergstiefel davor stapelte. Meine Füße waren nach dem ersten Tag komplett wund, weil meine Schuhe einen Tick zu eng waren. Ich atmete angestrengt wegen der Höhe, und ein dumpfer Schmerz pochte hinter meinen Augen. Ich konnte mir nicht vorstellen, noch drei solcher Tage durchzustehen. Von dem verdammten Diamox musste ich schlimmer pinkeln als je zuvor in meinem ganzen Leben, aber draußen vor unserer Hütte machte ein Baumschleifer – ein pummeliges nagetierähnliches Wesen, das wie eine Kreuzung aus einer Bisamratte und einem Waschbären aussieht – solchen Lärm, als würde er einen japanischen Touristen killen. Ich stellte meine Stirnlampe auf die schwächste Stufe ein und las die Kritzeleien, die frühere Bergsteiger in die Hüttenwände geritzt hatten.

Ich habe es bis zum Gipfel geschafft, aber es war verdammt hart.

Es ist kalt und lang und endlos. Wir stinken, sehen beschissen aus und brauchen dringend ein Bad.

Der Berg hat es uns gezeigt, aber das war es wert.

Tu es nicht. Bleib hier. Ich wollte sterben.

Wackelig stieg ich aus meiner Koje, setzte mich auf den Boden und strich über Nicks Stirn, um ihn zu wecken. Seine Haut fühlte sich unter meiner kalten Hand warm an.

»Mir geht's nicht gut«, flüsterte ich. Tränen liefen mir übers Gesicht. »Kann ich in deinen Schlafsack kommen?«

»Hier ist kein Platz, Schnabeltier.«

»Doch. Das ist eine gute Übung. Für das U-Boot.«

»Drück meine Hand«, flüsterte Nick, sein Gesicht wurde schwach von einer schmalen Mondsichel erhellt, die durch das einzige Fenster der Hütte hereinschien. »Drück fest zu. Als würdest du es ernst meinen.« Ich drückte, während ich dort kauerte, weinte und durch das Fenster auf die wundervollsten Sterne blickte, die ich je gesehen hatte. Nick krabbelte aus seinem warmen Schlafsack, brachte mich zurück zu meinem und sorgte dafür, dass er ordentlich geschlossen war.

»Rutsch bis ganz nach unten, damit keine Luft mehr drin ist. Okay. Jetzt müssen wir das nach oben und über deinen Kopf ziehen.«

»Ich werde ersticken.«

»Du erstickst nicht.«

Mit der Launenhaftigkeit des Bergs hatte Justaz absolut recht. Am nächsten Morgen war es sonnig und klar, sodass wir meilenweit über die Weite von Tansania blicken konnten, bis hin zur Serengeti-Wüste. Die Bergsteiger machten sich jeden Morgen früh auf den Weg, wenn die Sonne gerade am Horizont aufging, weil der Berg nur um diese Zeit wolkenfrei ist. Man kann dann weit genug sehen, um die vor einem liegenden Schritte unbesorgt zu tun. So fühlt sich die Zukunft für kurze Zeit genauso sicher wie die Vergangenheit an.

Der Nachmittag ist eine ganz andere Sache. Dann kann es völlig unerwartet wie aus Eimern gießen, auch wenn noch keine Regenzeit ist. Und wie in der Ehe, wenn man den Tag mit zu hohen Erwartungen beginnt, haut sie einem der Berg voller Schadenfreude um die Ohren. Aber das macht einen Teil des Vergnügens aus – das Ungewisse und die leichte Angst dabei. Der vorherige Tag bereitet einen nie auf das vor, was als Nächstes passiert, und das Gestern ist vergessen, sobald man seinen müden Körper zur Ruhe gebettet hat. Und dennoch macht einen jeder Tag auf dem Berg stärker und offener für die Unsicherheit.

Während ich weiterwanderte, dachte ich an all die Zeit, in der ich mir Sorgen gemacht hatte, und ob diese Sorge irgendetwas Gutes bewirkt hatte. Die Einheimischen haben eine Redensart auf Kiswahili, *Hakuna Matata*, was wörtlich übersetzt so viel wie »Keine Sorge« heißt. Ich hatte gedacht, Elton John hätte sich das für die Musik von *Der König der Löwen* ausgedacht, aber das stimmt nicht. Der Satz hallte durch meinen Kopf, obwohl ich ständig an die Höhenkrankheit denken musste.

Was die Höhenkrankheit betraf, war Justaz quasi der Dalai Lama. Er ließ nicht zu, dass die Angehörigen unserer Gruppe sich über ihre Symptome austauschten. »Das Meiste passiert im Kopf, und dann infizieren diese Gedanken die ganze Gruppe«, warnte er. »Wenn man positiv denkt, bekommt man es wahrscheinlich nicht. Wenn ich wandere und ein bisschen Kopfschmerzen habe, schalte ich mein Gehirn aus, und sie gehen weg. Wird mir etwas übel, sage ich meinem Hirn, das stimmt gar nicht.«

»In New York könnten Sie ein Vermögen als Achtsamkeits-Coach verdienen«, sagte ich zu ihm.

»Aber, Jo, wie sollte ich denn sonst den Berg besteigen?«

In der zweiten Nacht schlief ich besser, wenn auch nicht besonders gut. Die Nacht war sogar noch kälter als die erste. Das Geheimnis meines zeitweiligen Schlafs war die Schlaftablette, die ich in meine Dose Ibuprofen geschummelt hatte. Ich hatte mir geschworen, vorsichtig mit der Tablette zu sein, weil ich keine Ahnung hatte, was sie in großer Höhe mit meinem Körper anstellte. Aber ich ertrug nicht noch eine weitere schlaflose Nacht, und so knabberte ich eine Hälfte, bevor ich mich in meinem Schlafsack zusammenkauerte.

Als ich aufwachte, fühlte sich mein gesamter Körper von der Anstrengung der beiden vergangenen Tage so an, als wäre ich durch Glasscherben gerollt. Obwohl es ihm gut ging, achtete Nick darauf, dass er mit mir langsamer ging. Er übernahm etwas Gepäck von mir und ließ aus der Kasinohütte einen Salzstreuer mitgehen, damit ich nicht dehydrierte, und sammelte die Servietten von den anderen Wanderern ein, sodass ich immer genug Toilettenpapier hatte.

Es gibt keine Toiletten am Weg. Wenn man muss, sucht man sich einen Busch.

»Wir nennen das einen LMA, Lokus mit Ausblick!«, sagte Justaz.

»*Pole-pole*«, redete Nick auf die Führer ein. Das bedeutete »Meine Frau kann nicht so schnell« auf Kiswahili. Stellen Sie sich die Bewegungen einer an Arthritis leidenden Siebzigjährigen vor; das war das Tempo, das mein Körper bevorzugte. Es hatte nichts mit meinem kranken Gen zu tun, sondern nur mit meiner Kondition. Wir hielten Schritt mit einer Gruppe betagter Japaner, die Skibrillen und Gesichtsmasken trugen, sowie mit einem neunzigjährigen Zahnarzt aus Deutschland, der Kniebundhose und einen Trachtenpullover trug, den er in der Mitte abgeschnitten hatte, damit er ihn unterwegs sowohl wärmte als auch kühlte.

Unterwegs erfand Nick einen skurrilen Song, um mich bei Laune zu halten. Er ergab keinen Sinn, hatte aber einen Rhythmus, der gut zum Klick-Klick meiner Wanderstöcke passte.

»Oregano, Oregano. Wir müssen immer weitergehen. Müssen immer weitergehen. Oregano, Oregano. Oh, ja. Oh, ja.« Ich musste nichts zu Nick sagen. Uns war beiden klar: So fühlte sich Teamwork an.

Am Ende des dritten Tages, den ich *pole-pole* hinter mich gebracht hatte, verspürte ich eine Mischung aus Adrenalin und Stolz. Wir hatten langsam, aber sicher Tausende Meter erklommen und befanden uns so weit oben, wie ich noch nie gewesen war. Ich war immun gegen die unangenehmen Nebenwirkungen des Diamox geworden.

Der höchste Gipfel des Kilimandscharo heißt *Uhuru*, was Freiheit bedeutet. Am vierten Tag unserer Ersteigung war er ganz zu sehen, so nah, dass wir das Gefühl hatten, wir könnten ihn berühren. Ich rannte auf ihn zu, breitete die Arme aus und führte in einem Wäldchen aus riesigem Greiskraut einen albernen Tanz auf. Diese Art des Greiskrauts ist ein merkwürdig aussehendes Gewächs, das man nur auf dem Kilimandscharo in über viertausend Metern Höhe findet. Es sieht wie eine Mischung aus Joshuabaum, Kaktus und

Ananas aus. Dies waren die letzten lebenden Pflanzen, die wir sehen würden, bevor wir die alpine Wüste des Kilimandscharo betraten, eine harsche, trockene Landschaft, die überwiegend aus Fels und Eis bestand. Nick scrollte durch mein Smartphone, spielte *Africa* von Toto und schloss sich mir an. Wir wedelten mit den Armen durch die Luft und brachten unsere Führer zum Kichern.

Tausende von Fotos vom Gipfel zu machen, lenkte mich von der Tatsache ab, dass mein Mann langsamer wurde.

Wir befanden uns in der alpinen Wüste, ganz kurz vor dem letzten Anstieg, als Nick die Auswirkungen der Höhe auf neue und dramatische Weise spürte. Es fing damit an, dass er halluzinierte. Er sah einen Fisch, der ihn von einem sehr großen Felsen anlachte.

»Er lacht mich aus«, sagte er und zeigte auf den Stein. Ich tat es als einen seiner Versuche ab, mich in einer unangenehmen Situation aufzuheitern.

Als Nächstes hämmerte es in seinem Kopf, und ihm drehte sich der Magen um.

»Ich fühle mich nicht gut«, flüsterte er zögernd. »Es wird immer schlimmer.«

Ich saß im Sand und zog Nick neben mich auf den Boden. Ich merkte, wie ich roch, und fragte mich, ob er es ebenfalls bemerkte. Wir hatten seit vier Tagen nicht geduscht, und der Schweiß auf unseren Körpern war gefroren, aufgetaut, wieder gefroren, immer abwechselnd.

»Ich muss runter«, sagte er.

»Nein. Das wird schon. Wir warten, bis es vorbeigeht. Oregano. Oregano. Wir müssen immer weitergehen. Wir müssen immer weitergehen.« Ich reichte ihm den Salzstreuer aus meiner Tasche.

»Nimm das.«

Während wir dort saßen, rollten vier Führer eine Metalltrage an uns vorbei. Darauf lag eine lumpige, kaum mehr menschliche Gestalt in einen Schlafsack gehüllt, ein Sauerstofftank schlug klackernd gegen das rostige Metall der Trage.

»Ist er tot?«, fragte ich Justaz.

»Nein.«

Ich wusste nicht, ob er flunkerte, um uns zu beruhigen. »Sind Sie sicher?«

Justaz blickte den Weg hinunter, auf dem die Trage hinter einer Biegung verschwunden war, und schwieg.

Nick blickte mich an. Sein Gesicht war verändert, verzerrt. Seine Augen, die normalerweise neugierig und wach wirkten, waren stumpf und sein Kiefer angespannt. »Ich muss runter.«

Ich legte meine Hand auf Nicks Arm. »Bist du dir sicher?« Ich blickte ihn an. So stark, so gut aussehend, und zum ersten Mal, seit wir uns kannten, so verletzlich.

»Du kannst weitergehen«, sagte er. »Du machst das toll. Geh weiter.«

Ich hätte weitergehen können. Da Nick langsamer geworden war, mein Gepäck getragen hatte und zusätzliches Essen für mich abgezweigt hatte, fühlte ich mich schließlich stark genug, es bis zum Gipfel zu schaffen. Mein Ego wollte weitergehen und sei es nur, um ein Instagram-Foto von dort oben zu posten. Aber das musste ich nicht. Und ich würde meinen kranken Mann nicht in einem fremden Land am Berg zurücklassen, verängstigt und allein. »Ich komme mir wie ein Trottel vor«, sagte Nick, zuckte vor Schmerzen zusammen und schloss die Augen.

»Ich habe schon viele Trottel kennengelernt, und du bist der beste, den ich kenne«, sagte ich und strich ihm über den Rücken. Zum ersten Mal seit unserer Hochzeit wurde mir bewusst, dass es zu meiner Rolle als Ehefrau gehörte, mich um meinen Mann zu kümmern, genau wie er sich um mich kümmerte. Ich wiederholte, was er vor unserer Hochzeit zu mir gesagt hatte.

»Ich will für dich sorgen«, sagte ich und meinte es ernst. »Bitte lass mich für dich sorgen.«

Nick nickte.

»Wir machen es irgendwann noch mal«, sagte er.

»Wenn wir alt und in Rente sind und uns so wohl in unserer Haut fühlen, dass wir abgeschnittene Pullover wie bauchfreie Tops tragen«, erwiderte ich. Nicht eine Sekunde hielt ich inne und dachte: *Vielleicht werde ich dazu nicht mehr in der Lage sein, wenn wir älter sind. Vielleicht ist das meine letzte Chance.*

Ich habe mehr von diesem Berg mitgenommen, als ich je gedacht hätte. Eins wusste ich jetzt ganz sicher: Egal, wie meine Krankheit fortschritt, ich hatte Vertrauen, dass, wenn wir noch mal einen Berg besteigen wollten, ich mit Nick an meiner Seite dazu in der Lage sein würde. Ich vertraute meinem Körper, und ich vertraute meinem Mann. Auf fast fünftausend Metern Höhe atmete ich tief in meinen Bauch und stieß einen Seufzer aus. Ich empfand keinen Schmerz, keine Angst und keinen Impuls, etwas anderes zu tun, als Nicks Hand zu halten. Ich wollte in meinem Leben keine Grenzen haben oder Angst bestimmen lassen, was ich tun wollte, tun konnte oder auch nicht.

Ich begriff jetzt, dass Ehe bedeutet, den anderen aufzurichten, wenn er es nicht selbst kann. Wie oft hatte Nick das schon für mich getan? Unzählige Male. Er hatte das sofort begriffen, als wir beschlossen hatten zu heiraten. Ich musste erst einen sehr hohen Berg, Tausende Kilometer weit weg von zu Hause, erklimmen, um es zu begreifen. Es würde Tage geben, an denen ich stärker war als Nick, an denen ich diejenige sein musste, die ihn trug.

»Danke, dass du dich um mich kümmerst, Spatz«, sagte Nick, als wir umkehrten und unseren Abstieg begannen. Seine Symptome klangen ab, sobald wir gute dreihundert Meter weiter unten waren.

Ich schwieg einen Moment. »Das ist mein Job.«

In jener Nacht hörten die Albträume endgültig auf. Meine Beine hatten bewiesen, dass sie stark waren, sie hatten mich fast fünftausend Meter hinaufgetragen. Ich konnte atmen, sogar an einem Ort, wo die Luft dünn und kalt und sauerstoffarm ist – einem Ort, wo Menschen nicht atmen können sollten.

Wir sind nicht auf dem Berg gestorben.

Und bevor wir Afrika verließen, streichelte ich tatsächlich einen kleinen Elefanten. Im David Sheldrick Elefanten-Waisenhaus. Er hieß Mwashoti und hielt mit seinem Rüssel meine Hand.

Wir waren zusammen gewesen.

Wir waren glücklich.

15
Schottland

Gute Entscheidungen – Lektionen aus dem ersten Jahr

»Das wird wie eine Mischung aus *Brigadoon* und *Thelma und Louise*«, sagte ich zu Glynnis, als sie mit unserem kleinen schwarzen Mietwagen auf der falschen Straßenseite vom Flughafen in Edinburgh startete.

»Aber ohne den Mord oder das Verlaufen an einem mythischen Ort«, sagte sie.

»Aber mit rotem Lippenstift.«

Ein paar Wochen vor meinem ersten Hochzeitstag war ich quer über das Land und den Atlantik geflogen, um eine Woche lang mit Glynnis durch die schottischen Highlands zu reisen. Sie kam aus Paris, wo sie gerade ein eigenes Buch beendete, um sich für eine Woche mit mir zu treffen. Nick und ich würden unseren ersten Hochzeitstag mit einem Campingtrip in den Yellowstone National Park feiern, eine Überraschung, die er ganz allein geplant hatte.

Ich höre, wie Sie sich jetzt fragen: Was? Das Buch endet nicht mit Nick? Ist alles in Ordnung?

Alles ist in bester Ordnung. Aber nachdem wir nun zwölf Monate verheiratet sind und erforscht haben, was Ehe und Partnerschaft im 21. Jahrhundert heißt, habe ich ein paar

Dinge gelernt. Ja, ich kann Ihnen alles über Teamwork und Kommunikation, das Teilen von Pflichten und Aufgaben, romantische Abende und wütendes Zu-Bett-Gehen erzählen. Doch eine der wichtigsten Sachen, die ich gelernt habe, ist, dass ich neben der Ehe mein eigenes Leben behalten muss. Ich musste dafür sorgen, dass ich mich noch immer wie ich fühlte.

Darum Schottland. Mit Glynnis.

»Es kann kaum etwas Besseres geben, als durch die schottischen Highlands zu fahren und dabei Cadbury-Schokolade zu essen«, sagte Glynnis und griff in eine Plastiktüte voll mit Twirls, Flakes, Crunchies und Dairy Milks, die wir in einem hiesigen Supermarkt gekauft hatten.

»Ich kann nicht glauben, dass Cadbury uns noch nicht gebeten hat, einen Werbefilm zu drehen«, fügte ich hinzu.

»Da ist denen wirklich was entgangen.«

Glynnis hatte mich in mein erstes Ehejahr gebracht, buchstäblich Tausende von Kilometern quer durchs Land, in einem winzigen gelben Auto, das nach Kartoffelchips und großem Hund roch. Im übertragenen Sinne aber auch als Liturgin bei unserer Hochzeit. Jetzt fuhr sie mich in einem winzigen schwarzen Auto mit Gangschaltung auf der falschen Straßenseite aus den ersten zwölf Monaten hinaus. Das bedeutete mir sehr viel. Zu heiraten hieß nicht, die Unterstützung seiner Freunde, die es schon vor der Ehe gab, hinter sich zu lassen oder dass man sie weniger bräuchte. Lange bevor wir heiraten, schaffen wir uns unsere eigenen Familien, knüpfen Beziehungsnetze, die vor dem Gesetz zwar nicht anerkannt, aber genauso wichtig und wertvoll sind. Sich das zu erhalten, trägt maßgeblich dazu bei, dass eine Beziehung funktioniert. Der Ehepartner kann nicht alles sein. Tolle Freunde tun Herz und Seele noch auf eine andere Weise gut, die letztlich der Gesundheit der eigenen Partnerschaft zugutekommt.

Indem ich die Geschichte der Beziehungen zwischen Mann und Frau erforschte, lernte ich auch, dass die moderne, unabhängige Frau eines viel zu leicht vergisst: dass die Freiheit, ohne ihren Partner zu reisen, ein relativ neues Phänomen ist. Die meiste Zeit der Geschichte verließen Frauen kaum die Grenzen ihres Heimatortes, es sei denn an der Seite ihres Mannes oder ihres Vaters. Ich hatte vor, das Beste aus diesem Privileg zu machen.

Es ist nicht nur ein Privileg in dem Sinne, dass es wundervoll ist, mit einer Freundin die Welt zu sehen. Die Zeit der Trennung rückt auch die Beziehung ins rechte Licht. In dem Augenblick, als ich in Schottland landete, stellte ich zwei Sachen fest. Erstens, dass es mir gefehlt hatte, allein zu reisen und dazu gezwungen zu sein, mich um mich selbst zu kümmern. Wenn Nick dabei ist, der sich um Dinge kümmert, ist es leicht, sich zu beklagen und eine Nervensäge zu sein. Es ist leichter, als ich es jemals für möglich gehalten habe, es zu genießen, dass sich jemand um mich kümmert. Nick ist so gut darin geworden zu merken, wann mir kalt ist, ich hungrig bin oder schlechte Laune bekomme, dass ich manchmal vergesse, selbst auf meine Bedürfnisse zu achten. Aber das Wichtigste war zu merken, dass ich Nick wie verrückt vermisste und die ganzen Kleinigkeiten zu schätzen wusste, die er sonst für mich tat, ohne dass ich ihn je darum bitten musste. Wenn man jeden Tag neben jemandem aufwacht, sein Haar aus dem Abfluss fischt, sein schmutziges Geschirr spült, seine Socken und Unterwäsche wäscht, ihm zuhört, wie er über seine Arbeit klagt und immer wieder dieselben

Geschichten und Witze erzählt, ist es nett, daran erinnert zu werden, wie es ist, wenn er nicht da ist – und zu merken, dass es schöner ist, wenn er da ist.

Ich denke oft daran, was Bobby Klein im mexikanischen Dschungel zu Nick und mir gesagt hat: »Die Leute kommen direkt nach der Hochzeit zu mir und sagen: ›Jetzt sind wir eins.‹ Das ist Quatsch. Und das ist ein Problem. Ihr seid nicht eins. Eins zu werden, ist unmöglich.« Die Kraft der Ehe und dass sie so neu war, brachte Nick und mich dazu, im ersten Jahr so viel zusammen zu sein wie möglich. Aber wie ich von Chana in Israel gelernt hatte, ist eine Trennung eine hervorragende Sache, um stärker und glücklicher wieder zusammenzukommen.

»Und? Hast du dich schon daran gewöhnt? Verheiratet zu sein?«, neckte mich Glynnis, während wir durch grüne Hügel fuhren. Sie hatte mich das früher im Jahr gefragt, als noch alles ungewohnt war, als ich Angst hatte, als Partnerin zu versagen und meine Unabhängigkeit für eine völlig neue und ungewisse Zukunft aufzugeben. Und sie kannte die Antwort bereits. Kaum eine Woche verging, in der wir uns nicht von irgendwo auf der Welt SMS schickten. Über große und kleine Dinge – kranke Eltern, negative Schwangerschaftstests, Ärger im Job, einen schlechten Haarschnitt, gruselige Uber-Fahrer oder unangenehme Arztbesuche.

»Ich weiß nicht, ob ich mich je daran gewöhne«, sagte ich, streckte die Beine auf dem Armaturenbrett aus und hinterließ mit meinen Zehen Abdrücke an der Windschutzscheibe.

»Es ist ein Jahr vergangen, wir befinden uns in einem anderen Land, du bist verheiratet, und ich fahre dich auf der falschen Straßenseite. Dahinter muss doch eine Metapher für die Ehe stecken«, sinnierte Glynnis und kaute an ihrem Twirl-Riegel.

Ich schüttelte nur den Kopf. »Ich habe erstmal genug von Metaphern.«

Ich denke allerdings noch viel an meine Lieblingsmetapher aus dem letzten Jahr. Sie stammt von Justaz, der gesagt hat: »Der Berg und die Ehe können am Nachmittag ganz anders aussehen als am Morgen.«

Das erste Jahr unserer Ehe hatte 365 Tage, unser Fundamentjahr, und ich erinnere mich an jeden einzelnen von ihnen. Nicht nur an die langen, faulen in Paris oder an die panischen, als wir die Papiere für die Hypothek faxen mussten, oder als ich durch eine Schlammgrube in Maine geschleppt wurde, sondern auch an die »langweiligen«, an denen wir auf dem orangefarbenen Sofa saßen und unterschiedliche Teile der Zeitung lasen oder Seite an Seite in der Küche Gemüse schnippelten. Diese Erinnerungen würden bald verblassen und von neuen ersetzt werden, von Meilensteinen ebenso wie von einfachen Momenten, aber vorerst hütete ich sie, anstatt daran zu denken, was vor uns lag.

Ich habe dieses Buch in dem Glauben begonnen, dass irgendjemand irgendwo das Geheimnis der perfekten Ehe ergründet hätte. Jetzt weiß ich, dass jeder, egal wie gut seine Beziehung auch sein mag, darum kämpfen muss, dass sie funktioniert.

Wenn Sie während meines ersten Ehejahres meinen Instagram-Account verfolgt hätten, hätten Sie ein nettes Paar mit einem superhübschen Hund gesehen, das zusammen an exotische Orte reist, Berge erklimmt, an holländischen Grachten entlangschlendert und leckere Dinge isst. Sie hätten keine Ahnung davon, dass ich meinen Job verloren habe, dass ich eine beschissene medizinische Diagnose erhalten habe, dass die Ärzte mir dreimal sagten, mein Vater würde in Kürze sterben, oder dass meine Mutter einen Nervenzusammenbruch erlitt. Sie wüssten nichts von all den Malen, die ich mich mit meinem Mann gestritten oder zu viel Wein getrunken und mich in den Schlaf geweint habe, weil ich unsicher war, ob ich die richtigen Entscheidungen in meinem Leben getroffen habe. Ich hoffe, dass dieses Buch einige dieser Dinge deutlich gemacht hat. Denn das ist die Realität. So sieht ein erstes Ehejahr wirklich aus.

Es gab Zeiten, da fragte ich mich, ob Nick und ich noch zusammen wären, wenn wir nicht geheiratet hätten. An ein und demselben Tag konnte ich morgens mit dem Gedanken aufwachen: *Ich bin die glücklichste Frau auf der Welt, weil ich diesen wunderbaren, gut aussehenden Mann gefunden habe,* und mich mittags ernsthaft fragen: *Wie soll ich nur mit diesem Menschen den Rest meines Lebens verbringen?* Aber bis ich ins Bett ging, hatte sich alles oft schon wieder gedreht. Und dann gab es auch Wochen, in denen ich überhaupt nicht über meine Ehe nachgedacht habe, weil alles Routine war und so einfach wie die flachen Passagen auf dem Kilimandscharo.

Glynnis und ich wollten in einer heruntergekommenen Hütte in den Cairngorm Mountains zelten. Das sind die höchsten Berge im Vereinigten Königreich (was nicht viel heißt). Eine tundraähnliche Wildnis mit dichten Wäldern alter kaledonischer Pinien, die an Märchenwälder erinnern. Nick ist der Camper in unserer Familie, aber ich machte mich ganz gut, als ich für Glynnis und mich reichlich Proviant – hauptsächlich Schokolade und schottischen Whiskey –

einpackte. Wir mussten ein paar Stunden bis nach Aviemore fahren. Von diesem Ort aus würden wir knapp fünf Kilometer den Berg hinaufwandern, wo wir abends schlafen wollten.

»Weißt du, wo wir hinmüssen?«, fragte mich Glyn.

»Ich glaube schon«, antwortete ich mit gespielter Überzeugung, nachdem wir losmarschiert waren. »Ich habe die Karte studiert. Es sollte einfach nur geradeaus gehen. Erst kommt ein See, dann macht der Weg eine Biegung, und dann sollten wir da sein.«

Wir gingen eine Weile schweigend und ließen unsere Körper ihren Rhythmus finden.

»Also, was hast du gelernt?«, fragte Glynnis, als wir den Hang hinaufschnauften. »Bist du jetzt ein Ehe-Guru?«

Ich lachte. »Kein bisschen.«

Ich könnte ihr und Ihnen sagen, dass Nick und ich uns all die Ratschläge in diesem Buch sofort zu Herzen genommen haben, aber das wäre gelogen.

Es braucht Zeit, bis sich Dinge setzen, und es ist schwer, mit alten Gewohnheiten zu brechen. Jedes Mal, wenn ich jemandem erzählte, dass ich ein Buch über die Ehe schrieb, fragte man mich, was das Beste sei, was ich gelernt habe. Dabei hat der beste Ratschlag nichts mit sofortiger Belohnung oder messbaren Ergebnissen zu tun. Es gibt unterschiedliche Ratschläge, die zu unterschiedlichen Zeiten hilfreich sind. Es gibt Dinge wie die »Fünf-Minuten«-Übung, die wir fast jede Woche machen, und andere, wie um uns herum eine starke Gemeinschaft aufzubauen, die Zeit brauchen. Wir haben jeder ein Netzwerk aus Freunden und Familie um uns herum, und ich weiß, dass das maßgeblich für eine dauerhafte und liebevolle Partnerschaft ist. Ich habe in San

Francisco inzwischen drei neue Freundinnen gefunden, die mich tatsächlich zurückrufen und sich mit mir treffen, wenn wir uns verabreden. Der Ratschlag, den wir am schwersten umsetzen können, ist der, eine gute Work-Live-Balance zu finden und über Finanzen zu sprechen. Wie viel brauchen wir, wie viel können wir ausgeben, und zu welchen Opfern sind wir beide bereit, um unsere gemeinsamen Ziele zu erreichen? Das ist ein fortlaufendes Gespräch.

In ihrem 2006 erschienenen Buch *In schlechten wie in guten Tagen: Die Ehe – eine Liebesgeschichte* schreibt die Wissenschaftlerin und Autorin Stephanie Coontz, dass »Leo Tolstoi einmal bemerkte, ›dass alle glücklichen Familien gleich sind, während jede unglückliche Familie auf ihre eigene Weise unglücklich ist‹. Aber je länger ich die Geschichte der Ehe untersuche, desto mehr glaube ich, dass das Gegenteil zutrifft. Die meisten unglücklichen Ehen in der Geschichte zeigen gemeinsame Muster und hinterlassen ihre tränenreichen – und manchmal blutbefleckten – Zeugnisse. Aber jede glückliche, erfolgreiche Ehe scheint auf ihre eigene Weise glücklich zu sein.«*

Das stimmt. Es gibt wirklich keine richtigen oder falschen Antworten. Nick und ich sind auf unsere eigene Weise glücklich. Unsere Gesellschaft hat eine sehr enge Definition von einer »erfolgreichen« Ehe. Meine Eltern blieben verheiratet und schliefen vierzig Jahre lang im selben Bett, aber sie konnten einander nicht ausstehen. Trotzdem ist ihre Ehe in den Augen vieler ein Erfolg, weil sie durchgehalten haben. Ich sprach darüber mit Katherine Woodward Thomas, der Autorin von *Lass uns in Frieden auseinandergehen. Wenn*

* Stephanie Coontz. In schlechten wie in guten Tagen. Die Ehe – eine Liebesgeschichte. Lübbe: Bergisch Gladbach, 2006.

die Liebe endet … Die 5 Schritte des »Conscious Uncoupling«. Ihr Ausdruck des »Conscious Uncoupling«, also der bewussten Trennung, sorgte für Schlagzeilen, weil die Schauspielerin Gwyneth Paltrow ihn benutzte, als sie sich von ihrem Ehemann Chris Martin trennte. Woodward Thomas stimmt mit mir darin überein, dass eine verquere Vorstellung von einer erfolgreichen Ehe existiert. »Wir gehen automatisch davon aus, dass eine Beziehung gescheitert ist, wenn sie endet, bevor einer oder beide Partner sterben. Wir beurteilen eine Beziehung nach ihrer Dauer anstatt nach der Qualität der Verbindung. Dabei ist die Realität in der heutigen Zeit, dass die meisten Menschen nicht einen Partner kennenlernen, mit dem sie ihr ganzes Leben lang zusammen sind. ›Glücklich bis in alle Ewigkeit‹ ist ein antiquiertes Modell von vor vierhundert Jahren, als die Menschen keine vierzig Jahre alt wurden. Anstatt den Wert einer Verbindung danach zu bemessen, wie lange sie dauert, sollten wir vielleicht lieber anfangen, darauf zu achten, welche Entwicklung beide Menschen in dieser Beziehung durchlaufen haben, und auf die wundervollen Dinge, die aus ihr entstanden sind, egal wie lange die beiden zusammen waren.« Dieser Ratschlag half mir, nicht mehr über andere Ehen oder Scheidungen zu urteilen und damit aufzuhören, das Ende einer Ehe automatisch als Versagen zu betrachten. Was Nick und mich angeht, ist es nicht mein Ziel, einfach nur verheiratet zu bleiben. Unsere Ziele ändern sich ständig, aber sie beinhalten Dinge wie, erfüllt zu sein, gemeinsam zu wachsen und in unserer kleinen Ecke der Welt etwas Positives zu bewirken. Einfach nur durchhalten, das ist nicht unser Ding. Ich folge weiterhin Erica Jongs Aufforderung, eine neue Art der Ehe zu schaffen. Es ist an uns herauszufinden, wie die moderne

Ehe aussieht. Das mag beängstigend sein, aber es ist auch aufregend und inspirierend.

Obwohl ich mich dagegen wehre, einzelne Ratschläge als Schlüssel zu einer erfolgreichen Ehe herauszustellen, gibt es Einsichten, die sich bei uns festgesetzt haben, weise Worte, die in schwierigen Zeiten hilfreich sind und die es wert sind, noch einmal erwähnt zu werden.

Lassen Sie Ihre Arbeit nicht über Ihre Ehe bestimmen.
Nick und ich wissen nicht, wo wir in fünf Jahren leben werden. Wir könnten in unserer gemütlichen (so *hyggeligen*) Wohnung in San Francisco sein, wir könnten zurück nach Philadelphia oder Milwaukee gehen, um uns um unsere Eltern zu kümmern, oder wir könnten alles aufgeben und nach Madagaskar ziehen. Was wir allerdings wissen, ist, dass wir nicht wollen, dass unsere Jobs diese Entscheidung für unsere Familie treffen. Wir wollen nicht, dass die Arbeit darüber entscheidet, wo wir leben oder wie oft wir einander sehen. Diese Entscheidungen wollen wir selbst fällen. Das bedeutet Work-Life-Balance für uns.

Seien Sie nachsichtig mit sich.
Während wir uns um unsere Ehe kümmerten, lernten wir auch, uns um uns selbst zu kümmern. Nicht jeder Tag ist perfekt, und das muss in Ordnung sein. Wir reden über die nicht perfekten Dinge und über unsere Verletzungen. Wir kasteien uns nicht, denn das hier ist eine langfristige Angelegenheit. Ein Marathon und kein Sprint. Auch wenn sich manche Tage wie ein Hindernislauf anfühlen, bei dem man seinen Partner einen Berg hinauf und durch eine Schlammgrube schleppt.

Es gibt keine Schritte.
An den Ratschlag der Megs erinnern wir uns oft. Machen Sie nicht den nächsten Schritt (ein Haus kaufen, ein Baby bekommen, ein weiteres Baby bekommen, ein weiteres Haus kaufen), weil Sie das Gefühl haben, das *müsste* der nächste Schritt sein. Es gibt keine Schritte. Genießen Sie die gemeinsame Zeit. Lassen Sie der Ehe Zeit, sich zu entwickeln, anstatt dauernd nach dem nächsten großen Schritt zu schielen.

Es ist okay, wütend ins Bett zu gehen.
Wenn man eine Nacht lang gut geschlafen hat, sieht alles besser und weniger beängstigend aus. Es ist okay, einander hin und wieder nicht zu mögen, auch wenn dieses hin und wieder nach Mitternacht passiert.

Pinkeln Sie nicht bei offener Tür.
An der typisch französischen Einstellung, in der Ehe auch etwas für sich zu behalten, nur ein kleines Geheimnis zu wahren, ist etwas dran. Unser kleines Bad zwingt mich immer noch dazu, manchmal mit offener Tür zu pinkeln, aber ich versuche auf andere Weise, ein Geheimnis zu bewahren. Irgendwann in der Mitte unseres ersten Jahres hörte ich auf, Nick einen detaillierten Bericht meines gesamten Tages zu simsen. Es ist schön, sich etwas aufzusparen, über das man dann am Ende des Tages reden kann.

Lösen Sie sich von Ihren Erwartungen.
Wenn wir auf unseren zwölfmonatigen Reisen etwas gelernt haben, dann, dass es Zeitverschwendung ist, enttäuscht zu sein, wenn etwas nicht genau so kommt, wie

man es erwartet hat. Kleinere Demütigungen wie stornierte Flüge, Lebensmittelvergiftungen und Höhenkrankheit lehren einen, wie wichtig es ist, flexibel zu sein – sowohl im Leben als auch in der Beziehung. Das hilft, sich auf die wirklich großen Herausforderungen vorzubereiten. Wir können beide ehrlich sagen, dass es uns durch manch schwierige Situation geholfen hat, dass wir zusammen gereist sind. Dabei haben wir gelernt, Kompromisse zu schließen, dem anderen die Führung zu überlassen und zu wissen, wann wir selbst die Verantwortung übernehmen müssen.

Heiraten macht nicht erwachsen.

Tatsächlich sind die kindischsten Menschen, denen ich je begegnet bin, länger verheiratet, als ich auf der Welt bin. Durch eine Hochzeit wird man nicht zu einem anderen Menschen, außer dass man verheiratet ist. Wir sind immer noch in vielerlei Hinsicht Chaoten. Wir streiten uns und gehen wütend ins Bett. In unserem Gästezimmer steht jede Menge Mist herum – es ist ein Chaos aus nicht zusammengelegter Wäsche, einer Gitarre, auf der Nick niemals spielen wird, noch nicht ausgepackten Kartons und einem gruselig perfekten Porträt von Lady Piazza, das uns jemand zur Hochzeit geschenkt hat. Eines Tages wird dort ein Baby wohnen. Aber jetzt noch nicht.

Sie sitzen am Steuer.

Die Menschen, die Sie lieben und deren Meinung Ihnen wichtig ist, haben vielleicht eine andere Vorstellung von der Ehe als Sie. Sie sind für Ihr Glück verantwortlich. Sie und Ihr Partner haben es in der Hand, die Ehe zu leben, die Sie sich wünschen. Die Institution Ehe trägt eine Menge Ballast mit sich herum, aber nirgendwo steht geschrieben, dass Sie den behalten müssen.

Sagen Sie Danke.
Nennen Sie es Dankbarkeit oder Wertschätzung. Nennen Sie es, wie Sie wollen. Nur: Machen Sie es. Es ist wirklich die leichteste Sache, die man tun kann, um jeden gemeinsamen Tag ein bisschen besser zu machen.

Gleichberechtigt heißt nicht immer fünfzig-fünfzig.
Anfangs dachte ich, ich würde meine feministische Haltung aufgeben, wenn mein Mann und ich Dinge nicht genau in der Mitte teilten. Jetzt ist mir klar, wie lächerlich diese Vorstellung ist. Es gibt Tage, auch Wochen, in denen ich die ganze Hausarbeit erledige (Wäsche, Kochen, Bettenmachen), weil Nick in Arbeit versinkt. Dann tauschen wir. Manchmal niste ich, manchmal nistet er. Während ich in Schottland war, hat Nick unsere ganze Wohnung umgestaltet, indem er das Bad tapeziert, Regale in der Küche angebracht und neue Bilderrahmen für unser Schlafzimmer gekauft hat. Unsere Verantwortlichkeiten wechseln ständig, und wir versuchen, es zu sagen, wenn sich einer erdrückt fühlt. Es ist ein fortlaufendes Gespräch. Nach einem Monat, in dem ich jeden Abend gekocht hatte, war ich etwas sauer und thematisierte, dass ich mich in die Küche abgeschoben fühlte. Nick war überrascht. »Ich dachte, du hättest einfach Spaß am Kochen gefunden«, sagte er. In Wahrheit waren wir in einen Trott verfallen, wir bemerkten es und änderten die Dinge in der nächsten Woche. Und um ehrlich zu sein: Ich koche inzwischen wirklich gern, mir gefiel nur die Vorstellung nicht, dass ich automatisch da-

für zuständig bin. Das Gleichgewicht in einer Ehe lässt sich nicht in Zahlen ausdrücken, es geht darum, dass sich beide Partner unterstützt fühlen. Unser Motto lautet: Wenn du etwas siehst, tu etwas. Rede nicht. Warum redest du darüber? Mach es einfach. Das gilt für alles, vom Bettenmachen über den Hund füttern bis hin zum Bezahlen offener Steuern. Niemand sollte Lob oder eine Medaille erwarten, weil er dafür sorgt, dass das Leben von beiden glatter läuft. Was wer dabei übernimmt, variiert, und das Wichtigste ist, dass man bewusst wahrnimmt, wie es sich verändert.

Hören Sie nicht auf zu reden.

Es passiert leichter, als man denkt, dass man nicht mehr miteinander spricht. Ich führe ganze Unterhaltungen im Geiste und meine, sie mit Nick geführt zu haben, dabei habe ich kein Wort davon laut ausgesprochen. Es geht uns nicht darum, einen strengen Plan dafür aufzustellen, wann wir ernste Gespräche führen. Unser Ziel ist, offen zu bleiben und keine Angst davor zu haben, etwas zu sagen. Schon in dem Moment, wenn sich etwas schlecht oder merkwürdig anfühlt, versuchen wir, darüber zu reden. Daran müssen wir uns beide noch gewöhnen.

Ich denke viel darüber nach, wie ich mich im letzten Jahr verändert habe. Es überrascht mich noch immer, dass ich jetzt jemand bin, der immer Briefmarken im Haus hat, und Stoffservietten sowie sehr *hyggelige* Serviettenringe. Ich habe gelernt, den Müllzerkleinerer in der Spüle selbst zu reparieren, und ich habe es geschafft, die Pflanzen am Leben zu erhalten.

Mindestens dreimal die Woche essen Nick und ich zusammen am Esstisch zu Abend und benutzen dabei Stoffservietten und Serviettenringe. Ich schlafe nicht mehr mit meinem Smartphone ein. Nick ist nicht mehr so eigen, was handgemachten, langsam gebrühten Kaffee angeht. Wir fahren fast überall in der Stadt mit den Rädern hin, aber Nick hat eingesehen, dass Taxen, Uber und Lyft bei schlechtem Wetter sinnvoll sind oder wenn wir überhaupt nicht wissen, wo wir hinmüssen. Wir haben den Wert von Teamarbeit und von Kompromissen schätzen gelernt und was es bedeutet, in Krankheit und Gesundheit, in guten und in schlechten Zeiten daran festzuhalten. Wir haben gelernt, dass die Ehe Arbeit bedeutet. Man muss jeden Tag aufstehen und sagen: »Ich entscheide mich für dich, und ich entscheide mich für uns. Lass uns anfangen!«

Nick macht mein Leben besser. Er schenkt mir Wärme und Sicherheit, wonach ich mich seit meiner Kindheit gesehnt habe. Als wir uns so schnell verlobt haben, fragten sich Freunde, ob wir uns tatsächlich gut genug kannten, um zu heiraten. Ich weiß ganz sicher, dass ich ihn besser kenne, als ich je in meinem ganzen Leben jemanden gekannt habe.

Die Sonne war fast hinter den Bergen untergegangen, und Glynnis und ich hatten uns verlaufen. *Nick wüsste, was zu tun wäre,* dachte ich. *Er wüsste, wo wir langgehen müssten. Mist!* Der gerade Weg teilte sich in ein halbes Dutzend Abzweigungen, und wir mussten raten, in welcher Richtung die Hütte lag. Ich blickte zu Glynnis, die nur einen Pullover aus Kaninchenfell trug, der sie nicht besonders lange warm halten würde.

»Ist das der richtige Weg?«, fragte sie mich.

»Er fühlt sich richtig an«, sagte ich in, wie ich hoffte, beruhigendem Ton.

»Wenigstens gibt es in Schottland keine Raubtiere! Den letzten Wolf hat man hier im 17. Jahrhundert getötet. Das habe ich gegoogelt. Es gibt eine Gedenktafel«, sagte sie. Wir zwei besaßen ungefähr die Hälfte von Nick Asters Wissen über die Natur und das Campen. Das musste reichen.

Ich entschied mich für einen Weg und hoffte, dass er uns zur Hütte führte.

Wir marschierten weiter über die mit violettem Heidekraut bewachsenen Hügel, sprangen über gluckernde Bergbäche und kamen an einem so grünen See vorbei, dass darin einfach Feen wohnen *mussten*. Die noch feuchte Luft roch schwach nach Torf und etwas rauchig, wie der Nachgeschmack von schottischem Whiskey. Wir erklommen einen weiteren Hügel, folgten einer Biegung und stolperten fast über Baumwurzeln, die sich durch den steinigen Weg gegraben hatten. Und dann sahen wir sie – eine bizarre kleine Steinhütte, die vermutlich von einem Hobbit bewohnt wurde. Unser Unterschlupf für die Nacht.

»Wir haben es geschafft!«, rief ich. »Ich habe uns hergeführt!« Es war nur eine Kleinigkeit, aber es beflügelte mich, dass ich es ohne Nick geschafft hatte.

Natürlich hatten wir an Schokolade und Whiskey gedacht, aber gerade einmal zwei Streichhölzer eingepackt.

»Wenn wir eins benutzen, um die *US Weekly* anzuzünden, können wir damit die anderen Kerzen anzünden«, sagte ich und fühlte mich wie der berühmte Pfadfinder Bear Grylls.

Wir schafften es, ein kleines Feuer zu entfachen, das uns die Nacht hindurch wärmte.

Glynnis schlief sofort ein, doch ich lag noch wach und blickte aus dem Fenster auf die schwarzen Hügel. Ich drehte mich um und kramte mein Telefon aus den Untiefen meines Rucksacks. Das Netz war gerade einen Balken stark. Ich schrieb Nick.

»Bist du traurig, dass es vorbei ist? Das erste Jahr? Dass unser Abenteuer zu Ende ist?«, schrieb ich. Nach dieser Unternehmung hatten wir keine Pläne mehr, keine Flugtickets und Reisen organisiert.

Ich schloss die Augen und wartete, ob die Nachricht rausging.

Seine Antwort kam, als ich gerade eindämmerte.

»Kleines …«, schrieb er zurück. »Das Abenteuer fängt gerade erst an!«

Bibliografie

San Francisco – Nach: Und so lebten sie glücklich bis ans Ende ihrer Tage

Coontz, Stephanie. Marriage, a History: How Love Conquered Marriage. New York: Penguin Books, 2006.

Friedan, Betty. Der Weiblichkeitswahn oder Die Selbstbefreiung der Frau. Reinbek: Rowohlt Taschenbuch, 1970.

Shaw, George Bernard. Heiraten: eine Debatte. Frankfurt am Main: Suhrkamp Verlag, 1991.

Syfers, Judy: »Why I Want A Wife.« Ms. Magazine. Web: 5. Oktober 2016. https://www.cwluherstory.org/classic-feminist-writings-articles/why-i-want-a-wife

U.S. Travel Association. Valentine's Survey Finds Traveling Together Strengthens Relationships, Makes Sex Better. Web: 5. Oktober 2016.

Chile – Unterwerfung?

Brown, William M. »Dance Reveals Symmetry Especially in Young Men.« Nature. Web: 22. Dezember 2005.

Cury, James Oliver. The Playboy Guide to Bachelor Parties: Everything You Need to Know About Planning The Groom's Rite of Passage – From Simple to Sinful. New York: Simon & Schuster, 2003.

Finkel, Eli J. »The All-or-Nothing Marriage.« The New York Times. Web: 14. Februar 2014. https://www.nytimes.com/2014/02/15/opinion/sunday/the-all-or-nothing-marriage.html

Reece, Gabrielle. My Foot Is Too Big for the Glass Slipper. New York: Scribner, 2014.

»Salsa Your Way out of the Blues.« BBC News. Web: 8. Januar 2007. http://news.bbc.co.uk/2/hi/uk_news/england/derbyshire/6239269.stm

Zabell, Samantha. »The Rise of The Man-Gagement Ring.« The Atlantic Media Company, 14. Februar 2014. Web: 5. Oktober 2016. https://www.theatlantic.com/national/archive/2014/02/the-rise-of-the-man-gagement-ring/283827/

Mexiko – Hört niemals auf, miteinander zu reden

Grundwald, Lisa; Adler, Stephen. The Marriage Book: Centuries of Advice, Inspiration, and Cautionary Tales from Adam & Eve to Zoloft. New York: Simon & Schuster, 2015.

Levy, John. The Happy Family. New York: Alfred A. Knopf, 1938.

Nietzsche, Friedrich. Menschliches, Allzumenschliches. Ein Buch für freie Geister. Hamburg: Meiner, 2013.

Maine – Sind wir ein Team?

Gottlieb, Lori. Nimm ihn! Einen Richtigeren findest du nicht. München: Goldmann, 2010.

Pope, Tara Parker. »Reinventing Date Night for Long-Married Couples.« The New York Times, 12. Februar 2008. Print.

Sonkajärven Eukonkanto Oy. Web: 5. Oktober 2016. http://www.eukonkanto.fi/en/How+to+Become+a+Master+in+Wife+Carrying.html

Dänemark – Wie aus einem Haus ein Zuhause wird

Baylor University. »Baylor Study: Cellphones Can Damage Romantic Relationships, Lead to Depression.« EurekAlert! N. p. Web: 5. Oktober 2016. https://www.eurekalert.org/pub_releases/2015–09/bu-bsc092915.php

Ephron, Nora. Crazy Salad and Scribble: Some Things About Women and Notes on Media. New York: Vintage, 2012.

Rainie, Lee; Zickuhr, Kathryn. »Americans' View on Mobile Etiquette.« European Communication Council Report E-Merging Media. 15–17. Pew Research Center. 26. August 2015. Web: http://www.pewinternet.org/2015/08/26/americans-views-on-mobile-etiquette/

Russel, Helen. The Year of Living Danishly: Uncovering the Secrets of the World's Happiest Country. London: Icon Books, 2015.

Sandahl, Iben; Alexander, Jessica. The Danish Way of Parenting: A Guide to Raising the Happiest Children in the World. Copenhagen: Ehrhorn Hummerston, 2015.

Turkle, Sherry. »Stop Googling. Let's Talk.« Web: https://www.nytimes.com/2015/09/27/opinion/sunday/stop-googling-lets-talk.html

Frankreich – Sei die Geliebte deines Ehemannes

Berest, Anne. How to Be Parisian wherever you are: Liebe, Stil und Lässigkeit à la francaise. München: btb, 2015.

Ollivier, Debra. What French Women Know: About Love, Sex, and Other Matters of the Heart and Mind. New York: Putnam, 2009.

Wike, Richard. »French More Accepting of Infidelity than People in Other Countries.« Pew Research Center RSS. N. p. 14. Januar 2014. Web: 5. Oktober 2016. http://www.pewresearch.org/fact-tank/2014/01/14/french-more-accepting-of-infidelity-than-people-in-other-countries/

Holland – Du hast nicht deinen Job geheiratet

Brothers, Caroline. »Why Dutch Women Don't Get Depressed.« Web: http://www.nytimes.com/2007/06/06/arts/06iht-happy.16024209.html

Coates, Ben. Why the Dutch are Different: A Journey into the Hidden Heart of the Netherlands. London: Nicola Brealey, 2015.

Rock, Chris. »Never Scared.« HBO. 2004. Fernsehübertragung.

Ward, Claire. »How Dutch Women Got to Be the Happiest in the World.« Maclean's. 19. August 2011. N. p. Web: http://www.macleans.ca/news/world/the-feminismhappiness-axis/

Indien – Ein kleines Dankeschön wirkt Wunder

Berg, Molly. »The Power of Thank You.« Discover UGA. University of Georgia, Web: https://discover.uga.edu/?/article/best15-thankyou

Gordon, Amie M. »To Have and to Hold: Gratitude Promotes Relationship Maintenance in Intimate Bonds.« Journal of Personality and Social Psychology 102 (2012): 257–274. PsycARTICLE. Web.

Iyer, Malathy. »Ex-Miss World Gives Birth from Egg Frozen for 8 Years – Times of India.« The Times of India. India, 12. Januar 2016. Web: 5. Oktober 2016.

https://timesofindia.indiatimes.com/india/Ex-Miss-World-gives-birth-from-egg-frozen-for-8-years/articleshow/50554334.cms

Mirchandani, Raakhee. »Stop Telling Me to Have More Kids.« Elle. 5. August 2016. Web: 5. Oktober 2016. http://www.elle.com/life-love/a37837/daughter-survived-cancer-one-kid/

Schwartz, Barry. Anleitung zur Unzufriedenheit: Warum weniger glücklich macht. Berlin: Econ, 2004.

Schwartz, Barry. »More Isn't Always Better.« Harvard Business Review. N. p. 31. Juli 2014. Web: 5. Oktober 2016. https://hbr.org/2006/06/more-isnt-always-better

Meghalaya – Money, Money, Money

Allen, Timothy. »Meghalaya, India: Where Women Rule, and Men Are Suffragettes.« BBC News. Web: http://www.bbc.com/news/magazine-16592633

Bouissou, Julien. »Where Women of India Rule the Roost and Men Demand Gender Equality.« The Guardian. Guardian News and Media. 18. Januar 2011. Web: 5. Oktober 2016.

Chou, Jessica. »My Husband Makes $ 240 000 – & I Make $ 36 000.« Gender Wage Gap. Web: http://www.refinery29.de/mann-verdient-mehr-als-frau-pay-gap-aushalten-lassen

Martin, Wednesday. Die Primaten von der Park Avenue: Mütter auf High Heels und was ich unter ihnen lernte. Berlin: Berlin Verlag, 2016.

Schweden – Vertauschte Geschlechterrollen

Bävman, Johan. Swedish Dads. Malmö: Self Published, 2015.

Carlson, Daniel L. »The Gendered Division of Housework and Couples' Sexual Relationships: A Reexamination.« Wiley Online Library. 25. Mai 2016. Web: 5. Oktober 2016. http://onlinelibrary.wiley.com/doi/101111/jomf.12313/abstract

Doss, Brian D. »The Effect of the Transition to Parenthood on Relationship Quality: An 8-year Prospective Study.« Journal of Personality and Social Psychology 96 (2009): 601–619. PsycARTOCLES. Web.

Glass, Jennifer. »CCF BRIEF: Parenting and Happiness in 22 Countries.« Council on Contemporary Families. 16. Juni 2016. Web: 5. Oktober 2016. https://contemporaryfamilies.org/brief-parenting-happiness/

O'Mahony, Paul. »Swedish Dad in Bid for Breast Milk.« The Local. 2. September 2009. Web: https://www.thelocal.se/20090902/21842

Petersen, Andrea. »So Cute, So Hard on a Marriage.« The Wall Street Journal. Wsj.com. 27. April 2011. Web: 5. Oktober 2016. https://www.wsj.com/articles/SB10001424052748704099704576288954011675900

Tansania – Gemeinsam die Welt erobern

Pole, Warren. »Martina Navratilova Describes Her Rescue from Kilimanjaro.« The Telegraph. Telegraph Media Group, Web: 5. Oktober 2016. http://www.telegraph.co.uk/news/worldnews/africaandindianocean/tanzania/8212080/Martina-Navratilova-describes-her-rescue-from-Kilimanjaro.html

Thomas, Katherine Woodward. Lass uns in Frieden auseinandergehen. Integral, 2016.

Dank

Danke, Glynnis, dass du Nick und mich auf so viele Arten in die große unbekannte Ehe begleitet hast. Und dafür, dass du die Thelma zu meiner Louise bist und die Louise zu meiner Thelma.

Donna Loffredo hat alles getan, um dieses Buch zu Ende zu bringen, und Heather Jackson alles, damit ich es überhaupt auf die Reise schicken konnte. Ich danke euch beiden für eure Weisheit, eure Geduld, euren Witz und euer Verständnis.

Es braucht ein ganzes Dorf, damit eine Ehe funktioniert und um ein gutes Buch zu schreiben. Ich hätte das nie geschafft ohne die Hilfe von Megan Hall, Megan Bramlette (den Megs), Ben Widdicombe, Dan Wakeford, Leah Ginsberg, Kim Rittberg, Micaela English, Sheryl Connelly, Jackie Cascarano, Lisa Belkin, Amy Benziger, Annie Daly, Raakhee Mirchandani, Kavita Daswani, Rebecca Prusinowski, George Rush, Joanna Molloy, Daisy Noe, Sara Dunn, Laura Begley Bloom und Leah »my mana« Chernikoff. Mein Dank gilt Mikey Sadowski und Justaz Leonidas dafür, dass sie uns fast bis auf den Gipfel des Kilimandscharo gebracht haben. Ich danke Sunitta Hedau dafür, die mich durch die Weiten Indiens geführt hat und mir eine vertrauensvolle Übersetzerin war. Ich habe immer noch fest vor, einen Ehemann für dich zu finden.

Ich danke John und Tracey Piazza wie auch Dick und Patsy Aster dafür, dass sie Nick und mich zu Menschen gemacht haben, die es für eine lächerliche Idee hielten zu heiraten, bevor sie dreißig waren (wobei Nick es mit vierzig dann ziemlich eilig hatte). Dank gebührt auch Geoff Aster, weil er mir auf Galapagos Gesellschaft geleistet hat, während Nick Vulkane erklomm und Leguane verfolgte.

Ich habe die beste Agentin der Welt. Ohne Alexandra Machinist könnte ich keine Bücher schreiben. Sie hat nie Angst, mir zu sagen, wenn ich hinter meinen Möglichkeiten bleibe, und war so freundlich, mir nach einigen Gläsern Wein zu erklären, dass ich hieraus ein Buch machen könnte.

Nick. Ohne dich würde es dieses Buch nicht geben. Niemand würde die Erinnerungen einer Frau und ihres dicken schrecklichen Hundes lesen. Obwohl … vielleicht doch. Ich danke dir dafür, dass du mein Teampartner bist, mein Gefährte und mein Ehemann. Danke, dass du mir zeigst, dass man durch harte Arbeit, mit Käse und Vielfliegermeilen vielleicht doch glücklich bis ans Ende aller Tage sein kann.